中公新書 1617

笠原英彦著

歴代天皇総覧 増補版

皇位はどう継承されたか

中央公論新社刊

はじめに

なぜ日本において天皇は古代以来連綿と続いてきたのであろうか。大和朝廷が国内を平定し、大王《おおきみ》が天皇へと発展してから今日に至るまで、武力や時の政治権力によって天皇にとって代わる者はついに現れなかった。それはいったいなぜなのか。この従来繰り返し提起されてきた難問への一つの解答として、天皇不親政論がある。

天皇不親政論を最初に歴史的視点から明確に主張したのは津田左右吉《つだそうきち》（一八七三～一九六一）であった。津田によれば、古代よりこのかた、天皇が政治権力を掌握することはきわめて稀であって、政権を実際に握ったのは藤原《ふじわら》、足利《あしかが》、豊臣《とよとみ》、徳川《とくがわ》といった臣下であった。すなわち、そこでは日本に特有な権力の二重構造が想定されている。公家、武家を問わず、政治権力がその時代によって異なる実力者に帰属したとすれば、建前上はともかく、実際上は天皇親政が実態を有していなかったことが主張されている。したがって、天皇は政治責任を負う立場になく、結果として天皇制が存続してきたというわけである。

こうした天皇不親政論をさらに精緻化したのが石井良助《いしいりょうすけ》（一九〇七～一九九三）である。

石井の研究では、天皇親政が積極的に表明されたのは古代と近代という限られた時代であり、通常は天皇が近臣らの奏上を受けてこれを形式的に裁可していたとする。石井も津田同様、不親政こそが天皇本来のあり方で、古代と近代の天皇制国家は例外的存在であるとみなしている。もっとも、古代と近代にあっても天皇親政論が成り立つかどうかには大いに疑問がある。

かつて天皇号の成立期は推古《すいこ》朝に求められることが多かった。しかし、近年は七世紀後半の天武《てんむ》・持統《じとう》朝期の成立を想定する学説が有力である。天武・持統朝は、古代日本において最も天皇の権力が強まり、権威が高まった時代とされている。古代最大の内乱である壬申《じんしん》の乱（六七二）に勝利をおさめ、近江《おうみ》朝廷を打倒した大海人《おおあま》皇子が飛鳥浄御原宮《あすかきよみはらのみや》に即位して誕生した天武朝においては、臣下を朝政に参画させない極端なまでの皇親《こうしん》政治が行われたとされている。しかし、この時代、注目されるのは天皇が日本の神々を祀る司祭者としての性格を強く帯びることである。天皇家が全国の神社に種籾《たねもみ》を分かち、農耕神を祀《まつ》り豊作を祈る祈年祭が整備されるとともに、伊勢神宮が設けられて天皇の即位に際し未婚の皇女を伊勢に赴かせる斎宮《いつきのみや》の祭祀が確立された。吉野方を支援した東国の豪族らの熱狂的な支持を背景に醸《かも》し出された天皇のカリスマ性を最大限に利用して、現人神《あらひとがみ》としての天皇の宗教的権威が制度的に確立されていった。こうした国家の最高司祭者としての天皇の制度化は天武天皇の権力と権威をもってはじめて可能であったのであり、同時に天皇が剝き出しの政治権力のみに依拠して政治秩序を維持しえないことを知悉《ちしつ》したうえでの措置であった。

持統朝にはさらに天皇の政治的権威にも限界がみえ、臣下らの朝政への参画を認めることで皇統の維持が図られた。太政大臣《だいじょうだいじん》、高市《たけち》皇子の薨去《こうきょ》にともなって開かれた事実上の皇嗣《こうし》選定会議の模様を伝える『懐風藻《かいふうそう》』の記事は、推古天皇の崩御に際して催された大夫《まえつきみ》らの会合を彷彿《ほうふつ》とさせ、皇位継承という天皇家の大事に群臣らの参加が求められたことが知られる。こうした史実は奈良時代にみられる藤原宮子《みやこ》大夫人《だいぶにん》称号事件などとともに、天皇が絶対的な権力をもっていたのではなく、大和朝廷は畿内豪族らの連合政権にすぎなかったことを物語っているといえよう。

こうした天皇権力と貴族勢力との関係はほぼそのまま律令国家の権力構造の中に包摂されてゆく。しかし、律令政府が実態としては畿内政権であったとの視点に立てば、両者の関係は協調と対立の構造として捉えられねばならない。奈良時代を通じて天皇の外戚たる藤原氏による他氏排斥が進み、平安時代中期までにはいわゆる王朝国家が成立するが、現実政治において大臣や摂関が権力を行使したとしても、国家主権者としての天皇の地位は不動であった。むしろ天皇の権力に翳《かげ》りがみえはじめるのは院政の開始以降であろう。

白河《しらかわ》上皇により院政が開始され、「治天《ちてん》の君《きみ》」としての上皇が家父長権を拠りどころとして権力を掌握し、院宣《いんぜん》が綸旨《りんじ》を凌駕するようになると、王権の存在形態は大きく変化する。鎌倉幕府が成立しても、武家政権は依然東国支配に甘んじていたから朝廷の権力にさしたる影響をきたすことはなかったが、十三世紀前半の承久《じょうきゅう》の乱はかかる事態に決定的な変化を迫ることになった。後鳥羽《ごとば》上皇による幕府討伐といった無謀な計画は武家政権に朝廷への介入を許すきっかけを与えた。この乱を契機に、武家が皇位継承の決定権を掌握することになる。さらに元寇《げんこう》との遭遇から朝廷は外交権を幕府に譲ることとなった。

そして十四世紀前半の南北朝の動乱は天皇権力の凋落《ちょうらく》を決定的にした。京都の争奪戦は熾《し》烈《れつ》をきわめ、その狭間に観応《かんのう》の擾乱《じょうらん》を生じ、光厳《こうごん》、光明《こうみょう》、崇光《すこう》の三上皇とともに直仁《なおひと》親王らが拉致《らち》され、北朝は皇族をことごとく奪われた。室町幕府は窮余の一策として後伏見《ごふしみ》天皇の中宮、広義門院《こうぎもんいん》を治天の君として後光厳《ごこうごん》天皇の即位を断行した。かかる北朝再建構想は、天皇親政を封じつつ院を頂点とする権門体制をいかに再現するかに主眼があった。院政を否定し権門体制を解体しようとする後醍醐《ごだいご》天皇の建武新政は幕府にとってまさに悪夢以外の何ものでもなかった。

しかし、後光厳天皇即位の断行はあまりにも異例な「治天」の創造であった。この異例を先例としてさらに発展させようと目論んだのが足利義満《よしみつ》であった。義満による王権簒奪《さんだつ》計画については今谷明《いまたにあきら》『室町の王権』（中公新書）に詳しい。この計画は義満の急死によって頓《とん》挫《ざ》したとはいえ、この頃が天皇権力の最低迷期であったことは間違いない。さらに応仁《おうにん》の乱（一四六七〜一四七七）を経て戦国時代を迎えると、征伐等を正当化するための綸旨が求められ、結果として天皇権力は回復の兆しをみせた。それは天下人となった豊臣秀吉《ひでよし》による王政復古政策によりさらに助長された。秀吉は関白に就任し、諸大名を律令的官位体系の中に位置づけた。

これに対し、江戸幕府を開闢《かいびゃく》する徳川家康《いえやす》は朝廷に冷淡であったが、自己を神格化するためにはやはり天皇の権威を借りねばならなかった。幕府は一方で「禁中《きんちゅう》并公家《ならびにくげ》諸法度《しょはっと》」により天皇を学問の世界に封じ込めることで政治の局外に置いたものの、日光東照宮の実現のためには神号の勅許を必要とした。幕府がいかに天皇の宗教界に対する影響力に神経を尖らせていたかは紫衣《しえ》事件（一六二七〜一六二九）に端的に現れていよう。しかし、こうした公武間の緊張が続くのも明正《めいしょう》天皇への無断譲位までであり、その後幕府は天皇権力への介入を手控え、ついに幕末の外圧はその関係を逆転させた。

王政復古の大号令により成立した維新政府は天皇親政を標榜したが、必ずしも実態が伴ったわけではない。それは明治十年（一八七七）前後、天皇の側近にあった元田永孚《もとだながざね》や佐々木《ささき》高行《たかゆき》ら侍補《じほ》グループが天皇親政の実質化を求めて政治運動を展開したことからも明らかである。これら保守派による天皇親政運動は自由民権運動と同様、有司《ゆうし》専制《せんせい》を厳しく批判した。維新政府の実権はとどのつまり薩摩、長州を中心とする少数の藩閥政治家らの掌中に握られていた。維新の二大理念である天皇親政も公議政治も所詮はお題目にすぎず、実際には薩長藩閥による寡頭政治が行われていたのである。

大日本帝国憲法（明治憲法）の制定によって、天皇は「統治権の総攬者《そうらんしゃ》」とされ、広大な天皇大権が設定された。これにより明治国家は天皇制国家の体裁を整えたが、その内実は複数の国家機関、諸政治アクター間の競合状態に置かれた。立憲君主制の下に輔弼《ほひつ》機関である内閣と協賛機関である議会との争議は枢密院の勧告を受けて天皇が裁定にあたった。こうした近代国家における天皇のあり方は昭和十年（一九三五）前後に表面化した、いわゆる天皇機関説事件によってより鮮明となった。

戦後、新憲法により象徴天皇制が成立すると、天皇は内閣の助言に従って国事行為のみを行うこととされたが、依然古来よりの司祭者的性格を色濃くとどめることになった。

本書は、神武《じんむ》天皇から昭和《しょうわ》天皇に至る歴代の天皇をとりあげ、その生涯と事績を簡潔にまとめたものである。その際、以上のような天皇権力の推移を念頭に置きながら、できうるかぎり皇位の継承とその時々の政治権力との関係にふれた。近現代の三天皇については現在の研究状況を踏まえ、その現段階における到達点を可能なかぎり視野に入れるように努めた。前近代の天皇と近現代の天皇については、その連続面、不連続面の双方を考慮すべきである。「自然な流れ」として連続面のみを主張することも、近現代の天皇を「国体」との関係から「天皇制」として特別視し断絶論のみを強調することも一面的というべきであろう。

なお、第一代神武天皇から第十四代仲哀天皇までは実在の確認できない天皇であり、したがって「神話時代の天皇」とした。また各天皇の代数は『皇統譜』にもとづく便宜的なものである。本書が多少なりとも天皇をめぐる諸問題を考察する手がかりとなれば幸いである。

目次

近世の天皇……265

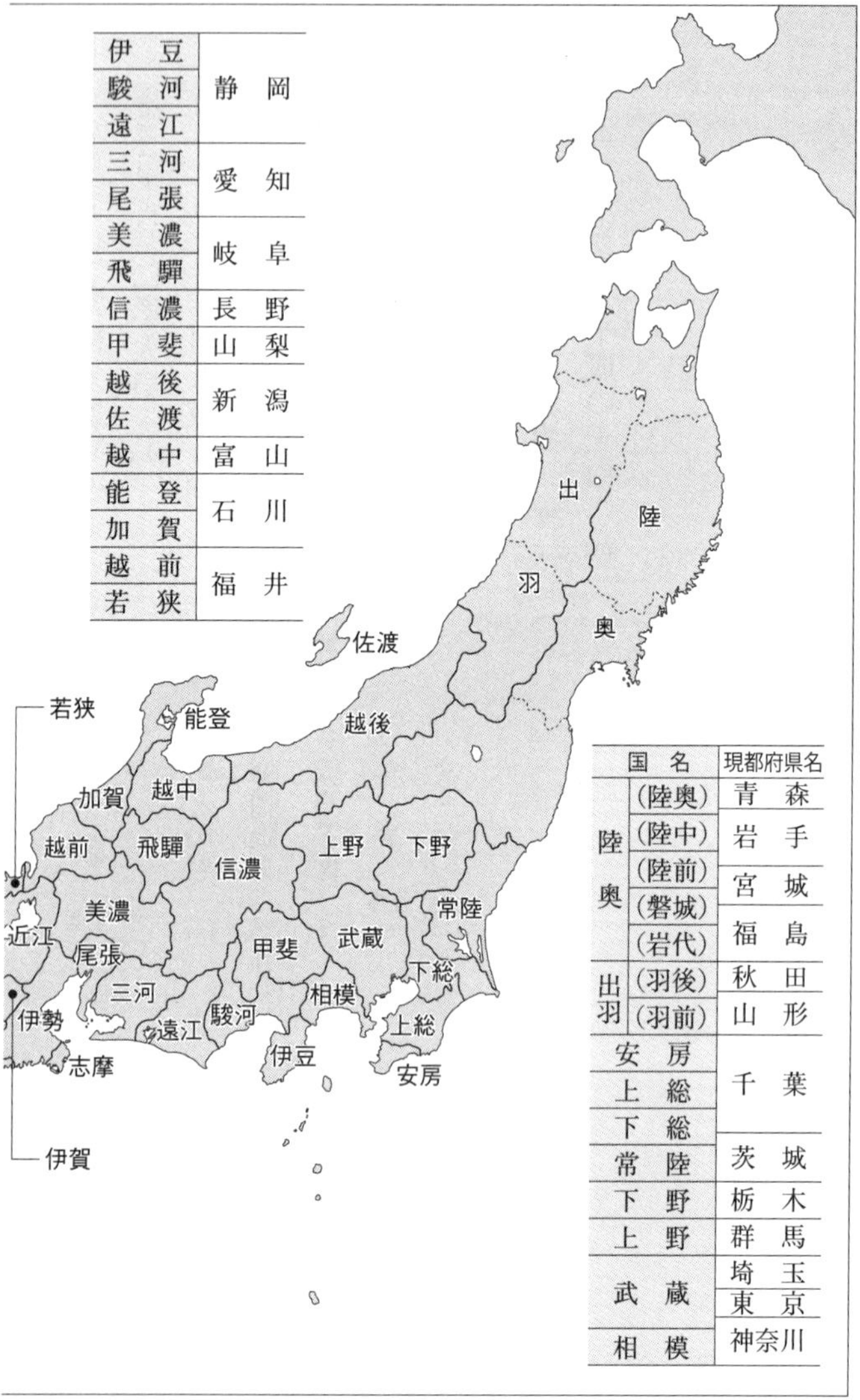

伊豆	静岡
駿河	
遠江	
三河	愛知
尾張	
美濃	岐阜
飛驒	
信濃	長野
甲斐	山梨
越後	新潟
佐渡	
越中	富山
能登	石川
加賀	
越前	福井
若狭	

国名		現都府県名
陸奥	(陸奥)	青森
	(陸中)	岩手
	(陸前)	宮城
	(磐城)	福島
	(岩代)	
出羽	(羽後)	秋田
	(羽前)	山形
安房		千葉
上総		
下総		
常陸		茨城
下野		栃木
上野		群馬
武蔵		埼玉
		東京
相模		神奈川

旧国名地図．国名は『延喜式』による．

筑前	福岡
筑後	
豊前	
豊後	大分
日向	宮崎
大隅	鹿児島
薩摩	
肥後	熊本
肥前	佐賀
壱岐	長崎
対馬	

阿波	徳島
土佐	高知
伊予	愛媛
讃岐	香川
備前	岡山
美作	
備中	
備後	広島
安芸	
周防	山口
長門	
石見	島根
出雲	
隠岐	
伯耆	鳥取
因幡	

近江	滋賀
山城	京都
丹後	
丹波	兵庫
但馬	
播磨	
淡路	
摂津	大阪
和泉	
河内	
大和	奈良
伊賀	三重
伊勢	
志摩	
紀伊	和歌山

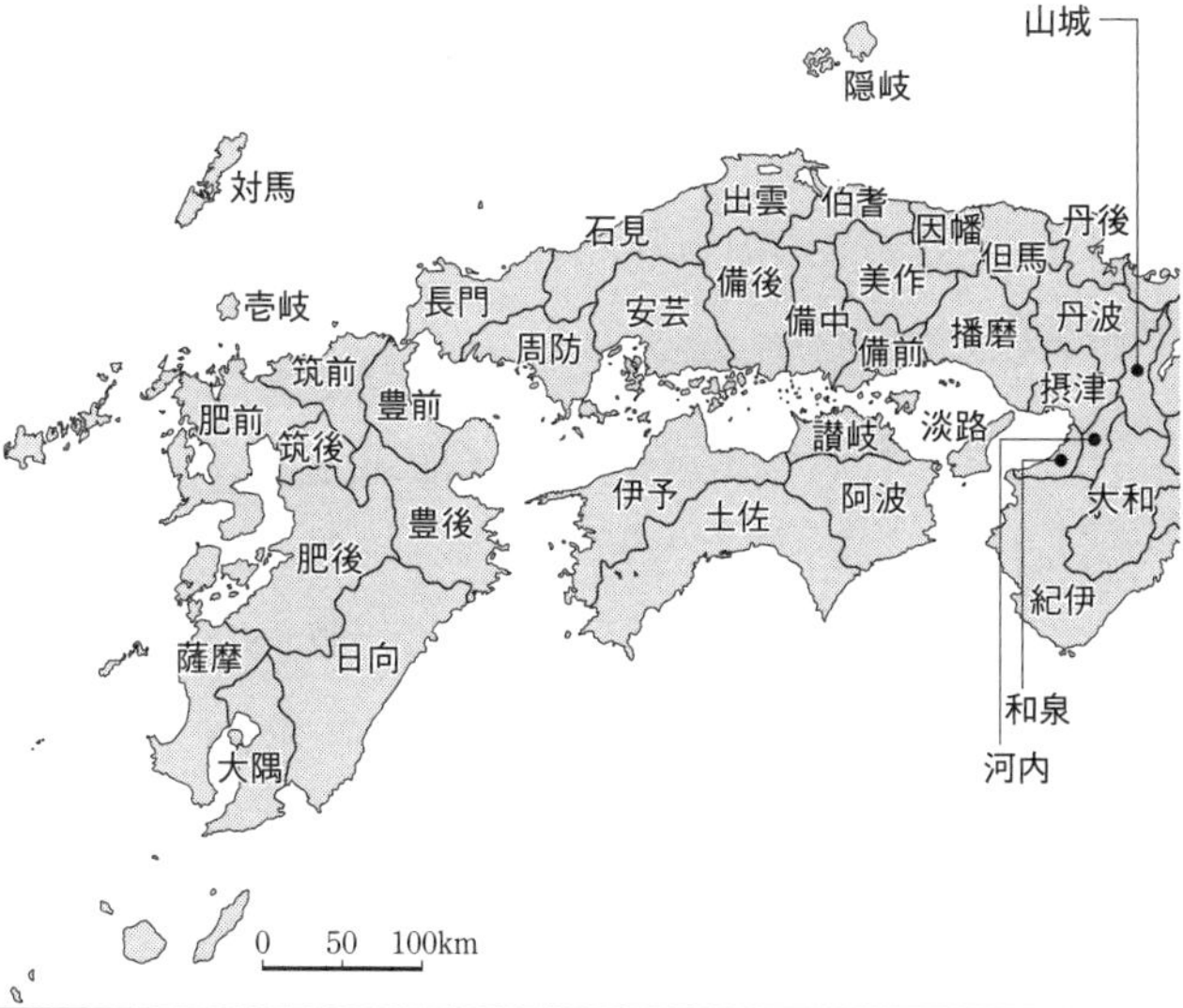

章扉レイアウト　武 井 里 香

神話時代の天皇

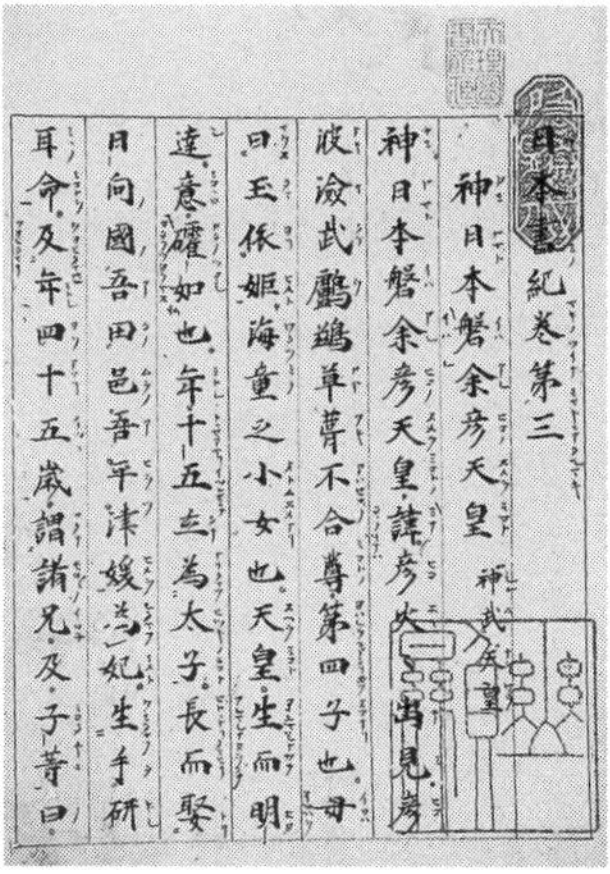
日本書紀巻第三

神日本磐余彦天皇　神武天皇

神日本磐余彦天皇諱彦火火出見彦
波瀲武鸕鷀草葺不合尊第四子也母
曰玉依姫海童之少女也天皇生而明
達意礭如也年十五立為太子長而娶
日向國吾田邑吾平津媛為妃生手研
耳命及年四十五歳謂諸兄及子等曰

日本書紀兼右本 巻第三首　室町時代，天理大学附属天理図書館所蔵

第一代　神武《じんむ》天皇

『古事記』や『日本書紀』にしたがえば、神武天皇はまさに初代の天皇であり、皇室の祖先にあたるとされている。その名を神日本磐余彦尊《かんやまといわれひこのみこと》という。『日本書紀』によれば、紀元前七一一年に生誕、前五八五年に齢百二十七歳で崩御したと伝えられているが、その実在を確認することは困難である。天皇の生涯は、天孫降臨の神話や神武東征伝説によって彩られている。

記紀によれば、天孫瓊瓊杵尊《ににぎのみこと》は九州は日向《ひむか》の高千穂《たかちほ》の峰に降臨し、木花開耶姫《このはなのさくやひめ》との間に、火酢芹命《ほのすせりのみこと》、火明命《ほのあかりのみこと》、彦火火出見尊《ひこほほでみのみこと》をもうけたとされる。彦火火出見尊は海神の子女豊玉姫《とよたまひめ》と結ばれ、その間に生まれたのが神武天皇の父、彦波瀲武鸕鷀草葺不合尊《ひこなぎさたけうがやふきあえずのみこと》である。鸕鷀草葺不合尊はその叔母である玉依姫《たまよりひめ》との間に、五瀬命《いつせのみこと》、稲氷命《いなひのみこと》、御毛沼命《みけぬのみこと》、そしてのちに神武天皇となる若御毛沼命《わかみけぬのみこと》の四人の男子をもうけた。四男の若御毛沼命、すなわち神日本磐余彦尊は諸兄らと計り青山が四周をめぐらす美地を求めて東方をめざし、かの地に君臨し同地を王化しようと企てた。

甲寅《きのえとら》の年、神日本磐余彦尊ら一行は日向を発って北方の宇佐を経由し、一路西方、筑紫の地をめざした。古来稲作の先進地域とされる筑紫の地を踏んだのは、一行が豊葦原瑞穂国《とよあしはらみずほのくに》の統治を宿命とする天孫であるとともに、食糧調達といった現実的要請にも迫られていたためであろう。そののち、瀬戸内海を経て河内の白肩《しらかた》の津に至るが、そこには大和《やまと》の豪族、長髄《ながすね》彦《ひこ》が立ち塞《ふさ》がり、大和をめざす一行を孔舎衛坂《くさえのさか》で迎え撃った。激戦を経て日の神の子孫が日に向かって戦うことの不条理を悟った尊らはいったん紀伊へと迂回した。

この厳しい戦いを通じて、長兄の五瀬命は流れ矢により深手を負って他界した。行く手を暴風雨が阻んだため、稲氷命と御毛沼命の両兄は海神を鎮めようと海中に身を投じた。諸兄を相次いで失った神日本磐余彦尊は熊野の荒坂津《あらさかのつ》に上陸し、暗い山中に迷い込みながらも、懸命に大和をめざして前進した。高倉下《たかくらじ》の助けを乞い、八咫烏《やたがらす》や道臣命《みちのおみのみこと》の導きを頼りによようやく大和の中洲《なかつくに》にたどり着いた。

大和入りに際しても、一行は先住民との戦いに憂き身をやつさねばならなかった。巡幸先の吉野では吉野首《おびと》の祖、井光《いひか》を、そして国見丘《くにみのおか》では八十梟帥《やそたける》らを討ち、磯城《しき》では県主《あがたぬし》の祖、兄磯城《えしき》を平らげた。神日本磐余彦尊らは息つくひまもない戦いに明け暮れ、ついに長兄の仇、長髄彦と再び相まみえた。戦いでは苦戦を強いられたが、金色の鵄《とび》が突如現れ尊の弓のはずに止まり、まばゆい光を発して敵を翻弄するうち、長髄彦の奉じる饒速日命《にぎはやひのみこと》が磐余彦尊を天神の子孫と認めて逆に長髄彦を殺して余衆を率いて帰順した。『日本書紀』によれば、饒速日命こそのちに朝廷の武事をつかさどる物部《もののべ》氏の祖先であるとされる。長髄彦を倒してのちも、土蜘蛛《つちぐも》と呼ばれる先住民らの抵抗は続いた。そこでなおも一行は層富《そほ》の新城戸畔《にいきとべ》や和珥《わにの》坂下《さかもと》の居勢祝《こせのはふり》らを殲滅《せんめつ》せねばならなかったのである。

かくして日向を出発して六年（『古事記』は十六年とする）にして、神日本磐余彦尊は大和を平定し、辛酉《かのととり》の年の春正月、橿原宮《かしはらのみや》で即位し、ここに初代神武天皇が誕生する。この年をもって天皇の元年とし、天皇は始馭天下之天皇《はつくにしらすすめらみこと》と称され、日本を最初に統治した天皇に擬されている。天皇は日向にあってすでに吾《あ》平津《ひらつ》媛《ひめ》との間に二子をもうけていたが、大和において新たに三輪《みわ》の大物主神《おおものぬしのかみ》の娘、媛蹈鞴《ひめたたら》五十《い》鈴媛命《すずひめのみこと》を娶《めと》って正妃とした。先住民の娘を妻に迎えることによって、同地に対する支配権が確立されたことになろう。

艱難《かんなん》辛苦を乗り越えて大和に即位したとする所伝は天皇を建国の祖とする物語としては興味深いが、天皇の実在についてはいかにも史実性に乏しい。漢風諡号《しごう》である神武に対して、和風諡号である神日本磐余彦については、奈良県桜井市から橿原市にひろがる磐余《いわれ》の地名に由来することが想定され、天皇の異称である若御毛沼命からは穀物の精霊としての意味合いを読みとることができよう。橿原は当代先進地域の一つであり、奈良盆地周辺には磐余彦にまつわる口碑が多く存在することから、これらがさまざまに集成されて大和平定の物語が誕生したことが考えられる。

即位年も中国の史書を模範に辛酉革命説《しんゆう》をとる讖緯説《しんい》にもとづくものとみられる。三《み》善清《よしきよ》行《ゆき》（八四七〜九一八）以来、那珂《なか》通世《みちよ》（一八五一〜一九〇八）に至る所説では一元を六〇年、二十一元すなわち一二六〇年を一蔀《ほう》として、その初年である辛酉の年に天命が革《あらた》まると考え、推古《すいこ》天皇の九年、すなわち六〇一年から起算して紀元前六六〇年に神武天皇の即位を設定したと説明されている。確かに大和平定の物語ににわかに信憑性を求めることは難しいが、神武東征伝説については、邪馬《やま》台国《たいこく》が北九州から畿内に東征して支配権を西日本一帯に拡大したとの仮説などがこれまで唱えられ、わが国古代国家の発展過程を考えるうえで大きな示唆を与えていることは否めない。早くに津田左右吉《そうきち》が指摘したように、天孫降臨の神話を踏まえて日向と大和朝廷を結びつけ、皇室の祖先とする見方が存在する。

神武天皇陵については、『日本書紀』が畝傍《うねび》山《やま》の東北陵《うしとらのみささぎ》、『古事記』が同山北、白檮尾《かしのお》とするなど、記述にはある程度の差異が認められる。同天皇陵をめぐっては、『日本書紀』天《てん》武《む》紀が、壬申《じんしん》の乱（六七二）に際し、高市《たけち》の県主、許梅《こめ》が神懸かりにあい、大海人軍が神武陵に馬や兵器の類を奉《たてまつ》ったとの記事がみえる。また、『多武峯《とうのみね》略記《りゃっき》』にも神武天皇の命日に「人皇第一の国主」を名乗る化身の逸話が伝えられている。

第二代　綏靖《すいぜい》天皇

神武《じんむ》天皇が皇后、媛蹈鞴《ひめたたら》五十《い》鈴媛命《すずひめのみこと》との間にもうけた第三子で、その名を神渟《かんぬ》名《な》川耳《かわみみの》命《みこと》といった。兄に日子八井命《ひこやいのみこと》、神八井耳命《かんやいみみのみこと》がいた。もっとも、神武天皇には東征以前、日向にあった頃、吾平津媛《あひらつひめ》という妻がおり、二人の男子をもうけていた。このうちの一人、手研《たぎし》耳命《みみのみこと》は天皇に従い、東征の旅に同行した。熊野を経て父天皇の大和入りに随行したことが知られている。神武天皇が亡くなってのち、その皇后、媛蹈鞴五十鈴媛命を娶《めと》っている。義理の母との婚姻はこの時代にあってはけっして珍しい事柄ではなかった。神渟名川耳命らよりも年長で、朝政の経験を有する手研耳命は、神武天皇崩御ののち、さらに権勢を拡大した。

媛蹈鞴五十鈴媛命を皇后とすることによって神武天皇の後継者としての地位を得ようとした手研耳命は、さらに自らの立場を不動のものとするため、異腹の兄弟らの殺害を企図した。皇后は「狭井川《さいがわ》よ雲たち渡り畝傍山《うねびやま》木《こ》の葉さやぎぬ風吹かむとす」と歌って実子らに警戒を促した。そこで、計略を知った神八井耳命と神渟名川耳命の兄弟が先手を打ち、手研耳命を急襲した。こうして手研耳命を追い詰めたものの、その段になって兄、神八井耳命はとどめを刺す勇気に欠けたため、代わって弟の神渟名川耳命が手研耳命を討ち取った。かかる失態を恥じた神八井耳命の辞退を受けて、弟の神渟名川耳命が皇位を襲い、即位して綏靖天皇となった。そして兄、神八井耳命は神に仕える役目を負うこととなった。

綏靖天皇は都を葛城高丘宮《かずらきたかおかのみや》に移した。『和名類聚抄《わみようるいじゆうしよう》』によれば、宮の伝承地は大和国葛上郡《かずらきのかみ》高宮郷《たかみや》で、現在の奈良県御所《こせ》市周辺に擬定されている。『日本書紀』によると、天皇は同天皇三十三年五月に崩御したとされ、その陵は『古事記』に「衝田岡《つきだのおか》」にあったと記されている。『延喜式《えんぎしき》』では「桃花鳥田丘上陵《つきだのおかのえのみささぎ》」と称されている。江戸時代の発掘調査では、この陵は神武天皇陵と考えられ、石灯籠が献上された。綏靖天皇陵であるとされたのは明治十一年（一八七八）二月のことである。

南北朝中期に安居院澄憲《あぐいちようけん》の子孫により編まれたとされる神々の縁起譚、『神道集《しんとうしゆう》』（東洋文庫）には、綏靖天皇にまつわる話が載せられている。それによると、天皇は朝夕に七人もの人々を食し、周囲を恐怖のるつぼに突き落としたとある。もし先帝のように百年以上にわたって生き長らえたら、みな死を賜ることになると恐れられた。そこで人々は案じた末、近く火の雨が降るとの虚言を弄して天皇を岩屋に幽閉し、難を逃れたという。実在が定かでないだけに、後世こうした逸話が造作された可能性が高い。天皇の在位は結局三十三年で、享年は『古事記』に四十五歳、『日本書紀』に八十四歳とみえる。

第三代　安寧《あんねい》天皇

『日本書紀』によると、綏靖《すいぜい》天皇と事代主神《ことしろぬしのかみ》の娘で皇后の五十鈴依媛命《いすずよりひめのみこと》の間に、綏靖天皇五年に生まれたとされる。『古事記』では師木県主《しきのあがたぬし》の祖の河俣毘売《かわまたびめ》を母方とすることが記されている。綏靖天皇二十五年に皇太子の地位につき、同三十三年に父、綏靖天皇の崩御にともない即位し、都を片塩浮孔宮《かたしおうきあなのみや》に移した。

宮の伝承地は、『帝王編年記』では大和国高市《たけち》郡畝火山《うねびやま》北とされる。これにもとづき、『和《わ》州旧跡幽考《しゅうきゅうせきゆうこう》』はその所在地を現在の奈良県橿原《かしはら》市四条《しじょう》の北とする。一方、『古事記伝』などによれば、堅上《かたかみ》などの地名から現在の大阪府柏原《かしわら》市を流れる大和川と石川の中間地帯に比定する。

『古事記』によれば、師木県主《しきのあがたぬし》波延《はえ》の娘、阿久斗比売《あくとひめ》を、『日本書紀』によれば、事代主神《ことしろぬしのかみ》の孫鴨王《かものきみ》の娘、渟名底仲媛命《ぬなそこなかつひめのみこと》を皇后に迎えた。在位三十八年にして、『古事記』によれば四十九歳で、『日本書紀』によれば五十七歳で崩御したとされる。皇子として大日本彦耜友《おおやまとひこすきともの》尊《みこと》、あるいは大倭日子鉏友命《おおやまとひこすきとものみこと》の名が伝えられている。陵墓は現在、橿原市吉田町にある畝《うね》傍山西南御陰井上陵《びやまのひつじさるのみほとのいのえのみささぎ》に擬されている。主たる系譜がわかるのみで、天皇の事績については伝えられていない。

第四代　懿徳《いとく》天皇

『日本書紀』によれば、安寧《あんねい》天皇と事代主神《ことしろぬしのかみ》の孫鴨王《かものきみ》の娘、渟名底仲媛命《ぬなそこなかつひめのみこと》、『古事記』によれば師木県主《しきのあがたぬし》波延《はえ》の娘、阿久斗比売《あくとひめ》との間にもうけられた第二子で、綏靖《すいぜい》天皇二十九年に生誕したとされる。安寧天皇十一年に十六歳で立太子し、同三十八年に安寧天皇が崩御したのにともない翌年、懿徳天皇元年に即位し、同二年、都を軽曲峡宮《かるのまがりおのみや》に移した。

宮をめぐっては、『古事記』に「坐軽之境岡宮、治天下也」、『日本書紀』に「遷都於軽地、是謂曲峡宮」とあり、名称は異なるが、曲がりくねった丘を指し示している。宮の伝承地は現在の奈良県橿原市大軽《おおがる》町と考えられる。

『古事記』によれば、師木県主の祖、賦登麻和訶比売命《ふとまわかひめのみこと》、『日本書紀』によれば、息石耳命《おきそみみのみこと》の娘、天豊津媛命《あまとよつひめのみこと》を皇后に迎えた。そして在位三十四年にして、『古事記』によれば四十五歳、『日本書紀』によると七十七歳で崩御したとされる。皇子女として観松彦香殖稲尊《みまつひこかえしねのみこと》、あるいは御真津日子訶恵志泥命《みまつひこかえしねのみこと》の名が伝えられている。陵墓は現在、橿原市西池尻町にある畝《うね》傍山《びやまの》南《みなみの》繊沙谿《まさごのたにの》上《えの》陵《みささぎ》に擬定されている。

綏靖天皇に倣い、第二子に統治権を委ね、第一子には祭祀権が与えられる慣行があったとみられるが、天皇の事績についてはまったく伝えられていない。

第五代　孝昭《こうしょう》天皇

『古事記』に御真津日子訶恵志泥命《みまつひこかえしねのみこと》、『日本書紀』に観松彦香殖稲尊《みまつひこかえしねのみこと》とみえる。懿徳《いとく》天皇の子で、母は『古事記』によれば師木県主《しきのあがたぬし》の祖、賦登麻和訶比売命《ふとまわかひめのみこと》、『日本書紀』によれば息《おき》石耳命《そみみのみこと》の娘、天豊津媛命《あまとよつひめのみこと》であるとされる。懿徳天皇二十二年に立太子し、同三十四年に懿徳天皇が崩御すると翌年即位して都を掖上池心宮《わきのかみのいけごころのみや》に移した。

宮については、『古事記』に葛城掖上宮《かずらきのわきがみのみや》とあり、『帝王編年記』では大和国葛上《かずらきのかみ》郡の掖上池心宮とされている。『大和志料』は宮の所在地を現在の奈良県御所《ごせ》市市街地と御所市池《いけ》之内《のうち》の中間に想定する。その前提として『日本書紀』が推古《すいこ》天皇二十一年（六一三）に掖上池を池之内の周辺に造らせたとする点も注目される。

『古事記』によれば、尾張連《おわりのむらじ》の祖、奥津余曾《おきつよそ》の妹、余曾多本毘売命《よそたほびめのみこと》を、そして『日本書紀』

によれば、尾張連の遠祖、瀛津世襲《おきつよそ》の妹、世襲足媛《よそたらしひめ》を皇后に迎えたとされる。そして在位八十三年にして、『古事記』には九十三歳、『日本書紀』には百十三歳で崩御したとみえる。皇子女に日本足彦国押人尊《やまとたらしひこくにおしひとのみこと》、あるいは大倭帯日子国押人命《おおやまとたらしひこくにおしひとのみこと》の名が伝えられている。陵墓は現在の奈良県御所市大字三室《みむろ》にある掖上博多山上陵《わきのかみのはかたのやまのえのみささぎ》と推定される。

孝昭天皇についても、系譜のみで、その事績については不明である。

第六代　孝安《こうあん》天皇

『古事記』には大倭帯日子国押人命《おおやまとたらしひこくにおしひとのみこと》、『日本書紀』には日本足彦国押人尊《やまとたらしひこくにおしひとのみこと》とみえる。孝昭《こうしょう》天皇の子で、『日本書紀』によれば、母は尾張《おわり》連の遠祖、瀛津世襲《おきつよそ》の妹、世襲足媛《よそたらしひめ》であったとされる。もっとも『古事記』には、余曾多本毘売命《よそたほびめのみこと》とみえる。孝昭天皇六十八年に立太子し、同八十三年先帝の崩御にともない翌年即位、都を秋津島宮《あきづしまのみや》に移した。

宮については、『古事記』が「坐葛城室之秋津島宮、治天下也」とするのに対し、『日本書紀』は「遷都於室地、是謂秋津島宮」とする。『和名類聚抄《わみょうるいじゅうしょう》』によれば、その地は現在の奈良県御所《ごせ》市室《むろ》にあたる大和国葛上《かずらきのかみ》郡牟婁《むろ》郷とされる。

『古事記』によれば、姪《めい》の忍鹿比売《おしかひめ》を、『日本書紀』によれば、兄、天足彦国押人命《あめたらしひこくにおしひとのみこと》の娘である押媛《おしひめ》を皇后に迎えた。在位百二年にして、『古事記』によれば百二十三歳、『日本書紀』によれば百三十七歳で崩御した。皇子女に大日本根子彦太瓊尊《おおやまとねこひこふとにのみこと》、あるいは大倭根子日子賦斗邇命《おおやまとねこひこふとにのみこと》がある。陵墓は現在の奈良県御所市大字玉手《たまで》の玉手丘上陵《たまてのおかのえのみささぎ》とされている。

孝安天皇の場合も孝昭天皇の第二子にあたり、第一子が神に仕え、第二子が国を治める習わしが踏襲されている。孝安天皇までは、皇后は一人が立后する慣行がみられる。同天皇についても、系譜のみで、その事績についてはまったく伝えられていない。

第七代　孝霊天皇《こうれいてんのう》

『古事記』には大倭根子日子賦斗邇命《おおやまとねこひこふとにのみこと》とあり、『日本書紀』には大日本根子彦太瓊尊《おおやまとねこひこふとにのみこと》とある。孝安《こうあん》天皇の子で、『古事記』によれば、母は姪《めい》の忍鹿比売命《おしかひめのみこと》、『日本書紀』によれば、天足彦国押人命《あめたらしひこくにおしひとのみこと》の娘、押媛《おしひめ》とされ、孝安天皇五十一年に生誕。同七十六年に立太子、同百二年、父天皇が崩御すると都を黒田廬戸宮《くろだのいおとのみや》に移し、その翌年即位した。

『和名類聚抄《わみょうるいじゅうしょう》』によれば、宮の伝承地は大和国城下《しきのしも》郡黒田郷で、現在の奈良県田原本町《たわらもと》黒田にあたる。

十市県主《とおちのあがたぬし》（『古事記』）、あるいは磯城《しき》県主（『日本書紀』）とされる大目《おおめ》の娘、細媛命《ほそひめのみこと》（細比《くわしひ》売《め》）を皇后に迎えた。皇妃に倭国香媛《やまとのくにかひめ》、絙某弟《はえいろど》があった。皇子女に大日本根子彦国牽尊《おおやまとねこひこくにくるのみこと》（大倭根子日子国玖琉命《おおやまとねこひこくにくるのみこと》）、倭迹迹日百襲姫命《やまとととびももそひめのみこと》らがいる。孝霊天皇七十六年に崩御したとされ、陵墓は現在の奈良県王寺《おうじ》町の片丘馬坂陵《かたおかのうまさかのみささぎ》とされている。

孝霊天皇も孝安天皇の第二子にあたり、第一子が祭祀権、第二子が統治権を分掌する伝統を引き継いでいる。それまでは皇后の名のみであったが、同天皇には皇后のほかに二人の皇妃の存在が伝えられている。孝霊天皇についても、系譜のみにとどまり、天皇自身の事績についてはまったく知ることができない。

第八代　孝元《こうげん》天皇

『古事記』に大倭根子日子国玖琉命《おおやまとねこひこくにくるのみこと》、『日本書紀』に大日本根子彦国牽尊《おおやまとねこひこくにくるのみこと》とみえる。孝霊《こうれい》天皇の子で、『古事記』によると母は十市県主《とおちのあがたぬし》の祖、大目《おおめ》の娘、細比売《くわしひめ》、『日本書紀』によれば磯城《しき》県主大目の娘、細媛命《ほそひめのみこと》とされる。孝霊天皇十八年に生誕し、同三十六年に立太子、七十六年、父天皇の崩御により、翌年即位した。その際、都を軽境原宮《かるのさかいはらのみや》に移した。宮都をめぐっては、『古事記』が「坐軽之堺原宮、治天下也」とし、『日本書紀』が「遷都於軽地、是謂境原宮」と記す。『帝王編年記』によれば、宮の伝承地は大和国高市《たけち》郡で、現在の奈良県橿原市大軽《おおがる》の地と推定される。

穂積臣《ほづみのおみ》の遠祖鬱色雄命《うつしこおのみこと》の妹、鬱色謎命《うつしこめのみこと》を皇后に迎え、皇妃に伊香色謎命《いかがしこめのみこと》、河内青玉繋《こうちのあおたまかけ》があった。皇子女に稚日本根子彦大日日尊《わかやまとねこひこおおひひのみこと》、武埴安彦命《たけはにやすひこのみこと》がいたとされる。没年は孝元天皇五十七年とされ、陵墓には現在の奈良県橿原市石川町の剣池嶋上陵《つるぎのいけのしまのえのみささぎ》が擬定されている。

この時代、天皇は大和地方の豪族との姻戚関係を重視したとみられ、孝元天皇の場合も皇后のほかに二人の皇妃を迎えている。同天皇についても、系譜のみが知られるだけで、天皇自身の事績についてはまったく伝えられていない。一般に「欠史八代」といわれる天皇の功績は初代の神武天皇にほぼすべて仮託されたものと考えられる。

第九代 開化《かいか》天皇

『古事記』に若倭根子日子大毘毘命《わかやまとねこひこおおびびのみこと》、『日本書紀』に稚日本根子彦大日日尊《わかやまとねこひこおおひひのみこと》とみえる。孝元《こうげん》天皇の子で、『日本書紀』によれば、母は穂積臣《ほづみのおみ》の先祖、鬱色雄命《うつしこおのみこと》の妹、鬱色謎命《うつしこめのみこと》とされる。これに対し、『古事記』ではその母を内色許男命《うつしこおのみこと》の妹、内色許売命《うつしこめのみこと》と記す。孝元天皇七年に生誕し、同二十二年に立太子、同五十七年に孝元天皇の崩御にともない即位した。その際、都を春日率川宮《かすがのいざかわのみや》に移す。

宮の伝承地には、『大日本地名辞書』などのいう春日野《かすがの》の東端野田の四《し》恩《おん》院付近とする説と、『元要記』などが記す奈良市本子《ほんこ》守《もり》町の率川《いさがわ》神社付近とする説がある。陵墓との位置関係から後者が有力視されている。

父、孝元天皇の皇妃で、物部氏の遠祖にあたる大綜麻杵《おおへそき》の娘、伊香色謎命《いかがしこめのみこと》を皇后とし、丹波竹野《たにはのたかの》媛《ひめ》、姥津《ははつ》媛《ひめ》を皇妃とした。そして御間城《みまき》入彦《いりびこ》五《い》十《》瓊《に》殖尊《えのみこと》（御真木《みまき》入日子《いりひこ》印恵命《いにえのみこと》）や彦《ひこ》坐王《いますのみこ》といった皇子女をもうけた。開化天皇六十年に没したと伝えられる。陵墓としては、奈良市油阪町の春日率川坂上陵《かすがのいざかわのさかのえのみささぎ》が知られており、南南東に面した周堀をもつ前方後円墳である。

初代の神武天皇から第八代の孝元天皇までの陵墓が畝傍《うねび》山麓から葛城《かつらぎ》山麓一帯にかけて広がるのに対し、次代の崇神《すじん》天皇の陵墓が三輪《みわ》山麓に移っていることは、明らかに政治の中枢が移行した可能性が指摘される。開化天皇が崇神天皇の父であり、その大宮が畝傍山周辺に集中する代々の宮よりも北に離れていることから、いわゆる三輪王朝の成立をより遡《さかのぼ》って考える見解もある。しかし、天皇の事績についてはほとんど伝えられていないことから、やはり崇神と大三輪神の関係を示す伝承などを踏まえ、従来の王朝交替論に従うべきであろう。

第十代　崇《す》神《じん》天皇

『古事記』に御真木入日子印恵命《みまきいりひこいにえのみこと》、御真木天皇《みまきのすめらみこと》、『日本書紀』に御間城入彦五十瓊殖尊《みまきいりびこいにえのみこと》などとある。開化《かいか》天皇の子で、母は『古事記』によれば、伊迦賀色許売命《いかがしこめのみこと》、『日本書紀』によれば、伊香色謎命《いかがしこめのみこと》とされる。皇居は磯城瑞籬宮《しきのみずがきのみや》で、『大和志《やまとし》』などから現在の奈良県桜井市金《かな》屋《や》付近と考えられる。

『古事記』に「所知初国《はつくにしらしし》」天皇《すめらみこと》、『日本書紀』に「御肇国天皇《はつくにしらすすめらみこと》」とみえることはとりわけ注目される。これにより、崇神天皇をもって事実上初代の天皇とみなす所説があり、「始馭天下之天皇《はつくにしらすすめらみこと》」とされる神武天皇はまさに造作であって、そこには皇室の起源をより古く設定しようとする意図を読みとる見解がある。同天皇の伝承にみえる三輪《みわ》山山麓に政治的中枢を求める三輪王朝説が唱えられ、その山麓には幾重もの川が流れ込み谷づたいに部族集落が存在した可能性が指摘されている。これら部族集団の神祀《かみまつ》りを束ねるところに崇神天皇の司祭者的側面が認められ、天皇の漢風諡号《しごう》が「神を崇める」という意味をもつこともうなずけよう。

疫病の流行や大地の荒廃に対して、天皇は一心不乱に天神地祇《あまつかみくにつかみ》を祀ったとされる。天皇は豊鍬入姫命《とよすきいりひめのみこと》をつけて天照大神《あまてらすおおみかみ》を笠縫邑《かさぬいのむら》に遷し、渟名城入姫命《ぬなきのいりひめのみこと》をつけて倭大国魂神《やまとのおおくにたまのかみ》を、さらに大田田根子《おおたたねこ》に三輪の大物主神《おおものぬしのかみ》を祀らせた。

北方大陸系の騎馬民族が征服王朝を築いたとする、いわゆる騎馬民族国家説では、崇神天皇は騎馬民族の流れをくみ北九州の地にまず第一の建国を果たしたことが想定され、その後応神《おうじん》天皇が北九州から畿内へと進出して第二の建国を行ったと理解されている。

崇神天皇の時代には、北陸、東海、西海、丹波四方面に向けて討伐のために四道《しどう》将軍を派遣したことや、出雲の神宝《かんたから》を管理する振根《ふるね》の誅殺、そして武埴安彦命《たけはにやすひこのみこと》と吾田姫《あたひめ》の謀叛などさまざまな出来事が伝えられている。崇神天皇七年、天皇が占いを行うために神浅茅原《かんあさじはら》に八《や》十万《そよろず》の神々を招集した際、第七代孝霊《こうれい》天皇の皇女、倭迹迹日百襲姫命《やまとととびももそひめのみこと》がにわかに神懸かりとなった。倭迹迹日百襲姫命はたぐい稀な霊力の持ち主であり、武埴安彦命の謀叛や吾田姫の呪言のありようを告げ、崇神天皇に注意を喚起した。

倭迹迹日百襲姫命を『魏志倭人伝《ぎしわじんでん》』に登場するかの有名な卑弥呼《ひみこ》に擬定し、まさに鬼道《きどう》に仕えたのが倭迹迹日百襲姫命であり、実際政治を行った男王こそが崇神天皇ではなかったかとの見解もある。『日本書紀』は、倭迹迹日百襲姫命の陵墓の築造がきわめて大がかりな事業であったことを指摘しているが、これも『魏志倭人伝』に出てくる卑弥呼の墓の造営に匹敵するものとして類似性が指摘される。そして卑弥呼ののち、邪馬台国《やまたいこく》を治めたとされる壱与《いよ》（台与《とよ》）を崇神天皇の皇女、豊鍬入姫命とみなす見方が生まれてくることになる。

なお、崇神天皇は、『日本書紀』によれば同天皇六十八年に百二十歳（『古事記』によれば百六十八歳）で崩御し、現在の奈良県天理市柳本町、山辺道勾岡上陵《やまのべのみちのまがりのおかのえのみささぎ》に葬られたとされている。

第十一代　垂仁《すいにん》天皇

『古事記』に伊久米伊理毘古伊佐知命《いくめいりびこいさちのみこと》、『日本書紀』に活目入彦五十狭茅天皇《いくめいりひこいさちのすめらみこと》などとある。崇神《すじん》天皇の子で、母は大彦命《おおひこのみこと》の娘で皇后の御間城姫《みまきひめ》とされる。崇神天皇二十九年に生誕し、同天皇四十八年に立太子、同六十八年、父、崇神天皇の崩御にともなって翌年即位し、都を纏向珠城宮《まきむくのたまきのみや》（奈良県桜井市穴師《あなし》付近）に移した。

皇后狭穂姫《さほひめ》との間に誉津別《ほむつわけ》皇子をもうけた。しかし、狭穂姫は兄の狭穂彦《さほひこ》と謀って天皇を亡き者としようと画策した。狭穂彦は開化《かいか》天皇の皇子彦坐王《ひこいますのみこ》と沙本之大闇見戸売《さほのおおくらみとめ》との間に生まれ、垂仁天皇とは従兄弟の関係にあった。あるとき、天皇は皇后の膝枕で不吉な夢をみて計略を見破り、難を逃れた。夢に現れたにわか雨は逡巡する皇后の涙であった。謀略を知った天皇はただちに狭穂彦追討の兵を挙げ、とある砦に追い込んだ。誉津別皇子を宿した狭穂姫も兄と行をともにしたため、天皇もなかなか追い詰めることができず、ようやく火を放たれた砦から皇子を救い、兄妹を殲滅《せんめつ》した。

火中に生を享《う》けた誉津別皇子は成年に達してもなお言葉を発することがなかった。『古事記』と『日本書紀』では多少の違いがあるが、たまたま白鳥が飛ぶのを見、あるいは出雲大神の祟りと知った父天皇が皇子に社を拝むよう促し、ようやく言葉を取り戻した。

のちの皇后で丹波道主命《たにはのちぬしのみこと》の娘、日葉酢媛命《ひばすひめのみこと》との間に生まれた五十瓊敷入彦命《いにしきいりひこのみこと》は、千口にも及ぶ剣を奉納し、神宮の宝物管理の任を帯びた。のちに妹の大中姫《おおなかつひめ》にその任を譲ろうとして固辞され、しかたなく物部十千根《もののべのとおちね》大連がこれに代わった。これが石上神宮《いそのかみのかんみや》で、その後代々物部氏が神宝の管理にあたることになった。石上神宮（奈良県天理市布留《ふる》町）は多くの貴重な朝廷の兵器類を納め、なかには素戔嗚尊《すさのおのみこと》が八岐大蛇《やまたのおろち》を斬ったとされる十握剣《とつかのつるぎ》や有名な七支《しちし》刀《とう》などが数え上げられる。

このほか、垂仁天皇に関しては野見宿禰《のみのすくね》や田道間守《たじまもり》の説話などがある。出雲の勇士、野見宿禰は同天皇七年、召し出されて強力をもって知られる当麻《たぎま》の蹶速《けはや》を見事に破り、力士の始祖と讃えられた。両者が雌雄を決した七月七日を宮廷では相撲節会《すまいのせちえ》の日となし、以後野見宿禰は朝廷に仕えた。この時代には、皇族が亡くなると側近らはみな殉死を命じられたが、天皇はこうした慣習を快く思わなかった。そこで野見宿禰が献策に及び、皇后の薨去《こうきょ》に際しては、殉死の慣行をやめ、出雲から土部《はじべ》を召し出して埴輪を造らせ、陵墓の周囲に並べることになった。新羅《しらぎ》の王子、田道間守は垂仁天皇九十年に常世国《とこよのくに》に非時香果《ときじくのかくのみ》を求めて派遣され、それを持ち帰ったが、すでに天皇はこの世に亡く、泣く泣く殉死したため、人々は天皇の陵墓近くに田道間守の冢《つか》を築いたとされる。

天皇は在位九十九年にして崩御し、菅原伏見東陵《すがわらのふしみのひがしのみささぎ》（奈良市尼辻《あまがつじ》町）に葬られた。

第十二代　景行《けいこう》天皇

『古事記』に大帯日子淤斯呂和気天皇《おおたらしひこおしろわけのすめらみこと》とあり、『日本書紀』には大足彦忍代別天皇《おおたらしひこおしろわけのすめらみこと》とみえる。垂仁《すいにん》天皇の子で、母は丹波道主命《たにはのちぬしのみこと》の娘で皇后の日葉酢媛命《ひばすひめのみこと》であったとされる。垂仁天皇十七年に生誕し、同三十七年に立太子、同九十九年に垂仁天皇の崩御にともない即位し、纏《まき》向日代宮《むくのひしろのみや》（奈良県桜井市穴師）に都を移したとされる。
皇后に播磨稲日大郎姫《はりまのいなびのおおいらつめ》、八坂入媛命《やさかのいりひめのみこと》があり、皇妃に水歯郎媛《みずはのいらつめ》、五十河媛《いかわひめ》、高田媛《たかたひめ》、襲武媛《そのたけひめ》、日向髪長大田根媛《ひむかのかみながおおたねひめ》らが知られている。そして皇后、播磨稲日大郎姫との間に日本武尊《やまとたけるのみこと》を、また皇后、八坂入媛命との間に稚足彦尊《わかたらしひこのみこと》、のちの成務《せいむ》天皇や五百城入彦《いおきいりひこ》皇子をもうけたほか、合わせて八十人もの皇子女があったとされる。

記紀が伝えるように、景行天皇の時代には日本武尊という英雄が登場して西征、東征を繰り広げることを通じて、皇族が全国的支配を推進しようという機運が強かった。まるで景行天皇の御代は日本武尊の独壇場である。『日本書紀』によると、天皇自身については同天皇十二年から十九年に九州遠征に出かけたり、諸国に屯倉《みやけ》や田部《たべ》を置き、都を志賀高穴穂宮《しがのたかあなほのみや》（大津市坂本穴太《さかもとあのう》町付近）に移したことが知られるほかは、さして大きな業績を認めることはできない。

一方、日本武尊については、記紀をはじめ『常陸国風土記《ひたちのくにふどき》』など多くの風土記や諸書において、歴史開闢《かいびゃく》以来、大和朝廷の覇権が確立する五世紀頃にかけての支配権拡大を象徴する伝説上の英雄として描かれている。『日本書紀』には、まず大碓皇子《おおうすのみこ》と小碓尊《おうすのみこと》の二人の兄弟が登場する。『古事記』によると、小碓尊が天皇の命を兄の大碓皇子に伝えようとしたが、兄が命に従わなかったため、朝、厠《かわや》より出てきた大碓皇子を捕まえて手足を引き裂き薦《こも》（むしろ）に包んで捨ててしまったという。

天皇は小碓尊の怪力を畏怖し、熊襲《くまそ》征討をよき機会と考え、派遣を命じることで周囲から遠ざけようとした。そこで、小碓尊は叔母の倭姫命《やまとひめのみこと》から与えられた衣装をまとうことで女装し、熊曾建《くまそたける》の兄弟に近づき、兄を刺殺し、さらに逃げまどう弟を捕らえて深手を負わせた。このとき瀕死の重傷を負った弟建《おとたける》は勇猛果敢な小碓尊に「倭建御子《やまとたけるのみこ》」の名を奉じたとされる。帰途、さらに出雲建《いずもたける》を誅《ちゅう》し、大和に帰還した。

『古事記』によれば、天皇は都に帰るや否や、再び日本武尊に東征の旅に出るよう命じたとある。日本武尊は、今度は東国にある東方十二道之《ひがしのかたとおまりふたみちの》荒夫琉神《あらぶるかみ》や及《また》摩都楼波奴《まつろわぬ》人等《ひとども》などといった賊を相手にせねばならなかった。もっとも、『日本書紀』では、熊襲征討から十余年ののち、東国の反乱が起き、当初は兄の名が挙がったが怖じ気づいて逃げ腰となったため、結局日本武尊の再征が行われることになったと伝えている。

そこで『古事記』によると、日本武尊はまず伊勢神宮に参拝し、斎宮《いつきのみや》の倭姫命に再会して父天皇が自分の死を望んでいると悲嘆に暮れた。これに対し、叔母の倭姫命は東国路をゆく日本武尊に剣と袋を渡し、勇気づけた。日本武尊はそれを携え、尾張国に国造《くにのみやつこ》の祖美夜受《みやず》比売《ひめ》を訪ね、婚姻の約を結ぶと一路東国をめざした。

相模《さがみ》国では国造に騙され、賊によって野火の難を受けるが、倭姫命から授かった神剣で野の草を刈り払い、袋の中から取り出した火打石で火を起こして、辛くも難を逃れた。この剣は草薙剣《くさなぎのつるぎ》と呼ばれるようになったが、素戔嗚尊《すさのおのみこと》が八岐大蛇《やまたのおろち》を退治したときに手にしたものであるとの言い伝えもある。そして日本武尊は走水海《はしりみずのうみ》に至るが、とるにたらざる小海などと嘲《あざけ》ったために海神の怒りにふれ、渡海に苦闘を強いられる。しかし、后弟橘比売命《おとたちばなひめのみこと》が入水することによって無事渡海を果たす。日本武尊は度重なる荒神などとの遭遇を経て、ようやく尾張国へと帰還し、美夜受比売と結ばれる。

日本武尊は再び伊《い》吹《ぶき》山の神を成敗するため旅に出るが、その途次、『日本書紀』によれば大蛇、『古事記』によれば白い猪と出くわし、神の化身を神の使いと見くびったことによって手痛いしっぺ返しを受けることになる。日本武尊は祟りにあって氷雨を浴び、ついに伊勢、能褒野《のぼの》の地に没する。このように、景行天皇の時代は日本武尊の治績一色に染まっているといっても過言ではなく、まさに全国支配の確立が意識された時代であった。

景行天皇は、在位六十年にして、『日本書紀』によれば百六歳（『古事記』によれば百三十七歳）で崩御し、現在の奈良県天理市渋谷《しぶたに》町、山辺道上陵《やまのべのみちのえのみささぎ》に葬られたとされる。

第十三代　成務《せいむ》天皇

景行《けいこう》天皇の第四子で、和風諡号《しごう》を稚足彦尊《わかたらしひこのみこと》とする。景行天皇の皇后、播磨稲日大郎姫《はりまのいなびのおおいらつめ》には二人の皇子があったが、いずれも皇位につくことがなかったため、皇后八坂入媛命《やさかのいりひめのみこと》の皇子が皇位を継承することになった。景行天皇の代に活躍した伝説上の英雄、日本武尊《やまとたけるのみこと》が亡くなると、景行天皇五十一年に立太子、同六十年に父天皇が崩御したのにともない、翌年即位した。『日本書紀』には詳細がみえないが、『古事記』には皇妃として建忍山垂根《たけおしやまたりね》の娘、弟《おと》財郎女《たからのいらつめ》の名がみえる。天皇は弟財郎女との間に和訶奴気《わかぬけ》王をもうけた。

先帝である景行天皇の代とは対照的に、成務天皇の事績についてはほとんど伝えられるところがない。孝元《こうげん》天皇の孫といわれる蘇我氏の始祖、武内宿禰《たけのうちすくね》を大臣として、地方の支配を徹底させるために国造《くにのみやつこ》、県主《あがたぬし》（稲置《いなぎ》）を設置したことや、国と国との境目を画定する境界を設けたことなどが知られる程度である。

こうしたことから、成務天皇は実在性に乏しく、日本武尊や神功《じんぐう》皇后などの説話によって応神《おうじん》天皇までの皇統を作為的に後代追加された可能性が高い。宮都は志賀高穴穂宮《しがのたかあなほのみや》（大津市坂本穴太町《さかもとあのう》付近）で、在位六十年にして崩じたと伝えられる。陵墓は後世幾度も盗掘されたことで知られる狭城盾列池後陵《さきのたたなみのいけじりのみささぎ》（奈良市山陵町《みささぎ》）である。

第十四代　仲哀《ちゅうあい》天皇

景行《けいこう》天皇の皇子、日本武尊《やまとたけるのみこと》の第二子で、母は垂仁《すいにん》天皇の皇女、両道入姫《ふたじのいりひめ》とされる。名を足仲彦尊《たらしなかつひこのみこと》という。『日本書紀』によれば、皇后に気長足姫尊《おきながたらしひめのみこと》、すなわち神功《じんぐう》皇后を迎え、その間に誉田《ほむた》別《わけ》皇子（のちの応神《おうじん》天皇）、麛坂《かごさか》皇子、忍熊《おしくま》皇子、そして誉屋《ほむや》別《わけ》皇子らをもうけたとされる。

叔父にあたる成務《せいむ》天皇が男子に恵まれなかったことから、同天皇四十八年に立太子し、天皇崩御にともないその翌々年、即位した。仲哀天皇は父、日本武尊を強く意識し、父が亡くなるとその魂は白鳥となって天に上ったと信じ、これを偲んで父の陵《みささぎ》の周囲の池に白鳥を飼い、心を慰めさせようとした。そこで諸国に命じて白鳥を献上させた。ほどなく越国《こしのくに》から白鳥四羽が貢がれたが、その途次宇治《うじ》川のほとりで蘆髪蒲見別王《あしかみのかまみわけのみこ》に見咎められ、「白鳥とて焼けば黒鳥となろう」として白鳥は掠奪された。報告を受けた天皇は、蘆髪蒲見別王の所業は先王に対して無礼であるとして、兵を送って王を殺害した。

仲哀天皇二年二月、天皇は敦賀《つるが》に移り、笥飯宮《けひのみや》を造営し、淡路に屯倉《みやけ》を定めた。翌三月に天皇は南海道に行幸し、徳勒津宮《ところつのみや》に至り諸国からの朝貢を受けたが、熊襲《くまそ》は背いて貢を奉ることがなかった。そこで天皇は熊襲征討を決意し、使いを敦賀に遣わし、皇后に穴門《あなと》で合流するよう勅した。そして穴門豊浦宮《あなとのとゆらのみや》へ移り、皇后ともども橿日宮《かしいのみや》をめざした。

同八年九月になると、天皇は群臣らとともに熊襲征討の計画を話し合ったが、一方皇后には神の神託があった。それによると、熊襲の地は荒廃しており、天皇が熊襲を討伐することには意味がなく、むしろそれに勝れる宝の国、すなわち処女《おとめ》の眉のごとき海上の国を求めるべきであるとされた。それこそ新羅《しらぎ》国であり、まばゆいばかりの金銀に富み、流血なしに手に入れることができるばかりか、熊襲も天皇に服従するであろうとして、神は天皇に船と大田を供えるよう求めた。しかし、天皇は高い丘に上って大海原を見晴らしたものの、そのような国はみえないとして神託に従おうとはしなかった。そのため神の怒りにふれ、武内宿禰《たけのうちすくね》のとりなしもむなしく、天皇は命を落とすことになった。

仲哀天皇は、『日本書紀』によれば、同天皇九年、五十二歳で崩御した。同天皇は恵我長野西陵《えがのながのにしのみささぎ》（大阪府藤井寺市藤井寺）に葬られたとされる。

天皇の没後、注目されるのは神功皇后の新羅征討である。皇后にはまたしても神託があり、神が天上から見下ろしている国を求め征討の旅に出ないのであれば、国を保つことができないこと、そして身ごもった皇后が神の指示に従えば、皇子は国を得ることができるであろうことが告げられた。仲哀天皇九年二月、天皇が亡くなってのち、皇后は神の祟りを恐れ、群臣らに命じて罪を祓《はら》い過ちを悔い改めるため、小山田邑《おやまだのむら》に斎宮《いつきのみや》を造らせた。皇后は自ら斎宮に入り、神主となって、さらに神託を聞こうと努めた。

皇后は中臣烏賊津使主《なかとみのいかつのおみ》を審神者《さにわ》として熱心に神託に耳を傾け、神の教えに従って神々を祀《まつ》った。その結果、吉備《きび》臣の祖、鴨別《かものわけ》を遣わして熊襲を討ち、服従させた。荷持田村《のとりたのふれ》の羽白熊《はしろくま》鷲《わし》は朝廷の命を聞かず、よく民衆を脅かしていたが、神懸かりした皇后の前に屈伏した。皇后はまた、山門県《やまとのあがた》で土蜘蛛《つちぐも》を成敗し、ますます信仰を深めるとともに、祭祀に力を注いだ。

神功皇后は香椎宮《かしいのみや》に帰ると、髪をほどいて海に臨み、皇祖の霊を頼って大海原を渡り、西方への征討に向かおうとした。そこで頭髪を海水にすすぐと、霊験によって髪が二つに分かれた。皇后は髪をおのおの男子のように結い上げた。男装した皇后は、神の心に従って大三輪の神社に刀や矛を奉《たてまつ》って軍兵を集め、上は神祇の霊に頼りながら、下は臣下らの助けを借り、船団を整えて海を渡り宝の国をめざした。

出陣のとき、たまたま皇后は臨月を迎えていた。皇后は石を腰にはさむと、事を終えて無事帰還する日にここで生まれよと祈り、和魂《にきみたま》によって船団を守り、荒魂《あらみたま》を先鋒として軍船を導かしめた。出航するや、風の神、波の神に助けられて、海中の魚は船を背負い、順風満帆、船は順調に航海した。船を乗せた波ははるか新羅の国中にまで及び、一気に皇后らの一行は新羅の地に乗り込んだ。

神功皇后らの軍勢は天神地祇《あまつかみくにつかみ》の後ろ楯を得て、まさに行くところ敵なしのありさまで、新羅王らをただただ戦慄《せんりつ》させた。新羅王は建国以来の危機に遭遇し、天運が尽き国中が海となることをひたすら恐れた。新羅は神の国の到来を感じ、白旗を掲げて服従を誓った。新羅が降伏して以後春秋の朝貢を誓ったので、皇后軍は皇后の矛を新羅王の門に立てて凱旋した。隣接する高麗《こま》、百済《くだら》の二国も日本の進攻に恐れをなし、同じく服従の意志を表明するに至った。三韓みな朝貢を約して服従したため、日本は人質と財宝を手にするとともに、内官家《うちつ》屯倉《みやけ》を定めたとされる。

皇后は新羅から帰還すると、筑紫でのちの応神天皇を生んだ。人々はその産所の場所をさして宇瀰《うみ》と呼んだ。皇后は皇子を連れて大和へ向かおうとしたが、その途中、仲哀天皇と大《おお》中姫《なかつひめ》との間に生まれた諸王らが反乱を起こした。しかし武内宿禰らの活躍で乱はまもなく平定された。この年を『日本書紀』は皇后摂政元年とする。誉田別皇子は摂政三年に立太子し、大和磐余《やまといわれ》に若桜宮《わかさくらのみや》（奈良県桜井市池之内）を造営した。

神功皇后については、『日本書紀』がのちの概念に従って皇后を「摂政」と捉え、一巻を載せて天皇に準じた扱い方をしている点は注目される。遣使朝貢に関する記事を中心に、

『日本書紀』は神功皇后を『魏志倭人伝《ぎしわじんでん》』に登場する有名な卑弥呼《ひみこ》になぞらえようとするが、実在性には乏しいといえる。

『日本書紀』によれば、執政六十九年にして百歳で崩御し、現在の奈良市山陵《みささぎ》町、狭城盾列陵《さきのたたなみのみささぎ》に葬られたとされる。

古代の天皇

（上）**後白河天皇**　画像，12世紀，妙法院所蔵
（下）**桓武天皇**　画像，延暦寺所蔵

第十五代　応神《おうじん》天皇

諱《いみな》を誉田別尊《ほむたわけのみこと》と称し、仲哀《ちゆうあい》天皇の第四子として気長足姫尊《おきながたらしひめのみこと》、すなわち神功《じんぐう》皇后との間にもうけられた。『古事記』には大鞆和気命《おおともわけのみこと》とあり、皇后が新羅《しらぎ》征討の折、終始胎内に宿っていたところから胎中《たいちゆう》天皇とも呼ばれる。『日本書紀』にみえる異伝からは、かつて去来紗別尊《いざさわけのみこと》といっていたが、のちに角鹿《つぬが》の笥飯大神《けひのおおかみ》と名を交換し誉田別尊を名乗ることになったことが知られる。三韓征伐後、仲哀天皇九年、筑紫の蚊田《かだ》で生まれた。異腹の兄らの反抗を制してのち、皇后摂政三年に立太子し、同六十九年に皇后の薨去《こうきよ》にともない、その翌年即位して、都を軽島豊明宮《かるしまのとよあきらのみや》（奈良県橿原市大軽《おおがる》町）に移した。

皇后には、品陀真若《ほむだまわか》王の娘、仲姫《なかつひめ》を迎え、その間に荒田《あらた》皇女、大鷦鷯天皇《おおさざきのすめらみこと》（のちの仁徳《にんとく》天皇）、根鳥《ねとり》皇子が生まれた。天皇はまた多くの后妃を擁し、皇后の姉、高城入姫《たかきのいりひめ》を妃とし、額田大中彦《ぬかたのおおなかつひこ》皇子、大山守《おおやまもり》皇子、去来真稚《いざのまわか》皇子、大原《おおはら》皇女らをもうけ、皇后の妹である弟姫《おとひめ》を妃として、阿倍《あべ》皇女、淡路御原《あわじのみはら》皇女、紀之菟野《きのうの》皇女を生ましめた。このほかにも、和珥《わに》臣の祖である日触使主《ひふれのおみ》の娘、宮主宅媛《みやぬしやかひめ》を皇妃として菟道稚郎子《うじのわきいらつこ》皇子、矢田《やだ》皇女や雌鳥《めとり》皇女をもうけるなど、『日本書紀』によれば天皇の皇子女は二十人、『古事記』によれば二十六人にのぼったという。

応神天皇の時代には、多くの渡来人が来日し、大陸のすぐれた文物や技術が導入されるとともに、農地の耕作がめざましく進んだとされる。百済《くだら》から渡来した学者、阿直岐《あちき》は駿馬と太刀をもたらし、同じく学者の王仁《わに》により『論語』や『千字文《せんじもん》』がもたらされた。縫女や酒造りの技術者も来日して、日本の社会に技術革新を引き起こした。

応神天皇十四年には百済王が縫衣工女《きぬぬいおみな》を奉り、弓月君《ゆつきのきみ》が来日しようとした。ところが弓月君は新羅の妨害に遭って加羅《から》国に留まることを余儀なくされたため、天皇は葛城襲津彦《かずらきのそつひこ》を遣わしてこれを援護した。また、百済からやってきた阿直岐や王仁はいずれもすぐれた学者で、太子菟道稚郎子皇子の師となり、さまざまな典籍をわが国に伝えた。阿直岐は阿直岐史《ふびと》の先祖であり、王仁は書首《ふみのおびと》などの先祖にあたる。

応神天皇十六年、百済の阿花《あか》王が薨じたため、天皇は阿花王の長子、直支《とき》王の擁立を策し、平群木菟宿禰《へぐりのつく》と的戸田宿禰《いくはのとだ》を加羅国に遣わし、すでにかの地にある襲津彦を救援して新羅を討ち、活路を見出そうとした。木菟宿禰らは新羅討伐に成功し、襲津彦とともに弓月の民らをともない凱旋した。

『日本書紀』には、前朝以来武内宿禰《たけのうちすくね》の活躍が記されているが、とりわけ応神天皇九年の武内宿禰兄弟の記事は興味深い。武内宿禰はこのとき民衆の監察の任を帯びて筑紫に派遣されていたが、兄の失脚を狙う弟によって、天皇に対し武内宿禰が天下を奪う野心をたぎらせているとの讒言《ざんげん》がなされた。天皇は武内宿禰と弟の甘美内宿禰《うましうち》を召し、盟神探湯《くがたち》をさせて雌雄を決することとなり、結局武内宿禰に軍配が上がった。

このほか、同天皇紀には蘇我《そが》氏の先祖とされる満智《まち》にまつわる記事がみえる。応神天皇二十五年に百済の直支王が薨去し、その子、久爾辛《くにしん》が王位を襲った。だが、王が年端もゆかぬのをよいことに、権臣、木満致《もくまんち》は国政を壟断《ろうだん》し、王母と密通し、王室に多大の無礼を働いた。応神天皇は事態を憂慮し、木満致を日本に召喚した。この木満致こそ蘇我氏の系図上にみえる満智と同一人物であるとされている。もっとも『日本書紀』の引く『百済記』には、木満致がその父、木羅斤資《もくらこんし》の功績によって任那《みまな》を統治し、百済でもその勢力を伸ばしていたが、その悪政を知った応神天皇によってわが国に呼び寄せられたと記されている。

応神天皇四十年、天皇は大山守皇子と大鷦鷯尊を呼び、子供のことにふれて長じたる子と幼い子とどちらが可愛いかと尋ねた。大山守皇子は大きな子と答えて天皇の不興を買い、大鷦鷯尊は幼子への憂慮を示して天皇を喜ばせた。天皇は後嗣として菟道稚郎子を擁立したいと望んでいたため、その立場を心配しての問いであったに違いない。天皇はそこで、大山守皇子に山川林野の管理を委ね、大鷦鷯尊をして太子、菟道稚郎子を補佐させた。天皇は同四十一年、明宮《あきらのみや》（または大隅宮《おおすみ》）に百十歳（『古事記』では百三十歳）で崩じたとされる。その後の顛末は『古事記』に詳しいが、はたして大山守皇子は王位継承に納得せず、宇治川のほとりに菟道稚郎子を襲った。生前の天皇の命に忠実な大鷦鷯尊の支援によって郎子は辛くも難を逃れ、逆に計略にはまった大山守皇子は命を落とすこととなる。

応神天皇の時代は『皇統譜』のうえでも一つの大きな転換期をなしている。考古学的にも中期古墳時代を特徴づける鉄製の農具や武器が普及したことが確認され、『古事記』や『日本書紀』の叙述も前代に比べかなり史実性が高まってくる。天皇の諱が誉田別尊とそれまでになく簡略になっていることや河内《かわち》王権としての性格が濃厚となっていることなどを併せ考えると、天皇の実在性が有力視される。

有名な『宋書倭国伝《そうじょわこくでん》』に登場する倭の五王のうち、最初の倭王である「讃《さん》」を応神天皇に擬定する説もある。「讃」を次の仁徳天皇にあてる説もあるが、いずれにせよ応神天皇の時代がほぼ五世紀前後であることは間違いなかろう。

応神天皇陵は恵我藻伏岡陵《えがのもふしのおかのみささぎ》（大阪府羽曳野市大字誉田《こんだ》）とも呼ばれ、続く仁徳天皇陵と並んで最大級の前方後円墳であることはよく知られている。応神天皇は後世、八幡宮の祭神とされるようになるが、大王《おおきみ》（天皇）が武断的側面をもっていた時代相を投影しているといえよう。

第十六代　仁徳《にんとく》天皇

『日本書紀』によれば、応神《おうじん》天皇の第四子で、母は五百城入彦《いおきいりひこ》皇子の孫にあたる皇后仲姫命《なかつひめのみこと》、名を大鷦鷯尊《おおさざきのみこと》といった。幼い頃から聡明で知られ、容姿端麗で広い心の持ち主であったと伝えられる。応神天皇の後嗣をめぐる逸話はそのことをよく示している。

応神天皇四十一年、応神天皇の崩御にともない皇位継承問題が生じたが、本来即位するはずの太子、菟道稚郎子《うじのわきいらつこ》皇子が大鷦鷯尊に皇位を譲ることを主張して即位を辞退したため、事態は紛糾した。すでに述べたように、皇位の簒奪《さんだつ》を目した大山守《おおやまもり》皇子は大鷦鷯尊と菟道稚郎子皇子の協力の下に葬り去られていた。残された二人は互いに謙譲の美徳を示し、ために三年もの空位時代が生じた。

そののち、菟道稚郎子の死去にともない、大鷦鷯尊が即位して仁徳天皇となるが、『古事記』が菟道稚郎子の夭折によってやむなく大鷦鷯尊が即位するに至ったと伝えているのに対して、『日本書紀』は大鷦鷯尊の即位を促すべく菟道稚郎子が自殺したと記している。『日本書紀』によると、菟道稚郎子は天下に君として万民を治める者は民を覆うこと天のごとくして、民を受け入れること地のごとくなければならないとして、容姿にもすぐれ徳もまさる兄、大鷦鷯尊こそ天皇にふさわしいと主張して譲らなかった。これに対し、大鷦鷯尊も皇位は一日たりとも空しくすべきでなく、菟道稚郎子を選んだ先帝の遺志を尊重する意向を強く表明した。

そこで菟道稚郎子は兄の意志を覆すことができないと悟り、長生きして天下を煩わすのは忍びないとして自ら命を絶った。大鷦鷯尊はその知らせを聞いてすぐさま難波宮《なにわのみや》を発って菟《う》道宮《じのみや》に至った。そして死後三日経った太子の屍《しかばね》を抱き上げて号泣し、弟の名を三度叫んだ。すると太子は息を吹き返し、兄王こそ聖であり、事の顚末を誤りなく先帝に伝えると言い残してついに永久の眠りについた。

かくして『日本書紀』によれば同天皇元年一月、大鷦鷯尊は即位し、都を難波《なにわ》高津宮《たかつのみや》(大阪市中央区)に移した。宮はいたって質素を旨とし、殿舎は何の飾り気もなく、屋根葺《ぶ》きの茅も切り揃えることとすらなかったといわれる。民衆に労苦をかけず生活の充実を願っての措置であった。その翌年、仁徳天皇は磐之媛命《いわのひめのみこと》を皇后とした。皇后との間には、大兄去来穂別《おおえのいざほわけの》天皇《すめらみこと》(のちの履中《りちゅう》天皇)、住吉仲《すみのえのなかつ》皇子、瑞歯別天皇《みつはわけのすめらみこと》(のちの反正《はんぜい》天皇)、雄朝津間稚子宿禰《おあさづまわくごのすくねの》天皇《すめらみこと》(のちの允恭《いんぎょう》天皇)がもうけられた。また皇妃に日向髪長媛《ひむかのかみながひめ》を迎え、大草香《おおくさか》皇子らが誕生した。

仁徳天皇にはその漢風諡号《しごう》にふさわしい聖帝としての事績が伝えられている。同天皇四年春のこと、天皇が高殿《たかどの》に登って周囲を眺めてみるとどの人家からも煙が上がる様子がみられない。人々は貧しさのために炊煙を上げることがないのかと天皇は考えた。古来、聖王の時代には、民衆が君の徳を讃え、そこかしこに歓喜の声が満ちあふれていたという。天皇は民の窮乏を憂い、同年三月、以後三年間にわたって課税を止める詔《みことのり》を出した。

天皇は宮中でも質素倹約を実践し、衣類や履物も新調することを禁じ、食物もいたって粗末なものに甘んじた。民衆に負担をかけまいと、宮殿の垣根は荒れ放題、屋根も茅を葺き替えることをせず、雨漏りにも耐え忍び、星の光が望めたほどであったという。

こうした天皇の仁政はまもなく功を奏し、天候にも恵まれ、五穀豊穣で民衆の生活は再び活気をとり戻した。天皇の徳を讃える声がいずこにも聞かれ、家々からはしだいに炊煙が立ち上るようになった。皇后は宮廷の生活が窮乏することを嘆いたが、天皇は天が君主を立てることの意味は民衆の生活を守るためであるとして、自らの立場の重さに心を砕いた。民衆が富んでこそ自らも富むのであると天皇は述懐した。

諸国から課役の免除も三年を経たとして、新たに徴税し宮殿の改修を進めるべきであるとの声が上がったが、天皇はなかなか許すことをしなかった。天皇が課役を許したのはさらに三年後のことである。人々は何ら促されることなく、老いも若きも力を合わせ進んで宮殿の修築のため労を惜しむことがなかった。

仁徳天皇の時代にはまた、盛んに大阪平野の開発が進められた。天皇は、わが国は土地が広いわりに耕地が少ないこと、絶えず長雨によって河川は氾濫し海水と混じって家屋や田畑を荒していることを憂い、大溝の掘鑿《くっさく》や堤防工事などの土木事業の推進を命じた。なかでも有名なのは茨田《まんだ》の堤の建設である。この堤は幾度も決壊を繰り返していた。ある日、天皇は夢をみて、神のお告げを聞いた。それは、武蔵《むさし》の人強頸《こわくび》と河内《かわち》の人茨田連衫子《ころものこ》の二人を川の神に奉《たてまつ》れば必ずや茨田の堤は完成するというものであった。そこで天皇は二人を召して川の神に捧げることになった。強頸は人身御供となって水中に身を投じた。衫子は匏《ひさご》（瓢箪《ひょうたん》）を二つ抱いて川の中に入り、匏を沈めて浮かばせなければ真の神だが、そうでなければそれは偽の神であると神意を占う挙に出て、ついに生還した。これで二箇所あった決壊部分は完全に修築されたという。

仁徳天皇には聖帝の顔と、もう一つ実に艶聞に満ちた顔がある。それは天皇と女性らとの出来事であるが、そこには必ず嫉妬深い皇后、磐之媛命が登場する。仁徳天皇二十二年のこと、天皇は八田《やた》皇女を見初《みそ》めて妃として召し入れようとしたが、皇后の強烈な反対にあうことになる。天皇は盛んに歌を作って皇后を説得しようとするが、皇后は頑としてこれに応じなかった。同三十年、皇后が紀伊《きい》国に柏の葉を取りに出かけたその隙に、天皇は八田皇女を宮中に召し入れた。それを知った皇后は激怒して、柏の葉を難波の海を投げ入れると、山城を経由して大和へと移った。そののち、皇后は山城に戻り筒城宮《つつきのみや》に居所を構えた。天皇は的《いくは》臣の先祖、口持《くちもち》臣を遣わすなどして説得を続けたが、皇后は翻意せず、結局筒城宮で薨去《こうきょ》して奈良山に葬られた。

天皇は、同三十八年一月、八田皇女を皇后としたが、今度は皇后の妹にあたる雌鳥《めとり》皇女（『古事記』では女鳥王《めどりのおおきみ》）に心惹かれた。そこで雌鳥皇女を妃に迎えるべく異母弟の隼別《はやぶさわけ》皇子（『古事記』では速総別《はやぶさわけ》王）を遣わして仲をとりもつよう指示したが、天皇によい感情をもたない雌鳥皇女はこれを拒絶し、使いの隼別皇子と結ばれてしまう。そして「鷦鷯」よりも「隼」がすぐれているといった歌を作ったことで天皇の逆鱗《げきりん》にふれ、二人に討っ手が差し向けられた。吉備品遅部雄鮒《きびのほんちべのおふな》と播磨佐伯直阿餓能胡《はりまのさえきのあたいあがのこ》らは伊勢の蔣代野《こもしろのの》でついに二人を討ち取った。

このとき皇女の身につけていた玉が抜き取られた。のちに宮中の宴会で内外の命婦《みょうぶ》らが招かれた折、皇后によって失われた皇女の玉のことが露顕した。探索の結果、佐伯直阿餓能胡の妻の持ち物とわかり、本人もその罪を認めたため、相応の処罰が加えられた。『日本書紀』によれば、これが玉代《たまて》の地名の由来であるとする。

天皇の崩御については、『古事記』が八十三歳で亡くなったと記すにとどまる。陵墓である百舌鳥耳原中陵《もずのみみはらのなかのみささぎ》は、大阪府堺市の大山《だいせん》古墳に比定されることもあるが、これを疑問視する見解も根強く存在する。全長四八六メートルのわが国最大の前方後円墳である。『宋書《そうじょ》倭国伝《わこくでん》』にみえる倭の五王、「讃《さん》」あるいは「珍《ちん》」に擬定される。

第十七代　履中《りちゅう》天皇

父は仁徳《にんとく》天皇、母は葛城襲津彦《かずらきのそつひこ》の娘で皇后の磐之媛命《いわのひめのみこと》、『古事記』に大江之伊邪本和気命《おおえのいざほわけのみこと》とあり、『日本書紀』に去来穂別天皇《いざほわけのすめらみこと》とみえる。『日本書紀』によれば、仁徳天皇三十一年に立太子した。同八十七年一月、仁徳天皇は崩御した。皇太子は即位に先立ち、羽田八代《はたのやしろ》宿禰の娘、黒媛《くろひめ》を妃に迎えようと、同母弟の住吉仲《すみのえのなかつ》皇子を派遣した。ところが、仲皇子は自分を皇太子と偽り、黒媛を姦した。翌日、太子が黒媛のもとを訪れた際、仲皇子が前夜残していった鈴から皇子の所業が発覚した。太子に気づかれたことを知った仲皇子は、事態の悪化を恐れて太子を葬り去ろうと謀った。

仲皇子は太子を亡き者とするべく、兵を挙げて太子の宮を包囲した。平群木菟《へぐりのつく》宿禰、物部大前《おおまえ》宿禰らはただちに太子にこのことを告げたが、太子は一説によると祀《まつ》りの酒に酔って聞く耳をもたなかった。そこで、大前宿禰らは太子を馬に乗せて避難させた。仲皇子は知らずに宮を焼き尽くした。太子は河内《かわち》国埴生坂《はにうのさか》に至って、ようやく目を醒ました。そして難波《なにわ》の方に火の手をみて驚嘆し、ただちに大坂を経て大和へと向かおうとした。だが、飛鳥《あすか》山の登山口で、とある少女から山は武装した者が大勢いるため当麻道《たぎまのみち》を選ぶよう忠告を受けた。

太子は忠告に従って方向を変え、竜田山《たつたのやま》を越えようとしたが、そこには仲皇子の放った討っ手らが待ち構えていた。太子は伏兵を送って討っ手らを取り押さえたり、仲皇子に近い倭直吾子籠《やまとのあたいのあごこ》の陰謀を見抜いてこれを従わせた。

疑心暗鬼となった太子は石上《いそのかみ》の振神宮《ふるのかみのみや》で心配して追ってきた弟の瑞歯別《みつはわけ》皇子にすら疑いをかけ、弟王に潔白を証明したいなら仲皇子を殺害するよう命じた。瑞歯別皇子は仲皇子の非を鳴らしたうえで、命に従い証人として木菟宿禰を随行させた。瑞歯別皇子は一人の兄の信用を得るためにもう一人の兄を殺すことに忸怩《じくじ》たるものがあったが、結局仲皇子の側近にあった刺領巾《さしひれ》という隼人《はやひと》をそそのかして、ついに仲皇子を殺害した。目付役の木菟宿禰は主君を裏切った刺領巾を許さず、死に追いやった。瑞歯別皇子は去来穂別皇子に復命して、村《むら》合屯倉《わせのみやけ》を賜るなど厚遇された。

同天皇元年二月、皇太子は磐余稚《いわれのわか》（若）桜宮《さくらのみや》（奈良県桜井市池之内）に即位した。そしてその年の秋、葦田《あした》宿禰の娘、黒媛《くろひめ》を妃とした。妃との間には、市辺押磐《いちのべのおしは》皇子、御馬《みま》皇子、青海《あおみ》皇女がもうけられた。ついで幡梭《はたび》皇女を妃に迎え、中磯《なかし》皇女が生まれた。

翌二年一月、瑞歯別皇子を皇太子に立てた。この年十月には都を磐余に造営した。その際、平群木菟宿禰や蘇賀満智《そがのまち》宿禰らを国政に参画させた。天皇はまた同四年、国史《ふみひと》を置いて諸国の実情を把握しようとした。

天皇は在位六年にして崩御し、百舌鳥耳原南陵《もずのみみはらのみなみのみささぎ》（大阪府堺市石津ヶ丘）に葬られたとされる。

第十八代　反正《はんぜい》天皇

仁徳《にんとく》天皇を父とし、葛城磐之媛《かずらきのいわのひめ》を母として淡路島に生まれ、『日本書紀』によると履中《りちゅう》天皇二年、立太子したとされる。『古事記』に蝮水歯別命《たじひのみずはわけのみこと》、『日本書紀』に多遅比瑞歯別天皇《たじひのみつはわけのすめらみこと》とその名がみえる。事実とすると履中天皇の弟であり、皇位が兄弟間に継承されたことになる。淡路に生まれた際、瑞井《みずのい》の水を産湯として用いたことや歯並びがことのほか美しかったことから名づけられたと伝えられている。上背も九尺二寸と高く、容姿に恵まれたとされる。

在位中の事績についてはほとんど伝えられるところがない。むしろ、履中天皇の項で述べたように、履中天皇即位に至る活躍が特筆される。去来穂別天皇《いざほわけのすめらみこと》を葬ろうとした兄の仲《なかつ》皇子を誅《ちゅう》して、無事即位に導いた功績が注目される。かかる功績が讃えられ、履中天皇の代に皇太子に立てられた。履中天皇の崩御にともない即位して、河内《かわち》国丹比柴籬宮《たじひのしばかきのみや》（比定地未確定）に遷都し、木事《こごと》の娘、津野媛《つのひめ》を皇夫人として香火《かひ》姫皇女、円《つぶら》皇女をもうけた。また皇妃に迎えた津野媛の妹、弟媛《おとひめ》との間に、財《たから》皇女、高部《たかべ》皇子が生まれた。

『日本書紀』によると、在位五年で崩御、『古事記』によると享年六十であったと伝えられている。陵墓は現在の大阪府堺市北三国ヶ丘町にある百舌鳥耳原北陵《もずのみみはらのきたのみささぎ》に比定される。『宋《そう》書倭国伝《じょわこくでん》』にみえる倭の五王のうち、「珍《ちん》」にあてる説が有力視されている。仮に「珍」であったとすれば、外交面で積極姿勢をとった可能性が指摘される。

第十九代　允恭《いんぎょう》天皇

仁徳《にんとく》天皇の子で、母は皇后、磐之媛《いわのひめ》、その名を『古事記』は男浅津間若子宿禰命《おあさづまわくごのすくねのみこと》、『日本書紀』は雄朝津間稚子宿禰尊《おあさづまわくごのすくねのみこと》と記す。反正《はんぜい》天皇の同母弟にあたる。慈悲深い心の持ち主であったが、壮年に至って病いに冒され、身体が不自由となった。

反正天皇五年一月、兄天皇の崩御にともない、群臣らはしきりに雄朝津間稚子宿禰尊に即位を促したが、天皇の位は大業であり、とうてい務まらないとして辞退した。群臣らは再拝して、雄朝津間稚子宿禰尊を説得し、帝位を空しくすることはできないと重ねて嘆願したが、願いは聞き入れられなかった。

妃の忍坂大中姫命《おしさかのおおなかつひめのみこと》が群臣らの憂いをいたみ、凍死も辞さぬ覚悟で雄朝津間稚子宿禰尊に帝位につくことを懇請するに及び、ようやく即位が実現した。允恭天皇は翌年二月、忍坂大中姫命を皇后に立てた。そして皇后のために刑部《おしさかべ》を定めた。皇后との間には、木梨軽《きなしのかる》皇子、名形大娘《ながたのおおいらつめ》皇女、境黒彦《さかいのくろひこ》皇子、穴穂天皇《あなほのすめらみこと》（のちの安康《あんこう》天皇）、軽大娘《かるのおおいらつめ》皇女、八釣白彦《やつりのしろひこ》皇子、大泊瀬幼武天皇《おおはつせのわかたけのすめらみこと》（のちの雄略《ゆうりやく》天皇）、但馬橘大娘《たじまのたちばなのおおいらつめ》皇女、酒見《さかみ》皇女がもうけられた。

允恭天皇三年、使者を派遣して新羅《しらぎ》に名医を求めた。この年秋、新羅から医師が来日して、天皇の治療にあたり、病いはほどなく平癒した。天皇は大いに喜び、医師を厚く遇して帰国させた。

同四年、氏姓を誤り上下の争いが絶えず治世安らかでないことを憂い、天皇は詔して、氏姓を正すこととした。甘樫丘《うまかしのおか》の辞禍戸崎《ことのまがへのさき》に盟神探湯《くがたち》を据えて、人々を招き真偽が試されることになった。真実を述べた者は無事であったが、偽りを語った者はことごとく熱傷を負った。天皇の判断と措置は正しく、これにより天下の氏姓はおのずと定まった。

　允恭天皇七年十二月、新居落成の祝いの宴が催された。天皇が座長となり、自ら琴を奏で、皇后が舞った。当時、舞を舞う者は終わりに座長に対して「娘子《おみな》を奉《たてまつ》りましょう」と言うのが礼儀とされたが、皇后はこの礼に従わなかった。天皇に促され、皇后はようやく「娘子を奉りましょう」と応じたが、すかさず天皇は「その娘子は誰か、その名を知りたい」と問うた。皇后はやむなく「私の妹、名は弟姫《おとひめ》です」と告げた。当時、弟姫は容姿にすぐれ、その肌のまばゆいばかりの美しさから衣通郎姫《そとおしのいらつめ》と呼ばれていただけに、皇后は天皇が妹に心惹かれることを恐れていたのである。案の定、天皇は衣通郎姫を召し出そうと舎人《とねり》の中臣烏賊津《なかとみのいかつの》使主《おみ》を派遣した。弟姫は姉の心を察して、度重なる天皇の誘いを謝絶した。だが、褒賞を約された中臣烏賊津使主の執拗なまでの懇請に負けて、ついに弟姫は招請に応じることになった。

　天皇は皇后の嫉妬を慮《おもんぱか》り、妹姫を宮中に迎えることを思いとどまった。しかし、天皇の弟姫のもとへの行幸が度重なるに及んで皇后の怒りは増していった。天皇は弟姫のために藤原部を定め、宮を造営した。皇后の出産が近づいても弟姫のもとへの行幸はやまなかったため、ついに皇后も死を決意した。さすがの天皇もこれには驚き、平謝りに謝ったとされる。このとき生まれたのが、のちの雄略天皇である。

　允恭天皇紀でさらによく知られるのが木梨軽皇子と軽大娘皇女との悲恋である。二人は同母兄妹であったから当然その関係は禁忌とされたが、両者は強く惹かれあった。允恭天皇二十四年六月、天皇の御膳に異変が生じたため、卜者に占わせると、身内に通じ合っている者があるとのお告げがあった。調べゆくうちに、二人の関係が露顕した。そののち、『古事記』によれば、皇子が捕らわれ伊予国に流され皇女も後を追ったことになっているが、『日本書紀』では、皇子は太子であり世継ぎであったから処刑を免れ、軽大娘皇女だけが伊予国に流されたことになっている。

允恭天皇は『宋書倭国伝《そうじょわこくでん》』の倭の五王のうち、「済《せい》」にあてられている。「済」は四四三年に宋に貢献したとされる。天皇は、同天皇四十二年に崩御し、陵墓は現在の大阪府藤井寺市国府の恵我長野北《えがのながののきたのみささぎ》陵とされる。

第二十代　安康《あんこう》天皇

允恭《いんぎょう》天皇の第二子（一説に第三子）で、名は穴穂《あなほ》皇子。母は稚渟毛二岐《わかぬけふたまた》皇子の娘、忍坂大中姫命《おしさかのおおなかつひめのみこと》とされる。允恭天皇四十二年一月、天皇の崩御にともない、太子の木梨軽《きなしのかる》皇子と穴穂皇子が互いに兵力を結集して対立した。しかし、日頃から淫乱との風評のあった木梨軽皇子に味方する者はほとんどなく、人心はことごとく穴穂皇子に帰した。

木梨軽皇子は群臣らの離反にたじろぎ、宮中を出て物部大前《もののべのおおまえ》宿禰の屋敷に身を隠した。これを聞きつけた穴穂皇子は兵を遣わして宿禰の屋敷を包囲した。物部大前宿禰は門を出て穴穂皇子を迎え、皇子に木梨軽皇子の処置を任せてくれるよう懇請した。皇子は大前宿禰の願いを聞き入れ、木梨軽皇子は結局大前宿禰の屋敷で自刃した。

この年十二月、穴穂皇子は即位し、宮を現在の奈良県天理市にあたる大和山辺《やまのべ》郡石上《いそのかみ》に遷した（石上穴穂宮）。その頃、末弟の大泊瀬幼武尊《おおはつせのわかたけのみこと》（のちの雄略天皇）は反正《はんぜい》天皇の皇女らを迎えようとしたが、その要求はことごとく拒絶された。大泊瀬幼武尊は日頃から乱暴で知られ、皇女らは「にわかに機嫌が悪くなると、朝に会した者も夕には殺され、夕に会った者も翌朝には殺される」といって一様に恐れたとされる。

安康天皇元年二月、天皇は大泊瀬幼武尊のために大草香《おおくさか》皇子の妹、幡梭《はたび》皇女を迎えようともちかけた。坂本臣の先祖にあたる根使主《ねのおみ》を派遣して大草香皇子に妹を弟の大泊瀬幼武尊のもとに娶《めと》りたい旨を伝えたのである。大草香皇子は、自分はもう先がないからとしてこの申し出を快諾した。妹が宮中に入れば、自分はいつでも安心して死を迎えることができると大草香皇子は語った。そこで大草香皇子は家宝の押木珠縵《おしきのたまかずら》を天皇に捧げるべく、使いの根使主にそれを授けた。ところが、押木珠縵に目のくらんだ根使主は一計を案じ、宝物を手に入れようとした。

宮に戻った根使主は天皇に偽り言を述べ、大草香皇子がたとえ同族でも妹を嫁がせる気など毛頭ないと返答したと伝えたのである。天皇はこれを聞いて激怒し、兵を遣わして大草香皇子を殲滅《せんめつ》せしめた。天皇は大草香皇子の妻、中蒂《なかし》姫《ひめ》を妃に迎え、幡梭皇女を大泊瀬幼武尊に娶らせた。

同天皇二年一月、中蒂姫を皇后とした。しかし、天皇は皇后が大草香皇子との間にもうけた眉輪王《まよわのおおきみ》によって殺害された。眉輪王は当時、未だ七歳であったとされるが、父の恨みをはらしたことになる。天皇は在位三年にして五十六歳（『古事記』）でこの世を去り、菅原《すがわらの》伏見西陵《ふしみのにしのみささぎ》（奈良市宝来町字古城）に葬られた。『宋書倭《そうじょわ》国伝《こくでん》』には倭王の「興《こう》」が四六二年に宋に使いを派遣したとあるが、これを安康天皇とする見解が有力である。

第二十一代　雄略《ゆうりゃく》天皇

『古事記』では大長谷若建命《おおはつせわかたけのみこと》と記され、『日本書紀』には大泊瀬幼武尊《おおはつせのわかたけのみこと》とみえる。允恭《いんぎょう》天皇の第五子とされ、母は皇后、忍坂大中姫命《おしさかのおおなかつひめのみこと》であったとされる。『日本書紀』に従えば、自己を絶えず主張してはばからず、実に疑い深い性格で皇位を継承するにあたり多くの人々を残酷にも殺戮《さつりく》したことで知られる。

雄略天皇紀には最初、眉輪王《まよわのおおきみ》が安康《あんこう》天皇を殺害するところから話が始まっている。安康天皇三年、天皇は山の宮に出かけ、楼《たかどの》に登り酒宴に興じつつ、皇后に大草香《おおくさか》皇子討伐の経緯にふれてその子、眉輪王への恐怖心を打ち明けた。これを楼の下で遊んでいた眉輪王が耳にし、すべてを悟った。そこで眉輪王は、天皇が酒宴ののち皇后の膝枕で休んでいるところを襲い、首を切り落とした。

この知らせを聞きつけた大泊瀬幼武尊はすぐさま武装すると、兵を挙げてまず同母兄の八《や》釣白彦《つりのしろひこ》皇子を詰問し、ついにその命を奪った。さらに大泊瀬幼武尊は同じく同母兄の坂合《さかあいの》黒彦《くろひこ》皇子に詰め寄ったが、皇子はただ押し黙ったままであった。大泊瀬幼武尊はそこで、眉輪王を葬ろうとして問い詰めたが、眉輪王は父の仇を討つのが目的で皇位を望んでいるわけではないことを釈明した。まもなく、眉輪王と坂合黒彦皇子はともに円大臣《つぶらのおおおみ》の屋敷に逃げ込んだ。

大泊瀬幼武尊は兵力を増強して円大臣の屋敷を包囲した。円大臣は王らが臣下の家に逃げ込むことからして、眉輪王らの信任を得たものと理解し、これを差し出すことを躊躇《ちゅうちょ》した。そしてついに、装束を身にまとって軍団の前に姿を現し、甘んじて身を投げ出す覚悟を示し、一方でその娘、韓媛《からひめ》と葛城《かずらき》の領地を奉じて罪を償おうとした。だが、大泊瀬幼武尊はこれを許さずに、家を焼き払った。そのため、円大臣や眉輪王らは無惨にも焼死した。

安康天皇は密かに市辺押磐《いちのべのおしは》皇子（履中天皇の皇子）に皇位を譲りたいと考えていたとされる。大泊瀬幼武尊はこれを憎み、狩りに皇子を誘い出して殺害した。その殺し方は実に残虐で、身体を切り刻み、馬の飼い葉桶に入れて土中に埋めたと伝えられている。兄弟らを皆殺しにしたのち、大泊瀬幼武尊が泊瀬朝倉宮に即位したとされているが、『播磨国風土記《はりまのくにふどき》』などによってこれに先立ち市辺押磐皇子が一時皇位にあったとの説が唱えられている。

雄略天皇は同天皇元年三月、幡梭《はたび》皇女を立てて皇后とした。また葛城円大臣の娘、韓媛、吉備上道臣《きびのかみつみちのおみ》の娘、稚媛《わかひめ》、春日《かすが》の和珥臣深目《わにのおみふかめ》の娘、童女君《おみなぎみ》の三人を妃とした。これら妃との間には、おのおの白髪武広国押稚日本根子天皇《しらかのたけひろくにおしわかやまとねこのすめらみこと》（のちの清寧《せいねい》天皇）と稚足姫《わかたらしひめ》皇女、磐城《いわき》皇子と星川稚宮《ほしかわのわかみや》皇子、春日大娘《かすがのおおいらつめ》皇女がもうけられた。

同天皇二年七月、天皇がかねてより宮中入りを強く望んでいた百済《くだら》の池津媛《いけつひめ》が、石川楯《いしかわのたて》と密通していることが露顕した。天皇は激怒して大伴室屋《おおとものむろや》大連に命じて来目部《くめべ》を派遣し、二人を磔《はりつけ》にして焼き殺した。天皇の暴虐ぶりはこれにとどまらなかった。

天皇は吉野に行幸した際、狩猟に興じたが、獲物の料理をめぐって群臣の言動に怒り、御者を切り捨てた。まもなく天皇は還幸したが、民衆はみな恐れおののいた。皇后らはこの様子をみていたく心を悩ました。皇太后は宍人部《ししひとべ》を設けることを提案して天皇を諫《いさ》めたため、天皇もこれに従った。だが、天皇は独断専行することが多く、周囲の人々を殺《あや》めることも少なくなかったため、「はなはだ悪しくまします天皇なり」という芳しからざる評価を後世に残した。

同天皇紀で興味深いのは、葛城の一事主神《ひとことぬしのかみ》との出会いである。同天皇四年二月、天皇が葛城山に狩猟に出かけた折、突然身の丈の高い人物が現れた。天皇が問いかけると、その人物は一事主神であると答えた。神と天皇はそののち、ともに譲り合いながら狩りを楽しみ、不思議な時間を過ごした。この場面の描写は、『古事記』と『日本書紀』とでは微妙に異なっている。両者は現れた神と天皇の姿形が似通っている点では共通するが、『古事記』が両者の出会いをやや対立的に捉え、神を天皇の上位に位置づけているのに対して、『日本書紀』は終始、両者の関係を友好的に捉え、相互に並立した関係として捉えている。

天皇は同天皇二十三年に崩御するが、死に臨んで詔し、大小となく天下の事柄を皇太子に託した。側近である東漢掬直《やまとのあやのつかのあたい》や大伴室屋大連に告げられた遺詔では、天下がよく治まり家々の竈《かまど》の煙が立ち上ることを喜びつつも、朝野の衣冠が未だ定まらないことや教化政刑が十分に行われないことを心残りとしながら、皇太子への厚い信任と臣下への期待の思いをにじませた。

このほか天皇の治政下には大和や河内の豪族らが武力で制圧され、多くの政略結婚が繰り返されたことが伝えられている。『日本書紀』によれば、吉備氏もその配下に組み込まれ、遠く朝鮮半島南部まで進出したことが知られている。同天皇八年、高麗《こま》と新羅《しらぎ》の不和に乗じて任那《みまな》日本府の兵力が軍事介入し、新羅に服従を求めた。翌九年、天皇は朝貢を怠り無礼の多い新羅を自ら討伐しようとしたが、神の反対にあい、紀、蘇我、大伴らの将軍を派遣したとされる。さらに同天皇二十一年には、高麗の侵攻を受けた百済の再興に努めた。この時期、百済からは多くの今来《いまき》の才伎《てひと》が来日した。中国側の史書にみえる倭の五王のうち「武《ぶ》」が雄略にあたるとされ、『宋書《そうじょ》』の引く四七八年の上表文からは倭の南朝鮮経営の行き詰まりが読みとれる。考古学的見地からは、熊本県、船山《ふなやま》古墳の大刀銘や埼玉県の稲荷山《いなりやま》古墳出土の鉄剣銘に四七一年時のものとして「獲加多支鹵大王《わかたけるおおきみ》」とみえることなどから、雄略天皇の時代である五世紀後半に大和朝廷の支配権は広く九州から関東にまで及んでいた可能性が想定されている。雄略天皇は三輪《みわ》山麓に泊瀬朝倉宮《はつせのあさくらのみや》(奈良県桜井市黒崎)を営んだとされる。『古事記』によれば、在位二十三年、百二十四歳で丹比高鷲原陵《たじひのたかわしのはらのみささぎ》(大阪府羽曳野市島泉)に葬られた。

第二十二代　清寧《せいねい》天皇

『古事記』に白髪大倭根子命《しらがのおおやまとねこのみこと》、『日本書紀』に白髪武広国押稚日本根子天皇《しらかのたけひろくにおしわかやまとねこのすめらみこと》とみえる。雄略《ゆうりゃく》天皇を父とし、葛城円《かずらきのつぶら》大臣の娘、韓媛《からひめ》を母として、允恭《いんぎょう》天皇三十三年に生誕した。生まれながらにして白髪であったため、そう名づけられたといわれる。雄略天皇二十二年に立太子し、翌二十三年に天皇が亡くなると、皇位を簒奪《さんだつ》しようとする星川《ほしかわ》皇子を倒して皇位についた。

雄略天皇の夫人であった吉備稚媛《きびのわかひめ》は密かにわが子、星川皇子を皇位につけようと、日頃から「天子の位に上ろうとするなら、まず大蔵をとれ」と諭した。星川皇子は母の言葉に従い、長男磐城《いわき》皇子の制止を振り切って、ついに大蔵を掌中におさめた。役所の門を閉ざすと、皇子は官物を好き放題に使った。そこで、かねてより雄略天皇の側近にあった大伴室屋《おおとものむろや》大連や東漢掬直《やまとのあやのつかのあたい》らは事態を憂慮し、遺詔に従って皇太子を守ろうと奔走した。そしてついに兵士らを動員して大蔵を包囲し、火を放って星川皇子らを焼死させた。

まもなく大伴室屋大連らは、臣、連らを率いて、皇位の璽《しるし》である鏡や剣を皇太子に奉《たてまつ》った。白髪皇子は壇場《たかみくら》を磐余《いわれ》の甕栗《みかくり》に設けて宮（磐余甕栗宮、奈良県桜井市池之内）を定め、正式に即位した。葛城韓媛《かずらきのからひめ》を尊んで皇太夫人《おおきさき》とし、これまでどおり旧臣である大伴室屋を大連、平群真鳥《へぐりのまとり》を大臣とした。

清寧天皇二年二月、天皇は子のないことを気に病んで、大伴室屋大連を諸国に遣わし、白髪部舎人《しらかべのとねり》などを設けた。白髪部膳夫《かしわで》などの遺跡は子供に恵まれなかった天皇がその名を後世に伝えようとする措置であったに違いない。

この年十一月、大嘗祭に供物を供えるため、播磨《はりま》国に遣わされた伊予来目部小楯《いよのくめべのおだて》が、明石郡《あかしのこおり》の縮見屯倉首《しじみのみやけのおびと》である忍海部造《おしぬみべのみやつこ》細目《ほそめ》の家の宴で、市辺押磐《いちのべのおしは》皇子の子、億計《おけ》と弘計《おけ》を見つけ出した。小楯は二人の子供を保護するとともに、天皇のもとに急報した。天皇はたいそう驚嘆かつ喜悦して二人を迎え入れようとした。翌三年一月、小楯らは億計と弘計とを摂津《せっつ》国に導き、やがて宮中へと連れきたった。これがのちの仁賢《にんけん》天皇と顕宗《けんぞう》天皇とであり、履中《りちゅう》天皇の孫にあたる。

清寧天皇は在位五年にして崩御し、河内坂門原陵《かふちのさかとのはらのみささぎ》（大阪府羽曳野市西浦）に埋葬された。

清寧天皇から両天皇への皇位継承には一定の空白期間が生じ、その間は葛城の角刺宮《つのさしのみや》にあって市辺押磐皇子の娘、飯豊青《いいとよのあおの》皇女が埋めたとの見方がある。兄弟である仁賢天皇と顕宗天皇は互いに皇位を譲り合ってなかなか位を踏もうとしなかったため、暫定的に両天皇の姉にあたる飯豊青皇女が政治をみたとされる。こうした見方は記紀ともに共有されており、さらに後世の『扶桑略記《ふそうりやっき》』や『水鏡《みずかがみ》』では女帝の即位が積極的に肯定されている。

第二十三代 顕宗《けんぞう》天皇

『古事記』に袁祁命《おけのみこと》、『日本書紀』に弘計天皇《おけのすめらみこと》、来目稚子《くめのわくご》などとみえる。履中《りちゆう》天皇の子である市辺押磐皇子《いちのべのおしはのみこ》を父とし、蟻臣《ありのおみ》の娘、荑媛《はえひめ》を母として、允恭《いんぎよう》天皇三十九年に生誕したとされる。『古事記』は在位八年、三十八歳で崩御とし、『日本書紀』は在位三年と記すが、五世紀の後半に位にあったことが想定されるにとどまる。

顕宗天皇は長く辺境の地にあり、その特異な生い立ちから民衆の生活をつぶさに観察してきたといえる。したがって万民の憂いや悲しみ、苦しい暮らし向きをよく理解していた。そのため善政を敷き、民衆の負担を軽減する施策を実行したとされる。

そもそも天皇は、安康《あんこう》天皇三年、父の市辺押磐皇子が近江国《おうみ》蚊屋野《かやの》で雄略《ゆうりやく》天皇に殺害された際、兄の億計王《おけのみこ》とともに恐ろしさのあまりともに急ぎ逃れて身を隠した。これには舎人《とねり》日下部連使主《くさかべのむらじおみ》とその子、吾田彦《あたひこ》がつき従った。天皇は兄の億計王ともども播磨国《はりま》明石《あかし》に逃れ、ともに改名して丹波小子《たにはのわらわ》と名乗り、縮見屯倉首《しじみのみやけのおびと》に仕えることになった。

清寧《せいねい》天皇二年十一月、播磨国司、伊予来目部小楯《いよのくめべのおだて》が明石郡に新嘗《にいなめ》の供物を供えに訪れた際、縮見屯倉首の新築祝いの宴に列席した。顕宗天皇、すなわち弘計王は兄の億計王に語り、名を明かし尊い身分であることを知らしめる好機の到来を告げた。億計王は消極的であったが、弘計王はいつまでも縮見屯倉首に仕えて牛馬の世話をしているよりも命をかけて名を明かすほうが潔いと主張した。そして宴もたけなわの頃、末席に着座した。すると小楯が二人に舞を求めたため、兄弟はこれに応えてついに歌に託して身分を明かした。

これを聞いた小楯は驚嘆して平伏し、兄弟を守り一族を動員して宮の造営に着手することになった。報に接した清寧天皇はたいへん喜び、二人を自らの跡継ぎにしたいとの意向を表明したのである。

清寧天皇がまもなく崩御すると、皇太子となった億計王と皇子の弘計王は互いに皇位を譲り合って、なかなか位が定まらなかった。億計王は名乗り出る勇気と才知をもった弟を讃えて弟の即位を主張し、弘計王は弘計王で長幼の序を重んじた。その間、天皇の位はまさに空位となったが、飯豊青《いいとよのあおの》皇女が代わって朝政に臨んだ。しかし、飯豊青皇女もまもなく亡くなったことから、いつまでも皇位を空しくしておくわけにもいかず、ついに弘計王が皇位継承を承諾して即位した。これにともない、都は近飛鳥八釣宮《ちかつあすかのやつりのみや》（奈良県明日香村八釣）へと遷された。そしてほどなく難波小野王《なにわのおののみこ》を皇后に立てることとなった。天皇は父の仇を討とうと雄略天皇の陵墓を破壊しようと提言したが、人心の動揺を憂いた兄、皇太子によりなだめられた。

天皇陵は現在の奈良県香芝《かしば》町の傍丘磐坏丘南陵《かたおかのいわつきのおかのみなみのみささぎ》とされる。

第二十四代　仁賢《にんけん》天皇

『古事記』には意祁王《おけのきみ》とあるが、『日本書紀』には億計尊《おけのみこと》とみえる。父は履中《りちゅう》天皇の皇子、市辺押磐《いちのべのおしは》皇子で、母は蟻臣《ありのおみ》の娘、荑媛《はえひめ》とされる。顕宗《けんぞう》天皇の兄にあたる。大脚《おおし》、大為《おおす》や嶋《しまの》郎《いらつこ》など多くの別称をもつ。

幼い頃より才気煥発で、壮年に至り謙虚で温厚な人物として知られた。弟、弘計王《おけのみこ》こと顕宗天皇とともに、難を逃れて丹波《たんば》国に入った。清寧《せいねい》天皇元年十一月、播磨《はりま》国司、山部連小《やまべのむらじお》楯《だて》が億計王と弘計王の兄弟を京に連れ帰った。

清寧天皇は億計王を皇太子に立てたが、兄弟間の譲り合いの末、弟の弘計王が先に皇位につき、在位期間三年にして崩御すると、皇太子であった兄の億計王が石上広高宮《いそのかみのひろたかのみや》（奈良県天理市石上《いそのかみ》町）に即位して仁賢天皇となった。仁賢天皇元年二月、皇妃の春日大娘《かすがのおおいらつめ》皇女を立てて皇后とした。皇后との間には、高橋大娘《たかはしのおおいらつめ》皇女、朝嬬《あさづま》皇女、手白香《たしらか》皇女、樟氷《くすひ》皇女、橘《たちばな》皇女、小泊瀬稚鷦鷯天皇《おはつせのわかさざきのすめらみこと》（のちの武烈《ぶれつ》天皇）、真稚《まわか》皇女を、そして糠君娘《あらきみのいらつめ》との間に春日山田《かすがのやまだ》皇女をもうけた。

治世について伝えられるところは少ないが、石上部《いそのかみべ》の舎人《とねり》を置いたことや、日鷹吉士《ひたかのきしこ》を高麗《ま》に遣わして才伎《てひと》らを召したことが知られる。在位十一年にして天皇は崩御し、埴生坂本陵《はにうのさかもとのみささぎ》（大阪府藤井寺市青山）に葬られた。

第二十五代　武烈《ぶれつ》天皇

『古事記』は名を若雀《わかさざき》とするが、『日本書紀』には小泊瀬稚鷦鷯天皇《おはつせのわかさざきのすめらみこと》とみえる。仁賢《にんけん》天皇の皇子で、母は雄略《ゆうりやく》天皇の皇女、春日大娘《かすがのおおいらつめ》皇后である。仁賢天皇七年に立太子した。法令に明るく、果断な裁きや処罰を行ったと伝えられている。しかしその反面、残虐な性格の持ち主で、幾多の悪事や虐待を繰り返したとされる。

仁賢天皇崩御ののちは一時、大臣の平群真鳥臣《へぐりのまとりのおみ》が国政を壟断《ろうだん》した。自ら王のごとく振る舞うとともに、皇太子の宮を造営するといって自己の邸宅を築き上げるなどの所業がみられ、その行いには節度がなかった。この頃、太子は物部麁鹿火《あらかひ》大連の娘、影媛《かげひめ》を娶《めと》ろうとしていたが、このときすでに影媛は真鳥臣の子息、鮪《しび》と通じていた。太子の誘いとあって、影媛はにわかに断りがたく、海柘榴市《つばきち》に会することになった。そこは歌舞や飲食を通じて男女が交歓する場であり、太子が影媛を射止めようと現れるやいなや、鮪がその間に割って入った。そして、歌垣を通して影媛をめぐる太子と鮪の激しい恋の鞘当《さやあ》てが繰り広げられる。

しだいに太子の怒りは平群真鳥臣の親子に向けられるようになる。太子は大伴金村《おおとものかなむら》連に命じて兵を動員し、ついに鮪を奈良山に追い詰め、殺害した。さらに太子と金村とはともに謀って大臣邸を包囲し、火を放って焼き殺した。

大伴金村が尊号を奉《たてまつ》り太子に即位を促した。太子は高御倉《たかみくら》を泊瀬《はつせ》の列城《なみき》（泊瀬列城宮、奈良県桜井市初瀬《はせ》）に設けて即位した。同天皇元年三月には、春日娘子《かすがのいらつめ》を立てて皇后とした。この頃から天皇の粗暴な性格はいよいよ露わとなり、翌二年の秋には妊婦の腹を割いて胎児をみようとした。さらに翌三年の冬には人の生爪を剝いで山芋を掘らせるといった悪行を重ねた。四年四月には、人の髪の毛を抜いて木に登らせたうえ、木を切り倒して楽しむといった暴虐ぶりであった。五年六月には、人を池の樋《とい》の中に入れ、出てくるところを矛で刺して殺すといった惨《むご》い仕打ちを行った。

そして子供の授からないのを気に病んで後世に名を残すべく「小泊瀬《おはつせ》の舎人《とねり》」を設けさせ

た。百済《くだら》が調《みつき》を奉るため派遣した麻那王《まなきし》を拘束したり、人を木に登らせて弓で射るなどの所業も後を絶たなかった。天候が悪化して大風や大雨に民が苦しんでいるのをよそに、天皇は民の飢えにおかまいなく美食を重ねた。宮廷ではふしだらな余興が繰り広げられ、天皇は女性と酒に溺れた。『日本書紀』に「頻造㆓諸悪㆒、不㆑修㆓一善㆒」とされた所以である。そのため民衆からはひどく恐れられたようである。

八年間在位したのち、泊瀬列城宮に崩御すると、大和の傍丘磐坏丘北陵《かたおかのいわつきのおかのきたのみささぎ》（奈良県香芝《かしば》町）に葬られたと伝えられる。悪行を尽くした天皇により応神《おうじん》・仁徳《にんとく》王朝が断絶したとする中国的な考え方を指摘する説もある。

第二十六代　継体《けいたい》天皇

『古事記』に袁本杼命《おおどのみこと》、『日本書紀』に男大迹尊《おおどのみこと》などとみえる。応神《おうじん》天皇の五世の孫で彦主人王《ひこうしのおおきみ》を父とし、母は垂仁《すいにん》天皇の七世の孫で振媛《ふるひめ》という。近江《おうみ》国にあった天皇の父は、容姿端麗な美貌の持ち主、振媛に対して使者を派遣した。越前国坂井《さかのい》の三国《みくに》に迎えて妻とし、そして男大迹尊が生まれた。

一方、朝廷では武烈《ぶれつ》天皇の後嗣問題が深刻化していた。大伴金村《かなむら》連は周囲と相談し、当時丹波《たんば》国桑田郡《くわたのこおり》にあった仲哀《ちゅうあい》天皇の五世の孫にあたる倭彦《やまとひこ》王《のおおきみ》を迎え入れる方針を打ち出し、兵士を遣わした。ところが、倭彦王は迎えの兵士をみて畏怖し、顔色を失い、そして山中へと遁走する始末であった。王が行方知れずとなってこの計画は失敗に終わった。

次いで候補に挙がったのが男大迹尊である。大伴金村は情け深く親孝行な男大迹尊を皇統を継ぐにふさわしいと考え、物部麁鹿火《あらかひ》大連や許勢男人《こせのおひと》大臣に諮《はか》って合意を得た。臣下らが節《しるし》の旗をかざし御輿を整え三国に迎えに行くと、男大迹尊は堂々とした天子の風格でこれを迎えた。使者に立った者たちはかしこまって忠誠の意志を表明したが、男大迹尊は申し出に慎重であった。河内馬飼《かふちのうまかい》首《のおびと》荒籠《あらこ》が間をとりもち、ようやく男大迹尊は臣下らの願いを聞き入れた。だが、河内国交野《かたの》郡葛葉《くずは》の宮で大伴金村が天子の璽符《みしるし》を奉《たてまつ》って拝礼しても、男大迹尊は辞譲の礼を繰り返した。大臣、大連、諸臣らが口を揃えて熱心に口説くと、ようやく男大迹尊は申し入れを承諾して、樟葉宮《くすはのみや》（大阪府枚方《ひらかた》市樟葉《くずは》）に即位した。

そして、仁賢《にんけん》天皇の皇女で武烈天皇の妹にあたる手白香《たしらか》皇女を立てて皇后とした。その間に生まれたのが天国排開《あめくにおしはらき》 広庭《ひろにわ》 尊《のみこと》である。二人の兄、安閑《あんかん》天皇と宣化《せんか》天皇の後を襲って即位する欽明《きんめい》天皇にほかならない。

天皇は多くの后妃を迎えたことで知られる。皇妃目子《めのこ》媛《ひめ》との間に勾大兄《まがりのおおえ》皇子（広国排武金《ひろくにおしたけかな》日尊《ひのみこと》、のちの安閑天皇）、檜隈高田《ひのくまのたかた》皇子（武小《たけお》広国排盾尊《ひろくにおしたてのみこと》、のちの宣化天皇）をもうけたほか、稚子《わかこ》媛《ひめ》を皇妃として大郎《おおいらつこ》皇子と出雲《いずも》皇女をもうけた。そのほか、広媛《ひろひめ》との間には三人の皇女が誕生し、麻《お》績娘子《みのいらつめ》との間にも一皇女が生まれた。さらに関媛《せきひめ》との間には三人の皇女が、倭媛《やまとひめ》との間には二皇子、二皇女が生まれ、荑媛《はえひめ》との間には一皇子、二皇女が授かった。もう一人同名の広媛が皇妃となり、二皇子をもうけている。

天皇の即位をめぐっては、『日本書紀』のいう応神五世の孫という伝承も含めて潤色の可能性が疑われている。武烈天皇の崩御ののち、朝廷の混乱に乗じるかたちで越前、近江地方の勢力が進入し、およそ二十年にわたる抗争の末、これらの勢力が在地勢力を制圧して皇位を簒奪《さんだつ》したとの見方が表明されている。

継体天皇の時代には朝鮮半島情勢が流動化したが、全般的にみて朝鮮諸国の勢力が伸長し、日本の影響力は相対的に低下した。日本と百済《くだら》との間には交易が盛んであったが、百済の任《みま》那《な》四県割譲要求に対して、日本は結局国内的批判を抑えて受諾の意向を固めた。神功《じんぐう》皇后の新羅《しらぎ》征討にともなって応神天皇に授けられた土地がたやすく割譲されることへの強い反発があったことが指摘される。

継体天皇二十一年には、筑紫国造《つくしのくにのみやつこ》磐井《いわい》の乱が起こった。磐井は朝鮮半島との交易を通じて財をなし、肥前、肥後、豊前、豊後などを支配下に治め、近江の毛野《けな》臣率いる官軍の進行を妨害した。磐井に対しては新羅から賂《まいない》が渡っていたとされる。新羅の侵攻にともなう失地を回復するべく朝廷は兵を任那に送ろうとしたが、新羅と磐井との提携によって行く先を制せられたということができる。これに対抗して、天皇は詔《みことのり》を出し、物部麁鹿火大連を遣わして磐井を討った。麁鹿火は筑紫の三井郡《みいのこおり》で磐井と交戦してこれを破り、ついに制圧した。

こうした地方豪族の反乱は朝廷の政治的不安定さを示すものといえよう。天皇は樟葉宮をはじめ各地の宮を転々とし、ようやく即位後二十年にして磐余《いわれ》の玉穂宮《たまほのみや》に至り、大和入りを果たした。かかる彷徨も皇位継承をめぐる紛争と無縁ではなかろう。天皇は在位二十五年にして、『古事記』によれば四十三歳、『日本書紀』によれば八十二歳で崩じ、三島藍野陵《みしまのあいののみささぎ》（大阪府茨木市太田）に葬られたとされる。書紀の引く『百済本記《くだらほんぎ》』には、「日本天皇及太子皇子倶崩薨」とみえ、政変にともなう死であった可能性も想定される。

第二十七代　安閑《あんかん》天皇

『古事記』に広国押建金日命《ひろくにおしたけかなひのみこと》とあり、『日本書紀』は名を勾大兄《まがりのおおえ》、諡《おくりな》を広国排武金日天皇《ひろくにおしたけかなひのすめらみこと》とする。継体《けいたい》天皇の第一子で、母は尾張連草香《おわりのむらじくさか》の娘、目子《めのこ》媛《ひめ》とされる。『古事記』はその系譜など若干を記すにとどまっている。『日本書紀』によれば、幼少の頃より器量にすぐれ、武威にたけ寛容な性格であったと伝えられている。

『上宮聖徳法王帝説』《じょうぐうしょうとくほうおうていせつ》などによれば、継体天皇崩御後二年の空位時代が生じたとの説もあるが、『日本書紀』によれば、継体天皇二十五年二月、安閑天皇が即位した、まさにその日に先帝は崩御したことになっている。書紀の記述には、継体の崩御、安閑の即位をめぐって矛盾がみられ、文字どおり受け取れば譲位の初例ということになろうが、その微妙で作為的とも思える表現から、皇位継承をめぐる争乱を想定する見方もある。安閑の異母弟にあたる欽《きん》明《めい》天皇が継体天皇が亡くなった翌年即位したとも伝えられ、安閑・宣化《せんか》両朝と欽明朝とが両立する二朝並立時代の存在した可能性がある。

安閑天皇は現在の奈良県橿原《かしはら》市曲川《まわりかわ》町にあたる勾金橋《まがりのかなはし》に都を遷し、仁賢《にんけん》天皇の皇女、春《かす》日山田《がのやまだ》皇女を皇后とした。許勢男人《こせのおひと》大臣の娘、紗手媛《さてひめ》、その妹、香香有媛《かかりひめ》、物部木蓮子《いたび》大連の娘、宅媛《やかひめ》の三人を后妃とした。継体の皇后、手白香《たしらか》といい、次の宣化の皇后、橘仲《たちばなのなかつ》皇女といい、いずれも仁賢天皇との血縁関係が構築されている。畿外より迎えられた継体天皇以降の皇統を中央の王権と橋渡しするための婚姻劇とみられる。

安閑天皇紀には屯倉《みやけ》設置にまつわる記事が散見される。九州から関東にかけて多くの屯倉が設置され、勾舎人部《まがりのとねりべ》や犬養部《いぬかいべ》などが置かれたとされる。従来、地方豪族の支配していた地域を服属の証として朝廷に献上したものも多い。それと同時に、屯倉は皇族の後世に対する記念碑的意味合いをもっていた。

天皇は四人の妻を娶《めと》りながら跡継ぎがいないことを心配して、大伴金村《かなむら》大連に勅を下した。大伴金村は皇后や皇妃のためにも屯倉を設置するよう進言し、小墾田《おはりだ》の屯倉と田部《たべ》の民とを紗手媛に、桜井の屯倉と田部を香香有媛にそれぞれ賜るよう提案した。天皇はこの進言を入れ、屯倉の設置に踏み切った。

こうした朝廷の意向に対して、地方豪族の対応はまちまちであった。県主飯粒《あがたぬしいいぼ》のように、朝廷の命に従って、領地を献上するものもあったが、大河内直味張《おおしこうちのあたいあじはり》のごとく土地を惜しんで命に従わないものもあった。当然、朝廷は前者を引き立て、後者を冷遇した。命に抗した味張はのちにこれを悔いて、仕丁を天皇に奉《たてまつ》った。

この時代には地方で国造《くにのみやつこ》をめぐる争いがみられた。『日本書紀』には笠原直使主《かさはらのあたいおみ》と同族の小杵《おき》との国造をめぐる抗争が伝えられている。このとき朝廷は間に入って裁定を下し、使主を国造とし、小杵を誅《ちゅう》したとされる。使主は感激して屯倉を天皇に奉った。

天皇は同天皇二年十二月に七十歳で崩御し、古市高屋丘陵《ふるちのたかやのおかのみささぎ》（大阪府羽曳野市古市）に葬られたとされる。

第二十八代　宣化《せんか》天皇

『古事記』には建小広国押楯命《たけをひろくにおしたてのみこと》とみえ、『日本書紀』には名を檜隈高田《ひのくまのたかた》皇子、諡《おくりな》を武小広国《たけおひろくに》押盾尊《おしたてのみこと》としたとされる。継体《けいたい》天皇の第二子で、母は皇妃目子媛《めのこひめ》である。安閑《あんかん》天皇の同母弟にあたる。安閑天皇に後嗣がなかったことから同天皇の即位が実現した。

『日本書紀』によると、天皇は清廉で心が澄み君子にふさわしい人格を備えていたとされる。同天皇元年一月、都を檜隈の廬入野《いおりの》に遷した。翌二月には、旧臣、大伴金村《かなむら》と物部麁鹿火《あらかひ》をともに大連とし、蘇我稲目《そがのいなめ》を大臣に、そして阿倍大麻呂《あべのおおまろ》臣を大夫《まえつきみ》とした。さらに翌三月には、仁賢《にんけん》天皇の娘、橘仲《たちばなのなかつ》皇女を立てて皇后とした。

皇后との間には、石姫《いしひめ》皇女、小石姫《こいしひめ》皇女、倉稚綾姫《くらのわかやひめ》皇女、上殖葉《かみつうえは》皇子の一男三女をもうけた。皇妃大河内稚子媛《おおしこうちのわくごひめ》との間には火焔《ほのお》皇子が生まれた。

天皇はこの年五月、詔《みことのり》を出して筑紫国那津《なのつ》の官家《みやけ》に各地から食糧を移送して、非常時に備えた。大伴金村大連以下の臣下に命じて、各地の屯倉《みやけ》から籾《もみ》を運ばせた。また同天皇二年十月には、大伴金村に命じて磐《いわ》、狭手彦《さでひこ》を派遣して筑紫の防備を固め、新羅の圧迫に苦しむ任那《みまな》と百済《くだら》を救援した。

安閑、宣化両天皇の時代には多くの屯倉が設置され、皇室の財力が一段と強化されるとともに和風諡号《しごう》が贈られるなど、天皇権力が著しく拡大した可能性が指摘される。天皇は在位四年、七十三歳で廬入野宮（奈良県明日香村檜前）に没し、身狭《むさの》桃花鳥《つき》坂上陵《さかのえのみささぎ》（奈良県橿原市鳥屋町）に葬られた。

第二十九代　欽明《きんめい》天皇

『古事記』には天国押波流岐広庭天皇《あめくにおしはるきひろにわのすめらみこと》とあり、『日本書紀』には天国排開広庭天皇《あめくにおしはらきひろにわのすめらみこと》とみえる。父は継体《けいたい》天皇で、母は手白香《たしらか》皇女である。継体天皇崩御にともなって即位したとする説と異母兄である宣化《せんか》天皇の崩御を受けて即位したとする説がある。前者の場合、欽明朝と安閑《あんかん》・宣化朝との並立が想定される。

欽明天皇紀には、ことのほか朝鮮半島関係の記事が多い。日本にとって朝鮮半島経営の拠点であった任那《みまな》が滅んだのは同天皇の治世中の出来事である。欽明天皇は失地回復を願い、任那の再興に力を注いだ。百済《くだら》との関係はきわめて良好であり、百済の聖明《せいめい》王は日本の天皇に忠誠を誓って通交し、任那再興計画を推進した。この頃、任那の日本府は新羅《しらぎ》と通じており、百済の聖明王はこれを封じようと日本の朝廷と綿密な連絡を取り合った。

欽明天皇六年、百済は丈六の仏像を作り、天皇が徳を得て支配する諸国が幸いを受けるよう祈願した。さらに同十三年には仏教が公伝した。この年十月、聖明王は日本の朝廷に釈迦仏の金銅像一体と幡《はた》蓋《きぬがさ》若干、そして経典数巻を奉り、上表して仏教を礼拝することの功徳《くどく》を述べた。

天皇は一人では決めかね、群臣らに仏教崇拝の是非を問うた。蘇我稲目宿禰《いなめのすくね》は西の国々がみな礼拝しているとして、崇仏を是とした。これに対し、物部尾輿《おこし》、中臣鎌子《なかとみのかまこ》らは天皇が祀《まつ》るべきは天地社稷の百八十神であるとし、もし蕃神を拝むようなことになれば国つ神の怒りを受けることになるであろうと排仏を主張した。そこで、天皇は蘇我稲目に試みに礼拝させることにした。

そののち、国々に疫病が蔓延したため、物部尾輿と中臣鎌子は自らの意見を入れなかったためであると非難した。そして仏像を難波《なにわ》の堀江《ほりえ》に捨て、寺も焼き払った。すると、風も雲もないのににわかに宮殿から火の手が上がった。

河内《かわち》国から、泉郡《いずみのこおり》茅渟《ちぬ》の海中より仏教の楽《がく》の音《ね》が響き、日輪のごとく美しく照り輝いているとの知らせがあった。天皇がそれを探索させてみると、海中に照り輝く樟木《くすのき》が発見された。天皇は画工に命じて仏像二体を造らせた。いずれにせよ、百済が熱心に仏教をわが国に伝え、天皇も崇拝に前向きであったが、背後には豪族間の確執があった。仏教の公伝については、『上宮聖徳法王帝説《じょうぐうしょうとくほうおうていせつ》』などにもとづき、継体天皇崩御ののち欽明と安閑・宣化による二朝並立の時代が現出したとの立場から、戊午《つちのえうま》の年にあたる五三八年の伝来とみる説もある。

天皇の即位については、依然幼年であることを理由に安閑天皇の皇后、（春日《かすがの》）山田皇后《やまだのきさき》に政務をみてほしいとの意向が示されたが、結局天皇が即位し、山田皇后を皇太后とし、宣化天皇の娘、石姫《いしひめ》を立てて皇后とした。皇后との間には、箭田珠勝大兄《やたのたまかつのおおえ》皇子と訳語田渟中倉《おさたのぬなくらの》太珠敷尊《ふとたましきのみこと》が生まれた。箭田珠勝大兄皇子が夭折したため、同天皇十五年一月、第二子の訳語田渟中倉太珠敷尊（のちの敏達《びだつ》天皇）を皇太子に立てた。

欽明天皇は五人の后妃を迎えた。皇后の妹にあたる稚綾姫《わかあやひめ》皇女や日影《ひかげ》皇女、さらに蘇我稲目の娘、堅塩媛《きたしひめ》と小姉君《おあねのきみ》、春日臣の娘、糠子《あらこ》がそれである。蘇我氏の娘らはいずれも天皇の皇子女を生むことで稲目に外戚の地位を確保せしめた。堅塩媛は七男六女をもうけ、このうち橘豊日尊《たちばなのとよひのみこと》はのちに用明《ようめい》天皇、豊御食炊屋姫尊《とよみけかしきやひめのみこと》はその後推古《すいこ》天皇となった。一方小姉君の生んだ泊瀬部《はっせべ》皇子は崇峻《すしゅん》天皇となったほか、用明天皇の皇后で聖徳太子の母にあたる泥部《はしひとの》穴穂部《あなほべ》皇女も小姉君の娘である。

大陸文化の摂取に積極的であり、朝廷においても中央集権政策を推進した蘇我稲目の先進性は多くの支持を獲得し、蘇我氏はしだいに他の豪族を抑えて台頭していった。だが、同天皇紀を覆い尽くす朝鮮関係記事から明らかなように、任那をめぐる百済、新羅関係は錯綜し、朝廷は朝鮮半島経営に難渋した。しかし、天皇の晩年には高麗《こま》からの使人も来朝し、新羅との外交関係も維持されていた。

同天皇三十二年四月、病いに倒れた天皇は枕辺に皇太子を呼び、新羅を討ち任那を再興するよう遺言した。同年九月、天皇は奈良県明日香村の檜隈坂合陵《ひのくまのさかいのみささぎ》に葬られた。

第三十代　敏《び》達《だつ》天皇

『古事記』に沼名倉太玉敷命《ぬなくらふとたましきのみこと》とあり、『日本書紀』に訳語田渟中倉太珠敷尊《おさたのぬなくらのふとたましきのみこと》とみえる。欽《きん》明《めい》天皇の第二子で、母は宣化《せんか》天皇の娘で皇后の石姫《いしひめ》皇女である。欽明天皇二十九年（欽明紀は十五年とする）に立太子し、欽明天皇の崩御にともない即位した。『日本書紀』には「天皇仏法を信ぜずして、文史《しるしふみ》を愛す」とみえる。

百済大井《くだらのおおい》に宮を造営した。百済の位置については奈良県広陵町百済、あるいは大阪府河内《かわち》長野《ながの》市太井の両説がある。物部弓削守屋《ゆげのもりや》を大連とし、蘇我馬子宿禰《うまこのすくね》を大臣とした。最初に息《おき》長真手王《ながのまてのおおきみ》の娘、広姫《ひろひめ》を皇后として押坂彦人大兄皇子《おしさかのひこひとのおおえ》らをもうけたが、皇后が薨去《こうきょ》したため、のちに推古《すいこ》天皇となる豊御食炊屋姫《とよみけかしきやひめ》を後添えの皇后に迎え、竹田《たけだ》皇子や尾張《おわり》皇子を授かった。

欽明朝に来朝した高麗《こま》の使人は依然相楽《さがらか》（京都府相楽《そうらく》郡）の館にあって、入京できずに欽明天皇の訃報に接した。敏達天皇はこれを嘆き、群臣を相楽の館に遣わして都に迎え入れた。その際、携行した調物《みつきもの》が調べられ、高麗の国書が天皇に奉《たてまつ》られた。天皇は国書を大臣に手渡し、大勢の史《ふびと》を集めて読み解かせた。しかし、三日を経てもなお史らは国書を解読することができなかった。そこで船史《ふねのふびと》の祖先にあたる王辰爾《おうじんに》を呼んだところ、見事に国書を読み解いた。天皇や大臣は口々に王辰爾を褒め讃え、朝廷への出仕を許した。一方、東西の史は修行が足りないと叱責された。

高麗の使人が奉った国書は烏《からす》の羽に書かれており、読める者はいなかった。王辰爾は羽を炊飯の湯気にさらして、布に押しつけ写し取った。この逸話はのちのちにまで烏羽《からすば》の表として伝えられることになる。高麗は引き続き日本に使節を送ってきた。百済も調を奉ったので、天皇は先帝の遺志に報いるためにも、皇子と大臣とに詔して、任那《みまな》の再興を強く求めた。この時期、新羅《しらぎ》も調を奉っており、通交は途絶えていなかった。

敏達天皇は先帝の遺言に従い、新羅により滅ぼされた内官家《うちつみやけ》に思いを馳せ、任那再興のため百済の日羅《にちら》に来日を求めた。百済王はなかなか日羅を手放そうとしなかったが、吉備海部《きびのあまの》直羽島《あたいはしま》の働きや日羅の機転によって来日が実現した。天皇は日羅に阿倍目臣《あへのめのおみ》らを通じて意見を求めたが、日羅はまず国内基盤の確立を優先するよう進言した。しかし、日羅はまもなく仲間の一部により殺された。

仏教の礼拝をめぐっては前代以来の確執が続いていた。蘇我馬子は司馬達等《しめたっと》の娘、善信尼《ぜんしんのあま》らを優遇し仏教の信仰に力を注いだ。しかし、またしても国内に疫病が流行したことから、物部守屋は蘇我氏を批判し、ついに天皇は仏教を禁止する措置を講じた。

天皇は在位十四年にして瘡病にかかって崩御し、河内磯長中尾陵《こうちのしながのなかおのみささぎ》（大阪府太子町）に葬られたとされる。

第三十一代　用明《ようめい》天皇

『古事記』に橘豊日命《たちばなのとよひのみこと》とあり、『日本書紀』に橘豊日天皇《たちばなのとよひのすめらみこと》とみえる。父は欽明《きんめい》天皇であり、母は蘇我稲目《いなめ》の娘、堅塩媛《きたしひめ》である。堅塩媛の妹、小姉君《おあねのきみ》の娘、泥部穴穂部《はしひとのあなほべ》皇女を皇后に迎え、厩戸《うまやと》、来目《くめ》、殖栗《えくり》、茨田《まんた》の四皇子をもうけた。厩戸皇子は豊聡《とよと》耳《みみ》聖徳《しょうとく》などとも呼ばれた聖徳太子その人である。皇子ははじめ上宮《かみつみや》に住んだが、のちに斑鳩《いかるが》へと移り、推古《すいこ》天皇の御代に皇太子となった。

用明天皇は仏法を信じ、神道を尊重した。天皇は即位ののち、磐余《いわれ》の地に宮を造り、池辺双槻宮《いけのへのなみつきのみや》と名づけられた。現在の奈良県桜井市阿倍磐余池の付近とされる。蘇我馬子《うまこ》を大臣に、物部守屋《もりや》を大連とした。須加手《すかて》姫《ひめ》皇女を伊勢神宮に遣わし、斎宮《いつきのみや》とした。この皇女は推古天皇の時代まで四十年近くにわたり天照大神《あまてらすおおみかみ》に仕えたとされる。

皇后の同母弟、穴穂部《あなほべ》皇子は敏達《びだつ》天皇が崩御した際、皇位を望んだとされる。皇子は炊屋《かしきや》姫《ひめ》皇后を姦すべく殯宮《もがりのみや》に入ろうとしたところを敏達天皇の臣下、三輪君逆《みわのきみさかう》にさえぎられた。穴穂部皇子はこれを憎み、蘇我馬子と物部守屋に逆の無礼を訴え、斬殺するように命じた。物部守屋は兵を率い、磐余の池辺を皮切りに逆の跡を追い、ついにその命を奪った。蘇我馬子は穴穂部皇子に自重を促したが、皇子はこれを聞き入れなかった。これを契機に、穴穂部皇子と炊屋姫皇后および馬子の関係は険悪なものとなったともいわれる。

即位してまもなく、天皇は病いの床に臥せることになった。天皇は仏法への帰依を強く願ったが、これに対して物部、中臣氏らは国つ神に背き他国の神を祀《まつ》ることの非を鳴らして強硬に反対したため、崇仏派の蘇我氏との関係はますます対立的なものとなった。天皇の病いが重くなると、鞍部多須奈《くらつくりのたすな》が天皇の病気平癒を祈って出家し、仏像と寺を建立すると申し出た。推古天皇の御代に完成する法隆寺と薬師如来像はそもそも用明天皇の病気平癒を願って造立されたものともいわれる。

聖徳太子信仰が盛んとなるにつれ、用明天皇も仏法の興隆に寄与したとの評価が加えられるようになった。天皇は疱瘡を患い、同天皇二年に崩御した。『古事記』によれば、天皇は磐余池上陵《いわれのいけのえのみささぎ》に葬られてのち、河内磯長原陵《こうちのしながのはらのみささぎ》（大阪府太子町）に移されたとされる。天皇の後継者をめぐって、しだいに朝廷内では蘇我氏と物部氏との対立が激化してゆくことになる。一説には、皇位を狙う穴穂部皇子が物部守屋を使って天皇を葬り去ったともいわれる。

第三十二代　崇峻《すしゅん》天皇

『古事記』には長谷部若雀天皇《はっせべのわかさざきのすめらみこと》とあり、『日本書紀』には泊瀬部天皇《はっせべのすめらみこと》とみえる。欽明《きんめい》天皇の第十二子で、母は大臣蘇我稲目《いなめ》の娘、小姉君《おあねのきみ》。

用明《ようめい》天皇が崩御すると、皇位を狙う穴穂部《あなほべ》皇子を押し立てて物部守屋《もりや》は狩猟を名目に軍を動かそうとした。この謀《はかりごと》をみてとった蘇我馬子《うまこ》は炊屋姫尊《かしきやひめのみこと》を奉じて、佐伯連丹経手《さえきのむらじにふて》らに詔して穴穂部皇子を討たせ、死に至らしめた。

そこで残る標的は物部守屋となり、馬子は泊瀬部皇子、竹田《たけだ》皇子、厩戸《うまやと》皇子（聖徳太子）らとその群臣とに働きかけ、多くの兵力を動員することに成功した。一方、守屋は孤立を余儀なくされたものの、一族を率いてこれを迎え撃つ姿勢をみせた。物部一族は稲城《いなき》を築いて果敢に戦い、馬子らの軍兵をたじろがせた。物部氏の必死の防戦に皇族らの軍は苦戦を強いられ、厩戸皇子は劣勢を認めざるをえなかった。

厩戸皇子は仏に祈ることを思い立ち、霊木に四天王を刻んで誓いを立てた。それは戦いに勝利できたならば四天王の像を作り、寺を建立するというものであった。誓いの効き目があってか、まもなく守屋は討たれ、大連の一軍は瓦解し、みな散り散りとなった。誓願に従って、四天王寺が建立されることになった。大連の奴《やっこ》と居宅は接収され、四天王寺の奴と田荘《たどころ》となった。

蘇我、物部両氏の抗争は熾烈《しれつ》を極め、『日本書紀』には数百にも及ぶ夥《おびただ》しい数の腐乱した死体の話や主人を失った犬が遺体を守った逸話などが、生々しい合戦の描写とともに記されている。

天皇が即位したのは五八七年のことで、炊屋姫尊と群臣らが位を踏むことを強く求めたとされる。政治の実権は大臣となった蘇我馬子によって握られた。そして現在の奈良県桜井市倉橋《くらはし》にあたる倉梯に宮を造営した。大伴糠手《あらて》連の娘、小手子《こてこ》を妃に迎え、蜂子《はちのこ》皇子と錦代《にしきて》皇女をもうけた。崇峻天皇は母が堅塩媛《きたしひめ》の妹、小姉君であったため皇位継承順位はあまり高いとはいえなかったが、穴穂部皇子の失脚などが有利に働いて即位が早まった。

王権を軽視し政治をほしいままにしていた馬子に対して、天皇はしだいに反感を抱くようになった。同天皇五年十月、猪を奉《たてまつ》る者があったが、このとき天皇は「いつの日かこの猪の頸《くび》を斬るがごとく、自分の憎いと思うところの人を斬りたい」と語った。これを聞きつけた馬子は身の危険を感じて、翌十一月、東漢直駒《やまとのあやのあたいこま》を使って天皇を殺害した。ただちに、任那《みまな》再興のため新羅《しらぎ》を討つべく大軍を筑紫に向かわせた留守を狙った犯行であった。崇峻天皇は倉梯岡陵《くらはしのおかのみささぎ》（奈良県桜井市倉橋）に葬られた。

第三十三代　推古《すいこ》天皇　五五四〜六二八（在位五九二〜六二八）

『古事記』に豊御食炊屋比売命《とよみけかしきやひめのみこと》とあり、『日本書紀』に豊御食炊屋姫天皇《すめらみこと》とみえる。名を額田部《ぬかたべ》皇女という。そもそも額田部の民を領有してきたためであろう。欽明《きんめい》天皇の皇女で、母は大臣蘇我稲目《いなめ》の娘、堅塩媛《きたしひめ》である。用明《ようめい》天皇の同母妹、崇峻《すしゅん》天皇の異母姉にあたる。

五七一年、皇太子妃となり、五年ののち、皇后広姫《ひろひめ》の薨去《こうきょ》にともない、敏達《びだつ》天皇の後添えの皇后となった。敏達天皇が崩御し、次いで用明天皇が隠れ、崇峻天皇が蘇我馬子《うまこ》により暗殺されると、周囲から皇位を継承するよう求められた。皇后は再三辞退したが、群臣らの上奏も三度に及び、ついに現在の奈良県明日香村豊浦《とようら》の豊浦宮《とゆらのみや》に即位した。

推古天皇元年（五九二）四月、厩戸皇子《うまやと》（聖徳太子）を立てて皇太子となし、国政全般を任せた。聖徳太子は用明天皇の第二子で、母は泥部穴穂部皇女《はしひとのあなほべ》であった。皇后が臨月に禁中を巡検していたとき、厩の近くで出産したため、この名がある。太子は生まれてほどなく言葉を話し、聖人のごとき知恵の持ち主であった。成人してのち、一度に十人の訴えを聞き分け、誤ることがなく、常に先を見通したという。仏法や儒教にも精通し、用明天皇に寵愛され、宮殿の南にある上宮《かみつみや》に住んだことから、上宮厩戸豊聡耳太子とも称せられた。

推古天皇紀には実際に中心となって政治にあたった聖徳太子の業績が記されている。冠位十二階（六〇三）や憲法十七条（六〇四）の制定のほか、遣隋使の派遣、『天皇記』、『国記』など国史の編纂を成し遂げた。冠位十二階により、大徳、小徳、大仁、小仁、大礼《だいらい》、小礼《しょうらい》、大信、小信、大義、小義、大智、小智の位階が定められ、諸臣に賜った。十七条憲法は儒教、仏教、法家の思想を基盤とした官人に対する訓戒の性格が濃厚である。この二つの制度を通じて、官吏に外面的かつ内面的な規範が与えられたものとみられる。

また、太子は敬虔な仏教者として『三経義疏《さんぎょうぎしょ》』を著した。四天王寺、法隆寺などの建立にも取り組み、聖人として崇拝され、多くの伝説により彩られている。したがって、後世の潤色を取り除くと、推古朝の政治は女帝を中心とし、太子と蘇我馬子の共治というかたちで進められた可能性が高い。

聖徳太子は推古天皇九年（六〇一）以降、宮室を斑鳩《いかるが》に移し、同天皇十三年以降斑鳩に住むようになったとも伝えられる。朝廷の政治権力は太子と蘇我馬子とに二分されていたとすれば、馬子との力関係により、こうした推移をたどったことが想定される。

同天皇八年には、朝鮮半島において任那《みまな》と新羅《しらぎ》が衝突した。天皇は任那を救援するために、境部《さかいべ》臣や穂積《ほづみ》臣らを遣わし梃子《てこ》入れをはかった。新羅はいったんは矛をおさめたが、日本が撤退すると再び任那の地を侵そうとした。天皇は百済《くだら》に坂本臣糠手《あらて》を送り、速やかに任那を援護するよう要請した。新羅を攻めるべく来目《くめ》皇子を将軍として軍兵二万五千を授けたが、来目皇子が発病したため攻略はいったん沙汰やみとなった。当麻《たぎま》皇子が再び新羅征討を試みたが、妻である舎人姫王《とねりのひめおおきみ》が明石で薨去したために、またしても征討は見送られた。

同天皇十五年（六〇七）七月には、大礼小野妹子《おののいもこ》を隋に派遣した。妹子は翌十六年四月、隋の客使裴世清《はいせいせい》をともなって帰朝した。朝廷は中臣宮地連烏摩呂《なかとみのみやどころのむらじおまろ》らを接待係として答礼使を厚くもてなした。帰朝に際して小野妹子は煬帝《ようだい》からの国書を百済で紛失し、その失態が問題視されたが、天皇はその罪をあえて問おうとはしなかった。

裴世清から推古天皇に国書が手渡された。ここに両国の良好な外交関係が成立し、裴世清の帰還に対して天皇は再び小野妹子らを随行させた。これにともない、進物の授受が行われるとともに、高向玄理《たかむこのくろまろ》、南淵請安《みなぶちのしょうあん》や新漢人日文《いまきのあやひとにちもん》ら留学生や学問僧がこの機に大陸へと渡った。

同天皇三十年（六二二）二月、推古朝の政治を担ってきた聖徳太子が斑鳩宮に薨去し、老若男女を問わず皆が嘆き悲しんだと『日本書紀』は伝えている。太子は現在の大阪府太子町にある磯長陵《しながのみささぎ》に葬られた。天皇は太子を失うことで、蘇我馬子のさらなる台頭を懸念し政治的安定に腐心せねばならなかった。相変わらず新羅が任那に侵攻したことで、半島情勢は流動化した。天皇は使人を派遣したり、大軍を動員して新羅を強く牽制した。

蘇我馬子はすかさず政治的台頭を狙った。同天皇三十二年十月、馬子は天皇に奏上して、葛城県《かずらきのあがた》はもともと自分の本貫《ほんがん》（本籍地）であるから、その県を賜りたいと申し出た。だが、天皇は「自分は蘇我氏の出であり、馬子は叔父であるから、いままでその言うことは何でも聞き入れてきた。しかし、いまわが治世に、突然葛城県を失ったら、後世の帝から愚かな女が天下を治め、ついに県を滅ぼしたとされ、自らの不明となるばかりか、大臣も不忠であるとの烙印を押されるであろう」として、申し出を拒絶した。

同天皇三十四年（六二六）には、ついに蘇我馬子も他界した。朝廷は事実上政治の担い手を失ったことになる。災害が続発し、治安は著しく乱れた。

同天皇三十六年になると、天皇は病臥するようになった。病いは日増しに重くなり、天皇は枕辺にまず田村《たむら》皇子を召した。天皇は皇子に、天子の位を継ぎ国政にあたり民衆を養うことは至難の業であるとして、軽々しい言動を慎むように諭した。また同じ日に、山背大兄王《やましろのおおえ》を召して、汝はいまだ未熟であるから言動を慎み、群臣の言葉に従うようにと教え諭した。

まもなく天皇は七十五歳で崩御した。天皇は生前、五穀が実らず民は飢えている現状に鑑み、厚葬を拒絶していた。これに従い、天皇は竹田《たけだ》皇子の磯長山田 陵《しながのやまだのみささぎ》（大阪府太子町）に合葬された。

第三十四代　舒明《じょめい》天皇　五九三？〜六四一（在位六二九〜六四一）

『古事記』はもはや舒明天皇にその記述が及んでいないが、『日本書紀』には田村《たむら》皇子や息長足日広額 天 皇《おきながたらしひひろぬかのすめらみこと》とみえる。父は敏達《びだつ》天皇の皇子、押坂彦人大兄《おしさかのひこひとのおおえ》皇子で、母はその異母妹にあたる糠手姫《あらてひめ》皇女。

推古《すいこ》天皇が聖徳太子の薨去《こうきょ》後、皇太子を立てなかったことから、天皇の崩御にともない皇位継承をめぐる紛議が起こった。皇位継承者に擬されたのは、押坂彦人大兄皇子の子、田村皇子と聖徳太子の息、山背大兄《やましろのおおえ》王である。当時朝廷を束ねる立場にあった大臣蘇我蝦夷《えみし》はいずれを後嗣とするかで大いに悩んだ。

蝦夷は群臣らの意向に気を配り、阿倍麻呂《あべのまろ》臣と協議して、群臣らを大臣の邸で饗応《きようおう》することにした。阿倍麻呂臣が仕切り役となって群臣会議が開かれたが、そこで焦点となったのは推古天皇の遺詔であった。遺詔は実にその内容が微妙であり、天皇は田村皇子に対しては「天下を治めることは大任である」とし、山背大兄王には「群臣の言葉に従え」と告げた。評議は膠着《こうちやく》したが、大伴鯨《くじら》連が田村皇子への遺詔をもって皇位継承者を示唆するものとしたのを皮切りに、意見は二分し、采女臣摩礼志《うねめのおみまれし》、高向臣宇摩《たかむこのおみうま》、中臣連弥気《なかとみのむらじみけ》、難波吉士身刺《なにわのきしむさし》の四人が田村皇子を推し、許勢臣大麻呂《こせのおみおおまろ》、佐伯連東人《さえきのむらじあずまひと》、紀臣塩手《きのおみしおて》の三人は山背大兄王を推挙した。蘇我倉麻呂臣《くらまろのおみ》は態度を留保した。これに対して、蝦夷は何ら意見を集約する術《すべ》をもたなかった。

一方、斑鳩宮《いかるがのみや》にあった山背大兄王はそうした合議を洩れ聞くや、三国王《みくにのおおきみ》と桜井臣和慈古《さくらいのおみわじこ》の二人を蝦夷のもとへ送り、真意を確かめた。蝦夷は即答を避け、阿倍臣ら大夫《まえつきみ》を斑鳩宮に送り、山背大兄王にその意向を伝えた。山背大兄王は事情をひとしきり聞くなり、自らに対する推古天皇の遺詔が違ったものであったことを表明した。山背大兄王は皇位への野心を否定したが、山背大兄王の言う先帝の遺言はさらに意味深長であり、叔父の大臣が将来自分が即位する可能性を示唆したとして、攻勢に出た。山背大兄王は再三桜井臣らを大臣のもとへ送り、皇位への執着を示した。

蝦夷は自己の真意を語ることに慎重であったが、終始山背大兄王の擁立を主張していた境部摩理勢《さかいべのまりせ》を葬ることで、田村皇子即位への道を切り開いた。まもなく田村皇子が即位し、宝《たから》皇女（のちの皇極《こうぎょく》、斉明《さいめい》天皇）を立てて皇后とした。皇后は葛城《かずらき》皇子（のちの天智《てんじ》天皇）、間人《はしひと》皇女（孝徳《こうとく》天皇の皇后）、大海人《おおあま》皇子（のちの天武《てんむ》天皇）を生んだ。蘇我馬子《うまこ》の娘、法堤郎媛《ほほてのいらつめ》を夫人として古人大兄《ふるひとのおおえ》皇子をもうけた。

天皇の治世中には最初の遣唐使（六三〇）が派遣されたほかは特筆すべき事績はなく、蘇我蝦夷、入鹿《いるか》父子がしだいに勢力を拡張していったことが指摘できる。舒明天皇は同天皇十三年（六四一）十月、百済《くだら》宮に崩じ、押坂内陵《おさかのうちのみささぎ》（奈良県桜井市大字忍阪《おっさか》）に葬られたとされる。

第三十五代　皇極《こうぎょく》天皇　五九四?〜六六一（在位六四二〜六四五）

天豊財重日足姫尊《あめとよたからいかしひたらしひめのみこと》と称し、諱《いみな》を宝《たから》皇女という。敏達《びだつ》天皇の曾孫、押坂彦人大兄《おしさかのひこひとのおおえ》皇子の孫にあたり、父は茅渟王《ちぬのおおきみ》、母は吉備姫王《きびつひめのおおきみ》である。この女帝はのちに重祚《ちょうそ》して斉明《さいめい》天皇となる歴史上稀な存在。

先帝と宝皇女の間には、中大兄皇子《なかのおおえ》、間人皇女《はしひと》、大海人皇子《おおあま》が、妃の法提郎媛《ほほてのいらつめ》との間には古人大兄皇子《ふるひとのおおえ》がもうけられた。中大兄皇子、古人大兄皇子、山背大兄王《やましろのおおえ》と皇位継承候補者が並び立ったこともあり、皇位継承をめぐる争いを避けるべく同女帝の即位となったとみられる。女帝には大后としての威厳が備わっていたとされる。大臣の地位には依然蘇我蝦夷《えみし》があったが、しだいに子の入鹿《いるか》に実権が移行しつつあった。

皇極朝には天変地異が続いた。皇極天皇元年（六四二）六月、あまりに日照りが続くので、群臣らにより盛んに雨乞いが行われたが、効き目はなく、蘇我大臣は諸寺に命じて大乗経典を読み上げさせたが、雨はわずかに降っただけであった。そこで天皇が南淵《みなぶち》の川上で跪《ひざまず》き、四方を拝して天に祈ったところ、雷鳴とともに大雨が降った。雨が五日間降り続けて天下を潤したため、百姓らは天皇の徳を高く讃えた。

皇極天皇の治世中には朝鮮諸国との往来が頻繁であり、土木事業もさかんに行われた。天皇は大臣に詔して、百済大寺《くだらたいじ》を建立させたり、諸国に命じて船舶を建造させた。また、東は遠江《とおとうみ》、西は安芸《あき》の国々から人夫を動員して、板蓋宮《いたぶきのみや》を造営させた。

一方、蘇我氏の専横ぶりも目に余るものがあった。蘇我蝦夷は自家の祖廟を葛城《かずらき》の高宮にもうけ、中国では天子にのみ許される八佾《やつら》の舞《まい》を行わしめた。国中から百八十余の部曲《かきのたみ》を召し出させて、双墓を今来《いまき》に築造した。このうち一方を大陵といって蝦夷の墓とし、他方を小陵といって入鹿の墓とした。事業には聖徳太子の部民までが動員されたことから、これを聞きつけた太子の娘、上宮大娘《かみつみやのいらつめ》の大いなる怒りを買った。上宮大娘は「蘇我臣は国政をほしいままにし、無礼の振る舞いが多い。天に二日なく地に二王なし。なにゆえ太子の民を勝手に使役するのか」と憤慨した。

しだいに病気がちの蝦夷が登朝しなくなったのに対し、子の入鹿は密かに紫冠を戴いて大臣の地位になぞらえられた。入鹿は独断専行して上宮の王、すなわち山背大兄王を廃して古人大兄皇子を天皇に擁立しようと謀った。入鹿は巨勢徳太臣《こせのとこだ》、土師娑婆連《はじのさば》に命じて斑鳩《いかるが》にある山背大兄王を急襲した。このとき山背大兄王に仕えた奴《やっこ》の三成《みなり》は一騎当千の働きをみせ、ために土師娑婆連は討ち死にし、軍は一時後退を余儀なくされた。それでも劣勢に立たされた山背大兄王は寝床に馬の骨を投げ入れて生駒《いこま》山に避難した。巨勢徳太臣らは斑鳩宮を焼き、灰の中から骨を拾って山背大兄王は死んだものと確信して退却した。

山背大兄王に付き従った三輪文屋君《みわのふみやのきみ》は上宮の乳部《みぶ》の民を動員して反転攻勢に出る策を提案した。しかし、山背大兄王は民にこれ以上労苦をかけることを嫌い、その策を退けて死を選んだ。一方、山背大兄王を目撃したとの伝えを聞いた入鹿は自ら討って出ようとしたが、古人大兄皇子に諫《いさ》められ思いとどまった。そうするうちに、山背大兄王は子弟妃妾らとともども自決して果てた。その知らせを聞いた入鹿の父、蝦夷は嘆いて入鹿の身の危険をひどく憂えたとされる。

皇極天皇三年（六四四）一月、中臣鎌足《かまたり》は神祇伯《かむつかさのかみ》への任官を辞退して摂津《せっつ》の三島に移った。鎌足は密かに志を抱いて軽《かる》皇子（のちの孝徳《こうとく》天皇）に接近した。軽皇子は鎌足を厚くもてなし、ために鎌足は感激して皇子を天下の王に擬するまでになった。鎌足の志とは人の道をわきまえず天下をほしいままにする蘇我入鹿を除くことであった。

次に鎌足が接近したのは中大兄皇子である。中大兄皇子があるとき、法興寺《ほうこう》の槻《つき》の木の下で蹴鞠《けまり》に興じていた際、皇子は誤って靴を脱ぎ落とした。通りかかった鎌足はすかさずこれを拾って皇子に捧げた。これを機縁に両者は言葉を交わすようになり、ついには入鹿打倒をめざして志を同じくするに至った。二人は人に怪しまれぬようにと南淵請安《みなぶちのしょうあん》のもとに儒教を習いに行く道すがら、密かに策を練った。策を実行するには蘇我倉山田石川麻呂《そがのくらのやまだのいしかわのまろ》の後押しが必要であるとの鎌足の進言を入れ、中大兄は石川麻呂の娘をもらい受けた。

皇極天皇四年六月、機が熟したとみて中大兄皇子は三韓の調を奉献する日を選び、石川麻呂にくだんの計画を打ち明け、上表文を読み上げるよう依頼した。この月十二日、皇極天皇が大極殿に出御し、古人大兄皇子らが陪席した。鎌足は、日頃から注意深く慎重な入鹿の性格を知悉《ちしつ》していたことから、わざと俳優《わざひと》を配して入鹿の帯びた剣を解かせた。中大兄皇子らは入鹿が入場すると諸門を固め、自らは長槍を持って宮殿のわきに身を隠した。鎌足は海犬《あまのいぬ》養連勝麻呂《かいのむらじかつまろ》に命じて佐伯連子麻呂《さえきのむらじこまろ》と葛城稚犬養連網田《かずらきのわかいぬかいのむらじあみた》に剣を渡し、すばやく入鹿に斬りかかるよう伝えた。ところが、子麻呂らはいざとなると怖じ気づき、なかなか斬りかかろうとしなかった。上表文を読み進める石川麻呂はなかなか刺客が登場しないのにたじろいで大汗を流した。異変に気づいた入鹿が石川麻呂に問いかけるやいなや、中大兄皇子らが躍り出てついに入鹿に斬りつけた。

天皇は惨劇を目の当たりにして、中大兄皇子に説明を求めた。そこで中大兄皇子は、皇位を簒奪《さんだつ》しようとする入鹿の悪行を余すところなく糾弾した。古人大兄皇子は一目散に私邸に逃げ帰り、蝦夷は追い詰められて自刃した。皇極天皇は軽皇子に位を譲ったが、この乙巳《いっし》の変を機に、わが国史上初の譲位が断行されたことになる。

第三十六代　孝徳《こうとく》天皇　五九六？〜六五四（在位六四五〜六五四）

『日本書紀』に、軽《かる》皇子、天万豊日天皇《あめよろずとよひのすめらみこと》などとみえる。皇極《こうぎょく》天皇の同母弟で、父は敏達《びだつ》天皇の孫、押坂彦人大兄皇子《おしさかのひこひとのおおえ》の子、茅渟王《ちぬのおおきみ》、母は欽明《きんめい》天皇の孫、吉備姫王《きびつひめのおおきみ》。皇極天皇四年

（六四五）六月の乙巳《いっし》の変により先帝より譲位された。

皇極天皇は当初、皇位を中大兄《なかのおおえ》皇子に譲ろうとしたが、皇子は中臣鎌足《かまたり》の助言を入れて叔父の軽皇子への譲位を申し出た。次いで軽皇子は舒明《じょめい》天皇の長子である古人大兄《ふるひとのおおえ》皇子がふさわしいとして即位を辞退した。だが、古人大兄皇子も出家して仏道修行するため吉野に入り、天皇の幸福を祈る意向を示した。古人大兄は言い終わるや、太刀を解き、法興《ほうこう》寺の仏殿と塔の間で自ら髪と髭を剃り落とし、にわかに僧形となった。やむなく、軽皇子への譲位が実現することになる。

孝徳天皇は中大兄皇子を皇太子とし、阿倍内麻呂《あべのうちのまろ》を左大臣、蘇我倉山田石川麻呂《そがのくらのやまだのいしかわのまろ》を右大臣とした。新政権の立役者である中臣鎌足には大錦《だいきん》の冠位を授け、内臣《うちつおみ》とした。『日本書紀』は鎌足の業績を高く評価し、宰相として諸官の上に位置づけ、政策の立案、実施の要であったように記述しているが、政権発足後の鎌足の事績については未詳な部分が多い。このほか僧旻《みん》や高向玄理《たかむこのくろまろ》を国博士《くにのはかせ》とした。

また、天皇は群臣らを一同に集めて盟約をさせ、帝道が一つであり、君臣の秩序が失われることのないよう誓わせた。

皇極天皇四年は大化《たいか》元年に改められた（年号使用の始まり）。同年七月、舒明天皇の娘、間人《はしひと》皇女を皇后に立て、二人の后妃を迎えた。一人は阿倍倉梯麻呂《くらはしまろ》の娘、小足媛《おたらしひめ》で、その間に有間《ありま》皇子をもうけ、もう一人は蘇我倉山田石川麻呂の娘、乳娘《ちのいらつめ》である。

同年八月、東国の国司らが召された。天皇は天神の命じられるままに天下を治める意向を示し、国司らに任国において戸籍を作り田畑の規模を調査するように命じた。国司らには裁判権が認められず、賂《まいない》を受けることや民を貧困に苦しめることのないよう戒めた。京に上るときも国造《くにのみやつこ》や郡領《こおりのみやつこ》だけで、百姓を従えることを禁じた。このほか、長官《かみ》、次官《すけ》、判官《まつりごとひと》、主典《さかん》の待遇などが告知された。朝廷への報告は綿密な調査ののちに行われるべきことが説かれた。

このとき、朝廷では鍾匱《しょうき》の制が設けられた。まず訴えを聞くのは尊長《ひとこのかみ》や伴造《とものみやつこ》であり、その際もし尊長や伴造がよく調査もせず奏上するべく牒《ふみ》を匱《ひつ》に収めただけであれば、処罰の対象とされた。牒は内裏に奏上され年月を記してのち群卿らに提示されるが、もし審理が不十分、ないしは曲げられていれば訴えた者には鍾《かね》をつくことが許された。さらに身分の貴賤を明確にするため、男女の法が定められたほか、僧尼への統制も加えられた。

この年九月、古人大兄皇子は蘇我田口臣川堀《たぐちのおみかわほり》、物部朴井連椎子《えのいのむらじしいのみ》、吉備笠臣垂《かさのおみしだる》、倭漢《やまとのあやの》文直麻呂《ふみのあたいまろ》、朴《え》市秦造田来津《ちのはだのみやつこたくつ》らとともに謀叛を企てたとされる。ところが、まもなく吉備笠臣垂が中大兄皇子のところへ自首したことから、企てはにわかに露顕した。中大兄皇子は兵を送って古人大兄皇子らを討った。

同年十二月、天皇は都を難波長柄豊碕《なにわのながらのとよさき》に移した。

翌二年一月には有名な改新の詔《みことのり》が発せられた。詔は大きく四条からなり、第一条では、子代《こしろ》の民、各地の屯倉《みやけ》や臣、連、伴造、国造、村の首長の支配する部民、豪族のもつ各地の土地の廃止が謳《うた》われ、大夫《まえつきみ》以上に食封《へひと》が与えられた。第二条では、京師《みさと》が設けられ、畿内の国司、郡司、関塞《せきそこ》、斥候《うかみ》、防人《さきもり》、駅馬《はいま》、伝馬《つたわりうま》を置き、鈴契《すずしるし》を作り土地の区画が定められた。以下地方行政単位が規定された。第三条では戸籍、計帳、班田収授の法が定められ、第四条ではそれまでの賦役を廃止して田の調が行われることになった。これに加えて、旧来の厚葬などの習俗が改められた。品部の廃止や新冠位制の制定も行われた。

左大臣、阿倍内麻呂が薨去《こうきょ》してまもなく、蘇我倉山田石川麻呂の謀叛が発覚した。もっとも、これは天皇が蘇我臣日向《ひむか》の讒言《ざんげん》を真に受けたために生じた出来事である。皇太子を害するとした日向の言葉を信じた天皇は、石川麻呂のもとへ大伴狛《こま》連、三国麻呂公《みくにのまろのきみ》らを遣わし、事実を究明した。石川麻呂は直々に天皇に申し開きをしたいと願ったが聞き入れられず、結局その子、興志《こごし》の建立した大和の山田寺に身を寄せた。『日本書紀』によれば、石川麻呂は最後まで忠誠心をもちつづけ、自ら首をくくって死を選んだとされる。のちに没収された大臣の資財から真実をつかんだ中大兄皇子は大いに悔いたとされる。

これにともない、巨勢徳陀古臣《こせのとこだこのおみ》に大紫の位を授けて左大臣に任命し、同じく大伴長徳《ながとこ》連に大紫を授けて右大臣に任命して、政権首脳部は刷新された。長門の国司より白雉《はくち》が献上され、祥瑞（吉兆）であるとして年号を白雉と改元し（六五〇年二月）、大赦を行った。

白雉四年（六五三）、中大兄皇子は奏上して都を大和に遷そうとしたが、天皇はこれを聞き入れなかった。しかし、皇太子は皇極天皇、間人皇后、大海人皇子らをともなって大和の飛鳥河辺行宮《あすかのかわらのかりみや》に入った。公卿、百官らはみなこれに随行した。難波長柄豊碕に宮が落ち着くにはかなりの時間と労力が払われ、その間、行宮《あんぐう》を転々としたため、前年完成したばかりの宮を天皇は簡単に放棄しようとはしなかった。

皇太子の独走に業を煮した天皇は、恨みを込めて皇位を捨て、山碕《やまさき》離宮に隠棲しようとしたが、宮の完成をみずに豊碕宮で崩御した。天皇の亡骸《なきがら》は大阪磯長陵《おおさかのしながのみささぎ》（大阪府太子町）に葬られた。

第三十七代　斉明《さいめい》天皇

五九四？〜六六一（在位六五五〜六六一）

『日本書紀』にみえる天豊財重日足姫天皇《あめとよたからいかしひたらしひめのすめらみこと》は、最初に用明《ようめい》天皇の孫にあたる高向王《たかむくのおおきみ》に嫁ぎ、漢皇子《あや》をもうけた。その後、舒明《じょめい》天皇に嫁してのちの天智《てんじ》天皇、間人《はしひと》皇女、天武《てんむ》天皇を生んだ。舒明天皇二年（六三〇）に天皇の皇后となった。同十三年に舒明天皇が崩御したのにともない、翌年即位して皇極天皇《こうぎょく》となった。皇極天皇四年（六四五）六月、乙巳《いっし》の変により皇位を孝徳天皇《こうとく》に譲り、皇祖母尊《すめみおやのみこと》と号した。白雉《はくち》五年（六五四）十月、孝徳天皇が崩御すると、翌年重祚《ちょうそ》して斉明天皇となった。天皇は飛鳥板蓋宮《あすかのいたぶきのみや》で即位した。

この年十月に小墾田《おはりだ》に大宮を造営し、瓦葺《ぶ》きにしようとしたが、木材は朽ちたものが多くてよい材料が得られなかったため、宮造りを中止した。同天皇二年（六五六）、飛鳥岡本を宮地として宮殿を築造した。舒明天皇の皇居である同地において大規模な宮造りを行ったことから、これを後飛鳥岡本宮と呼ぶ。

さらに天皇は多武峯《たむのみね》の頂上に垣をめぐらし、二本の槻の木のわきに高殿《たかどの》を建てて両槻宮《ふたつきのみや》と名づけた。天皇はたいへん工事好きで、水工に溝を掘らせ、水路は香具《かぐ》山の西から石上《いそのかみ》山にまで及んだ。舟二百隻に石を積み、流れにしたがって下り、宮の東側の山にその石を積み上げて垣を築いた。渠《みぞ》の工事に動員された人夫は三万人を超え、垣の工事にも七万余の人夫が使役された。人々は口々にこれを「狂心《たぶれこころ》の渠」と呼んで一様に非難した。石の山など築いてもすぐそのはしから崩壊するであろうと批判する声も聞かれた。飛鳥には石造物が多いが、その大半が斉明天皇の時代に造られたのではないかと考えられている。

斉明朝において微妙な立場にたたされたのが有間《ありま》皇子である。有間皇子は先の帝、孝徳天皇のたった一人の遺児であり、父天皇が皇太子中大兄と対立してさびしく最期を迎えたことから、周囲の疑いを免れようと狂人を装ったといわれる。折しも斉明天皇は最愛の孫、建王《たける》を失った悲しみを少しでも癒そうと紀の湯に行幸中であった。

その留守をあずかる蘇我赤兄《あかえ》が有間皇子をそそのかすべく、天皇の失政をあげつらった。赤兄によれば、斉明天皇には三つの失政があり、第一は大きな倉を建てて財を蓄えたことであり、第二には長い水路を掘って多数の人夫を動員し多額の出費を出したこと、第三には舟に石を多数積んで運び丘を築くといった無駄な事業に手を染めたことなどが指摘された。有間皇子は赤兄の口車に乗せられて「わが生涯で初めて兵を用いるときが来た」などと応じたため、赤兄に言質《げんち》をとられる格好となった。皇子は翌々日、赤兄を自ら訪ね高殿に登って謀議をめぐらした。その際床几《しょうぎ》がひとりでに壊れ、不吉な前兆を示した。皇子は恐れていったん計画を見送ったが、一説によれば、五百人の兵を動員して飛鳥の宮を焼き、熊野に出て港を囲み、急遽舟軍で淡路国を抑えようなどといった作戦まで練り上げたともいわれる。

その夜、赤兄はこれを逆手にとって皇子の邸を兵で包囲した。そして赤兄が朝廷に通報したため、ほどなく有間皇子は尋問を受ける身となった。有間皇子の言い分は通らず、結局皇子は絞殺され、新田部連米麻呂《にいたべのむらじこめまろ》ら側近も斬られたり、流されたりする運命となった。

斉明天皇六年（六六〇）九月、日本と親交のあった百済《くだら》から新羅《しらぎ》と唐が連携して侵攻したとの報がもたらされた。百済は両国の侵入によって国王が捕虜となり、残された臣下らも辛酸をなめることになった。そこで日本に救援を要請してきたのである。両国の提携は百済を滅ぼすだけではなく、日本への侵攻すら心配される事態であった。朝鮮半島では百済の鬼室《きしつ》福信《ふくしん》が使者を日本に遣わし唐の捕虜を奉《たてまつ》るとともに、王子豊璋《ほうしょう》の帰還と援軍を要請してきた。

天皇は即座に百済の要請を受け入れ、難波《なにわ》を発って海路西をめざした。この一軍には天皇のほか、中大兄皇子、大海人《おおあま》皇子、大田《おおた》皇女、鸕野讃良《うののさらら》皇女らも参画していた。船は熟田津《にきたつ》の石湯行宮《いわゆのかりみや》を経て博多の磐瀬行宮《いわせのかりみや》に入り、さらに朝倉橘広庭宮《あさくらのたちばなのひろにわ》へと進んだ。しかし、ここで朝倉神社の木を勝手に伐採して宮の造営にあてたことから、雷神が怒り建物は崩壊した。宮殿の中にも鬼火が出現し、多くの人々が病いに倒れた。そしてついに天皇自身も朝倉宮で崩御することになったのである。天皇は、現在の奈良県高取町の越智崗上陵《おちのおかのえのみささぎ》に葬られた。

第三十八代　天智《てんじ》天皇

六二六〜六七一（称制六六一〜六六八　在位六六八〜六七一）

名を葛城《かずらき》皇子、開別《ひらかすわけ》皇子といい、諡《おくりな》は天命開別尊《あめみことひらかすわけのみこと》、あるいは近江大津宮天皇《おうみおおつのみやのすめらみこと》と称する。父はのちに舒明《じょめい》天皇となる田村《たむら》皇子であり、母は舒明天皇の皇后、さらにのちに即位して皇極《こうぎょく》天皇、重祚《ちょうそ》して斉明《さいめい》天皇となる宝《たから》皇女である。田村皇子即位後、蘇我馬子《うまこ》の娘所生の古人大兄《ふるひとのおおえ》皇子とともに皇位継承資格者とみなされ中大兄《なかのおおえ》皇子を称した。

皇后には古人大兄皇子の娘、倭姫《やまとのひめ》を迎えた。父である古人大兄皇子は孝徳《こうとく》朝初期に吉野にあったが、謀叛のかどで中大兄皇子の兵に捕らえられ殺害された。その際、倭姫は年端ゆかぬことを理由に中大兄皇子に引き取られ、のちに輿入れしたのである。天皇をめぐる女性の数は多く、嬪《みめ》として遠智娘《おちのいらつめ》、姪娘《めいのいらつめ》、橘娘《たちばなのいらつめ》、常陸娘《ひたちのいらつめ》が嫁ぎ、さらに女官として色夫古《しこぶこの》娘《いらつめ》、黒媛娘《くろめのいらつめ》、道君伊羅都売《みちのきみいらつめ》、伊賀采女宅子娘《いがのうねめやかこのいらつめ》らが後宮に入った。

遠智娘との間には、建《たける》皇子、大田《おおた》皇女、鸕野讃良《うののさらら》皇女（のちの持統《じとう》天皇）が生まれ、姪娘との間には御名部《みなべ》皇女や阿閉《あへ》皇女（のちの元明《げんめい》天皇）が、橘娘との間には飛鳥《あすか》皇女、新田部《にいたべ》皇女が、常陸娘との間には山辺《やまのべ》皇女がそれぞれもうけられた。また、色夫古娘との間に川島《かわしま》皇子、大江《おおえ》皇女そして泉《いずみ》皇女が、道君伊羅都売との間には施基《しき》皇子が、伊賀采女宅子娘との間には伊賀《いが》皇子（のちの大友《おおとも》皇子、弘文《こうぶん》天皇）が生まれた。

壬申の乱（六七二）にともなう典籍の散逸によって、天智天皇紀はその内容が不十分なものとならざるをえなかったが、大化改新以前においては有名な蹴鞠《けまり》の会で知り合った中臣鎌《かま》足《たり》を右腕と頼み蘇我氏本宗家討滅計画の推進や隋に渡った南淵請安《みなぶちのしょうあん》や僧旻《みん》から大陸、半島情勢を学び、高句麗《こうくり》や百済《くだら》の動向、さらには唐の覇権拡大などを十分認識して皇室を中心とする中央集権国家の樹立に邁進したことが知られている。乙巳《いっし》の変（六四五）での活躍ぶりは皇極天皇の項に譲るとして、改新政権に皇太子として臨んだ際の事績としては、自ら改新の詔《みことのり》の主旨に従って屯倉《みやけ》や入部を返上したことや、冠位十二階を十九階に分類して官僚組織の拡充強化をはかったことなどが数え上げられる。新政権は当初、地方に評《こおり》を設けるなどして地方統治をいっそう推し進めるなど革新的な政策を次々と打ち出したが、同時に既得権の喪失に抵抗する批判勢力を生み出した。

改新政権は大化の諸改革を通じて財を蓄え、民衆を支配下に組み込むことにある程度成功していたため、斉明朝には「狂心《たぶれこころ》の渠《みぞ》」と揶揄《やゆ》されるごとき大事業や阿倍比羅夫《あべのひらふ》による蝦夷《えみし》征討などを行う余力があったものとみられる。しかし、こうした大事業は豪族や民衆の間にしだいに不満を鬱積させせずにはおかなかった。唐の侵攻による朝鮮半島の流動化は、政権首脳部にとってそうした不満を外に向けてそらせるのに絶好の機会と映じたにちがいない。

斉明天皇の崩御したのちも、中大兄皇子は皇太子の地位にとどまり称制のまま、対朝鮮戦略の指揮をとった。天皇崩御の翌月、中大兄皇子は、阿曇比羅夫連《あずみのひらふ》や河辺百枝臣《かわへのももえ》に続き、阿倍比羅夫らを派遣して百済を救援した。翌九月、長津宮《ながつ》にあった皇太子は、王子豊璋《ほうしょう》に織冠を授け、多臣蔣敷《おおのおみこもしき》の妹を娶《めと》らせた。そして軍勢五千余をつけて王子を本国に帰還させた。そののちも百済の鬼室福信《きしつふくしん》に武器や綿布などを送って支援した。

日本は百済の要請を入れて引き続き大量の水軍を派遣したが、白村江《はくすきのえ》の戦いで唐の大軍の前に大敗北を喫した（六六三）。日本はこの手痛い敗北を契機に撤退を余儀なくされ、百済からの亡命者を多数引き連れて帰還した。この敗北で朝廷の立場は脆弱化し、中大兄皇子は即位を当面見合わせるとともに、さまざまな弥縫《びほう》策が必要となった。

白村江の敗北を機に、朝廷は国内体制のいっそうの強化を迫られた。『日本書紀』天智天皇三年（六六四）二月条には、冠位制の改正とともに氏上対策以下、民部《かきべ》・家部《やかべ》の設定について記されている。冠位制は十九階を二十六階と改め、官僚組織の整備に力が注がれた。しかし、この記事の豪族対策をめぐっては従来学説が対立してきた。白村江の敗戦により朝廷は国内における基盤を強化するうえから豪族層への宥和策として部民の所有を認めたとするのが通説である。これに対し、諸豪族への統制が強化され、朝廷が氏上を認定することとし、豪族の私有民である民部、家部に対しても監督権を掌握したとする説もある。

唐、新羅《しらぎ》の連合軍の威力を思い知ったわが国は国防の強化にも乗り出し、対馬、壱岐、筑紫に烽《すすみ》や防人《さきもり》を設置した。筑紫にはまた堤防を築造して水をたたえ、これを水城《みずき》と称した。

同天皇六年三月、人心の一新を図るうえから、中大兄皇子は都を大和の飛鳥から近江に遷した。しかし、民衆の間では遷都は歓迎されなかった。ほうぼうで不満の声が上がり、これを諷諫《ふうかん》する者も多数にのぼった。童謡《わざうた》もあまた歌われ、都のあちらこちらで昼夜となく火災が多発した。しかし遷都は朝廷としては国防上やむをえぬ措置であった。

同天皇七年一月、皇太子はようやく即位し、天智天皇となった。すでにふれたように、古人大兄皇子の娘、倭姫を皇后に立て、四人の嬪をもった。朝鮮諸国との朝貢外交も従来同様に継続された。唯一天皇の心労となったのは鎌足の病気であった。天皇は藤原内大臣の家に行幸して親しく病気を見舞った。鎌足は恐縮して外征の失敗を詫び、自らの葬儀の簡素化を求めた。天皇はさらに皇太弟、大海人《おおあま》皇子を藤原内大臣の邸に遣わし、大織冠《たいしょくかん》と大臣の位を授けた。そして藤原の姓が賦与されたが、鎌足はまもなく他界した。

鎌足は天皇の重要な右腕であっただけに、天皇の失意は大きく、また鎌足を中心に進められていた律令の編纂も頓挫《とんざ》した。律は結局つくられることがなく、近江令も法典としての体裁を整えるには至らなかった。近江令については、その存在をまったく認めない説や単行法令の集積とみる説など、これまでさまざまな見解が示されてきた。

大化以降、近江朝廷の時代にかけてしだいに諸法令が整備されていった。新たに大学が設置され渡来人を中心に運営されたことは官人間における識字率の向上に大きく貢献したといえよう。そうした背景の下で、庚午年籍《こうごねんじゃく》が作成され（六七〇）民衆の把握が一段と強化されたことがうかがわれる。

大友皇子が太政大臣に、蘇我赤兄《あかえ》臣が左大臣に、中臣金《かね》連が右大臣に任命された。蘇我果《はた》安《やす》臣、巨勢人《こせのひと》臣、紀大人《きのうし》臣を御史《ぎょし》大夫《たいふ》とした。冠位、法度のことが施行されたが、これを命じる詔が大海人皇子によるのか、大友皇子の宣命によるかは典拠により説の分かれるところである。

「朝廷事無く遊覧これ好む」と『大織冠伝』が伝えるとおり、天皇即位後まもない朝廷はいたって平穏無事であった。しかし、『藤氏家伝《とうしかでん》』によると、湖畔で催された宴席で、大海人皇子が長槍を持ち出し敷板を刺し抜いて座を乱し、天皇が激怒してこれを殺そうとしたが、鎌足が間に割って入り諫《いさ》めたことから大事に至らなかったとされている。天皇と皇太弟の間の確執の原因としては、太政大臣となった大友皇子との皇位継承争いや額田王《ぬかたのおおきみ》をめぐる恋の鞘当《さやあ》てなど諸説ある。

晩年、病床に臥せった天智天皇は、枕辺に大海人皇子を呼んで皇位継承を促したが、皇子は吉野に出家するとしてこれを辞退した。ついに天皇は同胞の大海人皇子を追い詰めることができず、のちに禍根を残すことになった。近江朝廷の人々が口々に「虎に翼をつけて野に放つがごとし」と評した所以《ゆえん》である。早くもここに壬申《じんしん》の乱の芽が吹いていた。

天智天皇は同天皇十年（六七一）十二月、近江宮に崩じ、山科陵《やましなのみささぎ》（京都市山科区御陵上御《みささぎかみご》廟野《びょうの》町）に葬られたとされる。

第三十九代　弘文《こうぶん》天皇

六四八～六七二（在位六七一～六七二）

名を大友《おおとも》皇子、伊賀《いが》皇子といい、天智《てんじ》天皇を父とし、伊賀采女宅子娘《うねめやかこのいらつめ》を母として大化四年（六四八）に生まれた。天智天皇の崩御後、壬申《じんしん》の乱（六七二）が起こり、大海人《おおあま》皇子率いる吉野側が勝利したため、その即位が疑問視され、在位を認めない見解もある。少なくとも『日本書紀』は弘文天皇紀を記しておらず、天皇を一代とみなしていない。

しかし、『水鏡《みずかがみ》』や『扶《ふ》桑略記《そうりやっき》』などでは、天智天皇崩御の二日後に皇位を継いだとされている。徳川光圀《みつくに》も『大日本史』でほぼ同様の見方を示している。同天皇の即位に並々ならぬ関心を寄せた伴信友《ばんのぶとも》は弘文天皇即位を立証しようと『長等《ながら》の山風』を執筆した。それによると、元来『日本書紀』にも同天皇紀は存在していたが、同紀の編纂にあたった舎人《とねり》親王が父、天武天皇による皇位簒奪《さんだつ》の印象を拭い去ろうと大友皇子即位を省いたとされる。天智天皇崩御後、皇子が近江《おうみ》朝廷にあって実権を握り、事実上皇位にあったとする見解が有力視されている。

弘文天皇と追号されたのは明治三年（一八七〇）のことである。これにともない、天智天皇の皇后、倭姫《やまとのひめ》の即位や称制が行われたとする説などが唱えられるようになった。

日本最古の漢詩集である『懐風藻《かいふうそう》』には皇子の所伝と詩二首が収められている。それによると、皇子は風貌たくましく、頭脳明晰であったとされている。たいへんな博識で文武両道を究め、詩文にもすぐれていたと伝えられている。

皇妃には大海人皇子と額田王《ぬかたのおおきみ》との間に生まれた十市皇女《とおち》がある。皇子女には葛野皇子《かどの》、与多王《よたのみこ》があった。

一か月に及んだ壬申の乱は、単なる皇位継承争いではなく、近江朝廷への評価などをめぐり多数の豪族が関わる錯綜した背景をもつ。いかなる原因で戦端が開かれたのかは定かではなく、『日本書紀』も天武系の人々により編纂されていることから戦況の推移について後世の潤色が多分に施されているとみられる。同紀では近江朝廷が吉野方の動静を注視し、主要な道筋を監視して吉野方の糧道にくさびを打ち込む意図をもっていたとされている。

大海人皇子は鸕野讃良皇女《うののさらら》や草壁皇子《くさかべ》らとともに吉野を脱出し、これに高市皇子《たけち》や大津皇子《おおつ》らが合流した。吉野方が舎人を故郷に帰して東国から兵力を動員し、三関《さんげん》を塞《ふさ》いで朝廷の使者を東国に入れなかったこと、大伴氏が味方したことが勝因となった。一方、近江朝廷は西国で兵を徴発しようとしたが、先の白村江《はくすきのえ》の戦いで痛手を受けた西国の兵員はなかなか動員に応じようとしなかった。吉野方の勝利で弘文朝はすぐさま幕を閉じた。

同天皇は戦争のなか、山前で自ら首をくくったとされる。天皇の亡骸《なきがら》は長等山前陵《ながらのやまさきのみささぎ》

（大津市御陵町）に葬られたとされる。

第四十代　天武《てんむ》天皇　?〜六八六（在位六七三〜六八六）

名を大海人《おおあま》皇子といい、諡《おくりな》を天渟中原瀛真人天皇《あまのぬなはらおきのまひとのすめらみこと》と称した。父は舒明《じょめい》天皇、母は皇極《こうぎょく》天皇（斉明《さいめい》天皇）であるが、生誕の年は不詳である。『日本書紀』によると、生来恵まれた素質の持ち主で、武徳にすぐれ、天文、占星の術をよくしたとする。天智《てんじ》天皇の娘、鸕野讃良《うののさらら》皇女を正妃に迎え、天智天皇七年（六六八）立太子したとされる。

『日本書紀』では天武天皇紀は上下二巻よりなり、上巻では壬申《じんしん》の乱（六七二）の経過が克明に記されている。同紀は舎人《とねり》親王以下天武系の人々の手で編まれていることから、吉野方に有利に記述されている可能性が高い。近江《おうみ》朝廷により天智天皇の山陵を造営するために集められた人夫らは手に手に武器を所持し、近江京から大和京に至る道筋には監視の者が配され、吉野宮の糧道が絶たれたとして、近江朝廷側が乱を誘発したかのように描かれている。吉野方は畿内から東国へ向かう関を兵によって固め、大海人皇子も従者をともなって東国に向かい兵の動員に努めた。一方、近江朝廷側は吉野方に呼応する者を除き、西国の兵を徴発しようと使者を派遣した。吉野方が東国で兵の動員に成功したのとは裏腹に、近江朝廷方は西国での徴兵に難渋した。大伴連吹負《ふけい》の機略なども手伝って、一か月にわたる戦闘は吉野方の勝利に帰した。

大友《おおとも》皇子の首級《しるし》を挙げ、右大臣中臣金《かね》連ほか近江朝廷の官人らを処刑した。大海人皇子は武勲のあった者を褒め讃え、恩賞を与えた。皇子は桑名、鈴鹿を経て飛鳥に入り岡本宮《おかもとのみや》に至った。そしてその南方に飛鳥浄御原宮《あすかきよみはらのみや》を造営し、ここに壬申の乱の翌年即位して天武天皇となった。妃の鸕野讃良《うののさらら》皇女を皇后に立てた。すでに皇后の姉である大田《おおた》皇女との間には大来《おおく》皇女と大津《おおつ》皇子をもうけていたが、皇后との間には草壁《くさかべ》皇子が生まれた。大江《おおえ》皇女との間に長《なが》皇子と弓削《ゆげ》皇子が生まれ、新田部《にいたべ》皇女は舎人親王を生んだ。夫人となった中臣鎌足《かまたり》の娘、氷上娘《ひかみのいらつめ》は但馬《たじま》皇女を生み、その妹である五百重娘《いおえのいらつめ》との間には新田部親王をもうけた。すでに額田王《ぬかたのおおきみ》との間には十市《とおち》皇女があり、大友皇子のもとに嫁いでいた。尼子娘《あまこのいらつめ》との間に高市《たけち》皇子があり、このほかにも忍壁《おさかべ》皇子、磯城《しき》皇子、泊瀬部《はつせべ》皇女、託基《たき》皇女など多くの皇子女に恵まれた。

即位当初には麻《お》続王《みのおおきみ》らの配流など若干の動揺もあったが、しだいに天皇の指導力が確立されるにともない国内政治体制は安定化へと向かった。一方、朝鮮半島では新羅《しらぎ》が不和となった唐を駆逐して半島の統一に成功した。天皇は新羅との外交関係を保持する方針を採り、唐との国交を断絶した。

天皇は官僚組織の整備に力を注ぎ、公卿大夫ら諸臣に命じて、宮仕えする者はまず大舎人となり、しかるのちに才能を斟酌《しんしゃく》して官職を定めることとした。さらに同天皇七年（六七八）、官人の勤務評定や官位の昇進に関して考選法を定めた。同天皇の十三年（六八四）には八色《やくさ》の姓《かばね》が定められ朝廷の身分秩序が確立されるとともに、翌十四年には新冠位制を施行して冠位賦与を親王にまで拡大した。天皇は一貫して皇族だけによる皇親《こうしん》政治を行い、大臣の任命を行わなかった。これに対応して、官僚機構も独特の形態をとり、太政官《だいじょうかん》と大弁官《だいべんかん》とが並立し、上層官僚貴族には実質的な政治権力を保持しえない納言《のうげん》の官職が賦与された。天皇の命令は多くの場合、大弁官を経由して地方の官司に伝達された。いわば天皇親政体制がとられたことになろう。

天皇は本格的な律令国家の樹立に邁進した。早くも同天皇四年（六七五）には天智天皇の時代に諸豪族に賜った部曲《かきべ》が廃止された。食封《じきふ》制度も改革され、封民には私有民ではなく朝廷が官人に与える給与としての性格が賦与された。

天皇の宗教的権威を高めるためにも、伊勢神宮の祭祀が重視され、広瀬・竜田祭も国家事業としてとり行われた。こうして祭祀権はしだいに天皇に帰属するようになった。またその一方で、仏教への崇拝も怠りなく、大官大寺等の造営が鋭意進められた。それとともに鎮護国家思想を前提に僧尼に対する統制が強化された。

　天武天皇十年（六八一）二月、皇后以下おもだった臣下を大極殿に召集して飛鳥浄御原律令の編纂を命じ、草壁皇子を皇太子に立てた。さらに帝紀と旧辞《くじ》を記し校定する修史事業が精力的に進められた。皇室の典礼として今に伝えられる「五節《ごせち》の舞《まい》」にみられるように、天武朝では宮廷の儀礼について多くの事柄が定式化された。

　天武天皇八年五月、天皇は吉野に行幸したが、その際、皇后、草壁皇子、大津皇子、高市皇子、川島《かわしま》皇子（天智天皇の皇子）、忍壁皇子、施基《しき》皇子（天智天皇の皇子）らに詔して、皇位継承をめぐる争いを起こすことのないよう誓いを立てさせた。これが吉野の盟約である。皇后と皇子らはみな同様の誓いを立て、天皇は衣の襟を開いて六人の皇子を抱き、盟約の遵守を諭した。

　朱鳥《しゆちよう》元年（六八六）五月、天皇の病気がにわかに重くなった。占いによると、草薙剣《くさなぎのつるぎ》の祟りであると出た。そこでただちに尾張国熱田社《あつたのやしろ》に剣を送って安置することにした。七月に入ると天皇の容態はいっそう悪化し、政務をとることが難しくなった。「天下のことは大小となく、ことごとく皇后および皇太子に申せ」との勅が出された。病気平癒を願って大赦が行われ、百姓の借財の返還が免除された。多くの修行者を得度させ、百の菩薩像を宮中に安置して、観世音経二百巻を読ませた。

しかし、改元やさまざまな誓願もむなしく、天皇はこの年九月崩御し檜隈大内陵《ひのくまのおおうちのみささぎ》（奈良県明日香村）に葬られたとされる。たぐい稀な才能をもち、壬申の乱の勝利によって東国の中小豪族を中心に天皇を神格化する傾向すらみられた。政治的には天皇を中心とする中央集権国家の樹立に向けて天皇専制体制が敷かれ、天皇の政治的宗教的権威の高まりを背景として律令制が整備されていった。

第四十一代　持統《じとう》天皇

六四五〜七〇二（称制六八六〜六八九　在位六九〇〜六九七）

名は鸕野讃良《うののさらら》皇女で、諡《おくりな》を高天原広野姫天皇《たかまのはらひろのひめのすめらみこと》、大倭根子《やまとねこ》天之《あまの》広野《ひろの》日女《ひめ》という。天智《てんじ》天皇を父とし、蘇我倉山田石川麻呂《そがのくらのやまだのいしかわのまろ》の娘、遠智娘《おちのいらつめ》を母として大化《たいか》元年（六四五）に生誕した。『日本書紀』によれば、落ち着きのある広い度量の持ち主であったとされる。

斉明《さいめい》天皇三年（六五七）、十三歳で大海人《おおあま》皇子の妃となった。斉明天皇七年、中大兄《なかのおおえ》皇子らを中心に百済《くだら》救援計画が遂行され、軍を西に向けた際、夫の大海人皇子に随行した。朝倉《あさくら》宮で斉明天皇が崩御した翌年の天智天皇元年（六六二）、筑紫の娜大津《なのおおつ》で草壁《くさかべ》皇子を出産した。まもなく白村江《はくすきのえ》の戦いに敗れると、再び夫らに従って大和へ帰還した。

天智天皇六年、天智天皇の近江《おうみ》遷都に従って近江大津宮に移った。夫で皇太弟、大海人皇子は当初、天智天皇の後継者と目されていたが、大友《おおとも》皇子が太政大臣となってしだいに天智天皇の寵愛を受けるに及び、皇位継承を固辞して吉野に出家した。このとき、妃の鸕野讃良皇女も幼い草壁皇子の手を引いて行をともにした。

壬申《じんしん》の乱（六七二）は、皇女にとって父・弟と夫との争いであった。皇女は終始、夫の大海人皇子に従い、戦いに勝利して飛鳥浄御原宮《あすかきよみはらのみや》に戻り、天武《てんむ》天皇の即位とともに皇后となった。天武天皇は臣下の政治参加を許さず、皇族らによる皇親《こうしん》政治を断行したため、皇后も天皇を助けて政治に参画した。朱鳥《しゆちよう》元年（六八六）、天武天皇の崩御とともに皇后のまま大政を総攬《そうらん》する称制を敷いた。

生前、天武は吉野の盟約にみられるように皇族らの融和を念願したが、天皇が崩御するとまもなく、大津《おおつ》皇子の謀叛事件が発覚した。『懐風藻《かいふうそう》』にもみえるように、大津皇子は風貌、体格ともにたくましく、文武両道に秀でて多く人望を集めていたとされる。それだけに、わが子、草壁皇子の擁立を願う皇后にとってはどうしても除かねばならない存在であったことが容易に想像される。川島《かわしま》皇子の密告（『懐風藻』）を契機として、大津皇子ら三十余人が捕縛され、大津は死を賜ることになる。天智天皇の娘で大津の妃であった山辺《やまのべ》皇女の悲惨な殉死のさまを『日本書紀』は実にリアルに描写している。大津の処断に比べ、従者らの扱いはまことに寛大であり、刑を軽減されたり、赦《ゆる》された者もあった。それだけに事件の計画性が指摘される。

天武天皇の殯宮《もがりのみや》は長期にわたり、表向き皇太子の草壁皇子が主宰した。皇太子は公卿、百官らを率いて殯宮に詣でて慟哭し、誄《しのびごと》が奉《たてまつ》られた。高齢で貧困な者に対して綿などが下賜された。新羅《しらぎ》へも喪を告げる使者が派遣され、渡来人も手厚く保護された。罪人の赦免が行われた。天武十四年（六八五）以前の負債は問われないこととなり、利息も免除された。皇太子が中心となって檜隈大内陵《ひのくまのおおうちのみささぎ》が築造され、天武天皇の亡骸《なきがら》が葬られた。

生来病弱であった草壁皇子はしだいに殯の儀式にも姿をみせなくなり、持統三年（六八九）、ついに薨去《こうきょ》し、皇后の夢は無残に打ち砕かれた。

翌四年一月、皇后は正式に即位して持統天皇となった。物部麻呂が大楯を立て、神祇伯《かむつかさのかみ》である中臣大嶋が天神の寿詞を読み上げた。忌部色夫知《いみべのしこぶち》が神璽《しんじ》の剣と鏡を奉った。全国に大赦が行われ、官人は爵位一級を進められた。京と畿内の八十歳以上の高齢者には嶋宮《しまのみや》の稲を二十束ずつ下賜された。広瀬大忌神《おおいみのかみ》と竜田風神《かぜのかみ》が祀《まつ》られた。天皇は頻繁に吉野へ行幸した。冠位制の整備が段階的に進められた。

天武朝とは異なり、持統天皇は臣下が政治に参画する機会を設けた。この年七月には、天武天皇の長子、高市《たけち》皇子を太政大臣、丹比嶋《たじひのしま》を右大臣に任命し、以下八省百寮の選任が行われた。朝廷における礼儀が重んじられ、諸国の国司に対しては飛鳥浄御原令の戸令に則《のっと》り戸籍を作るように命じた。天皇の治世下では庚寅年籍《こういんねんじゃく》が作成された。

同天皇八年（六九四）十二月には、中国の様式を採り入れた藤原京への遷都が行われた。藤原京がそれまでの宮と大きく異なるのは、従来の宮室が天皇一代に限って使用されたのに対して、藤原京が持統、文武《もんむ》、元明《げんめい》の三代、十六年にわたり使用された点に求められる。したがって宮は全体として整然としており高い計画性を示している。ここに長安や洛陽といった中国古代の都城が模範とされていることが知られる。『日本書紀』にもみえるように、藤原京は最初の体系的法典である飛鳥浄御原令の編纂に触発されるかたちでその諸司への頒布の翌年より建設が始められた。同紀には「新益京《しんやくのみやこ》」との表現が用いられており、造都には律令国家の建設を強く意識した為政者たちの情熱と計画性が込められている。

持統十年（六九六）、太政大臣の地位にあった高市皇子が薨去《こうきょ》した。皇族の中では壬申の乱での功績を背景に重きをなしたが、母が采女《うねめ》出身であったことからついに即位には至らなかった。皇子の薨去を受けて、皇族間では皇太子の人選をめぐり物議を醸した。『懐風藻』では、皇后の呼びかけで開かれた皇族会議で意見が分かれたとき、大友皇子の息、葛野王《かどの》が壬申の乱の悲劇を踏まえて兄弟間相承の弊害を指摘、これに反発した弓削《ゆげ》皇子を封じて草壁皇子の遺児、軽《かる》皇子の立太子が実現したとされる。

持統天皇十一年、天皇は孫の軽皇子に皇位を譲り、自らは太上《だいじょう》天皇となって文武天皇の後見役を果たした。こうした皇位継承の裏には、天皇と近江系官人との連携があったとみられる。とりわけ藤原不比等《ふひと》は持統朝において頭角をあらわし、持統・文武両朝を実質的に支え、自らも藤原氏発展の礎《いしずえ》を築いた。天皇は大宝《たいほう》二年（七〇二）に崩御し、天武天皇の檜隈大内陵《ひのくまのおおうちのみささぎ》に合葬された。

第四十二代　文武《もんむ》天皇

六八三〜七〇七（在位六九七〜七〇七）

名を軽《かる》（珂瑠）皇子といい、諡《おくりな》を天之《あまの》真《ま》宗豊祖父天皇《むねとよおおじのすめらみこと》と称した。草壁《くさかべ》皇子の第二子で、天武《てんむ》天皇は祖父にあたる。母はのちに即位して元明《げんめい》天皇となる天智《てんじ》天皇の娘、阿閉《あへ》皇女である。天武天皇十二年（六八三）の生まれで、持統《じとう》天皇三年（六八九）に七歳で父、草壁皇子を失った。終始、天武の皇后、持統天皇の寵愛を受けつつ成長した。

太政大臣、高市《たけち》皇子の薨去《こうきょ》にともない、持統天皇十一年立太子した。同年、持統天皇からの譲位により即位して文武天皇となった。弱冠十五歳の即位であった。太上《だいじょう》天皇となった持統の後見を受けながら藤原京で政務にあたった。持統天皇の側近で当代随一の実力者、藤原不比等《ふひと》の娘、宮子《みやこ》を夫人《ぶにん》に迎え、首親王《おびと》（のちの聖武《しょうむ》天皇）をもうけた。そのほか、旧来の名族から紀朝臣竈門《かまどのいらつめ》娘と石川刀子《とねのいらつめ》娘を妃（あるいは嬪《ひん》か）に迎え入れた。

百官以下に国法の遵守を命じ、また田租、雑徭《ぞうよう》と庸の半分を免除し、三年間にわたり大税《おおちから》の利息をとらない方針を示した。正月に人々が往来して拝賀の礼を行うことをやめさせ、違反した者は飛鳥浄御原令《あすかきよみはらりょう》で処罰した。郡司の職務にも目を光らせ、国司による選考にも注意を与えた。奴婢を統制するため法規制を加えた。

文武朝には、大宝《たいほう》元年（七〇一）に大宝律令が完成し、翌年にかけて施行され、三十年余にわたり断絶されていた唐との国交が再開されて遣唐使が派遣された。慶雲《けいうん》年間（七〇四〜七〇八）には頻繁に勅が出され、官制の改革などが推進された。この時期、人々は飢饉や疫病の発生に悩まされたが、朝廷は果敢に事態に対処するとともに、大納言を減員して令外《りょうげ》の官である中納言を設置して諸氏に朝政への参画を求めたり、官人の考選の短縮化をはかるなど、大宝令制の定着をめざした。『懐風藻《かいふうそう》』にみえるように、天皇は一見頼りなげにみえたが、背後にはつねに持統太上天皇と権臣、不比等があってこれを支えた。慶雲四年（七〇七）四月の詔《みことのり》にみえるように、父鎌足《かまたり》に続き代々の天皇に仕えた不比等の功績を讃えて食封五千戸（不比等の辞退により二千戸）が下賜された。

天皇は慶雲四年六月に二十五歳の若さで崩御し、檜隈安古岡上陵《ひのくまのあこのおかのえのみささぎ》（奈良県明日香村）に葬られた。

第四十三代　元明《げんめい》天皇　六六一〜七二一（在位七〇七〜七一五）

名を阿閉《あへ》皇女といい、諡《おくりな》を日本根子天津御代豊国成姫天皇《やまとねこあまつみしろとよくになりひめのすめらみこと》という。天智《てんじ》天皇の第四皇女。蘇我倉山田石川麻呂《そがのくらのやまだのいしかわのまろ》の娘、姪娘《めいのいらつめ》を母として、斉明《さいめい》天皇七年（六六一）に生誕した。草壁《くさかべ》皇子の妃となり、文武《もんむ》、元正《げんしょう》の両天皇と吉備《きび》内親王を生んだ。

慶雲《けいうん》三年（七〇六）十一月、文武天皇は病床につき、母である阿閉皇女への譲位を仄《ほの》めかしたが、皇女は謙譲の意を表してこれを固く辞退した。そうするうちに、慶雲四年六月、文武天皇は崩御した。

阿閉皇女はやむなく同月二十四日、東楼に出御して百官に対し先帝の遺詔に従い即位する意向を表明した。そこで注目されるのが、翌七月十七日に元明天皇が即位に際して下した宣命《せんみょう》である。それは皇位継承の正統性にふれたもので、まず藤原京で持統《じとう》天皇が政治を行い、これを孫の文武天皇に譲り、二人並んで天下を治めたとする。これは近江《おうみ》大津宮で天下を統治した天智天皇が「天地とともに長く、日月とともに遠くまで、改《かわ》ることのない常《つね》の典《のり》（不《ふ》改常典《かいのじょうてん》」として定められ行われてきた法であると説明された。そのうえで、文武天皇が亡くなる直前に自分に後事を託す旨の詔《みことのり》を出したため、当初はその任にあらずと固辞したが天地の神々の心労に思いを致しつつ、遺詔を受け入れるに至ったことが述べられている。即位の宣命には直接はふれられていないが、先帝の遺児、首皇子《おびと》への皇位の橋渡し役を買って出たことになろう。したがって、これこそまさに中継するという意味での中天皇《なかつすめらみこと》にほかならない。また、この宣命が嫡子相承を正統化する論理により貫かれ、その重要な一部となっていることがわかる。

天皇は親王はじめ諸臣らの助力を強く求め、立てられた国家統治の法をあやまりなく後代へと受け継ぐ意志を示した。そこで即位にあたって、まず天下の民を慈しむべく大赦を行い、高齢者をはじめ社会的弱者に賜物を下した。

慶雲五年一月、武蔵国秩父《ちちぶ》郡から銅が献上され、年号を和銅《わどう》と改元した。そして和同開珎《かいちん》を鋳造、施行した。このときの天皇の詔では、「天地の心を衷心からかしこんで恐れ多く思っていたところ、武蔵国から自然に熟銅が出たとの奏上があり献上された。これは天にある神と地の神とがともに政治を愛でられ祝福された」ためとされ、この祥瑞にともない改元がなされた。ついで官人の昇叙や大赦が行われた。

この頃より遷都の議が浮上してきた。天皇自身は遷都を急ぐべきではないとの考えであったが、王公大臣らは宮室の基礎を固め天子の証である鼎《かなえ》の安定をはかるうえでも遷都を必要としたため、衆議を重んじ、和銅三年（七一〇）三月、都を平城京に遷すこととなった。このとき左大臣、石上《いそのかみ》朝臣麻呂《まろ》が藤原京の留守司となったことから、藤原不比等《ふひと》が事実上最高実力者としての地位を確立した。遷都の背景には疫病の流行など国内の疲弊があったとみられる。和銅五年正月の詔に「諸国の役民が郷里に帰る日に食糧が尽き、帰路飢える者が多く、溝や谷に転落して埋もれて亡くなる者が少なくない。国司らは注意して民を慈しみ、適宜物を恵み与えるよう」指示したことからも、その様子がうかがい知れる。

同年五月の詔に「律令を制定して以来久しい年月を経過したが、律令に習熟せず過失が依然多い」ことが指摘されている。そのため弾正台《だんじょうだい》による検察や巡察使による調査が鋭意求められた。官人の功罪や才能についても式部省による点検が指示されている。この年、太安万侶《おおのやすまろ》により『古事記』が撰上された。

霊亀《れいき》元年（七一五）九月、天皇は自らの老いと疲労とを理由に譲位の意向を示した。皇太子、首皇子は未だ若年であるとして、冷静沈着な氷高《ひたか》皇女が位を継ぐこととなった。

天皇は養老《ようろう》五年（七二一）十二月に崩御し、奈保山東陵《なほやまのひがしのみささぎ》（奈良市奈良阪町）に葬られたとされる。

第四十四代　元正天皇《げんしょう》　六八〇～七四八（在位七一五～七二四）

名を氷高《ひたか》皇女といい、諡《おくりな》を日本根子高瑞浄足姫天皇《やまとねこたかみずきよたらしひめのすめらみこと》と称した。草壁《くさかべ》皇子を父とし、阿《あ》閉《へ》皇女（のちの元明《げんめい》天皇）を母として天武《てんむ》天皇九年（六八〇）に生まれた。『続日本紀《しょくにほんぎ》』によれば、「朕《ちん》は天皇の位を譲るという先帝の命令を謹んで受け、あえて他の人を推して固辞することはせずに、天子の位について国家の安寧をはかりたい」との詔《みことのり》を出し、祥瑞である亀にちなみ霊亀《れいき》と改元した。皇室側が求める「不改常典《ふかいのじょうてん》」の論理と藤原不比等《ふひと》らの政治的思惑とが相互に作用して、円滑な中天皇《なかつすめらみこと》間の皇位継承がなされたものとみられる。先帝、元明天皇は後見役として太上天皇《だいじょう》となった。

霊亀元年（七一五）の詔や養老《ようろう》元年（七一七）の詔にみえるように、律令国家を発展させる礎《いしずえ》は何といっても民であり、民が富裕になる方途が模索されねばならないとの考えが打ち出された。国司の役割として農耕指導が重視され、食糧事情の改善が検討された。官職は本来、民を教導するために設けられているとして、法にもとづく秩序の維持が志向されている。

霊亀三年九月、天皇は美濃国不破《ふわ》の行宮に赴き、数日間滞在した。そのとき多度《たど》山の美泉にふれ、その効能にいたく感心してこれを天の恵みとして、同年十一月、霊亀を養老と改元した。こうした考え方の背後には後漢の光武帝の醴泉《れいせん》をはじめ古代中国の影響が濃厚である。多くの賜物が下賜され、国司や郡司らの昇進が促された。

養老年間（七一七～七二四）には、不比等らが中心となって養老律令の編纂が完了したが、その後諸般の事情から施行は延期され、高閣《こうかく》に束《つか》ねられた。同三年には、皇太子、首《おびと》皇子が朝政に参画した。この年七月、はじめて按察使《あぜち》が設置され、国司の行政が監察された。天皇は詔でわが国の法令が天智《てんじ》朝から文武《もんむ》朝にかけて急速に整備されたことを振り返り、さらに政治を安定させるために舎人《とねり》親王と新田部《にいたべ》親王に命じて皇太子を補佐させた。同四年五月、舎人親王らにより『日本書紀』が撰上された。

だが、養老四年八月には、朝廷の政治的中核であった不比等が亡くなり、翌五年正月、長《なが》屋《や》王が右大臣に任命されると、事態は変化の兆しをみせた。藤原氏も権力の空白を埋めるべく、不比等の長子で中納言の武智麻呂《むちまろ》に次いで、次男の房前《ふさざき》を内臣へと送り込んだ。皇族については、すでに前年、舎人親王が知太政官事《ちだいじょうかんじ》に、新田部親王が知五衛《ちごえ》及授刀舎人《たちはきのとねり》事に任命され、諸勢力間の均衡がはかられた。同五年末に元明太上天皇が亡くなると、元正朝の政治は一時沈滞したが、翌六年閏《うるう》四月には農耕を奨励するべく良田百万町歩開墾計画が打ち出された。また、養老七年四月には、人口増加にともなう田地の不足に対応するため、いわゆる三世一身法《さんぜいっしんのほう》が発せられた。そして神亀《じんき》元年（七二四）二月、天皇は皇太子に位を譲った。

上皇は天平《てんぴょう》二十年（七四八）四月に崩御し、奈保山《なほやま》西陵《にしのみささぎ》（奈良市奈良阪町）に葬られたとされる。

第四十五代　聖武《しょうむ》天皇　七〇一〜七五六（在位七二四〜七四九）

名を首《おびと》皇子といい、諡《おくりな》は天璽《あめしるし》国押開《くにおしひらき》豊桜《とよさくら》彦《ひこ》天皇《のすめらみこと》（天平《てんぴょう》勝宝《しょうほう》八年〈七五六〉の孝謙《こうけん》天皇の勅では、聖武太上《だいじょう》天皇は出家して仏に帰依したことから当初諡を奉《たてまつ》らなかったが、天平宝字《ほうじ》二年〈七五八〉に勝宝感神聖武《しょうほうかんじんしょうむ》皇帝として、諡号《しごう》が定められた）。文武《もんむ》天皇の第一皇子として大宝《たいほう》元年（七〇一）に生誕した。母は藤原不比等《ふひと》の娘、宮子《みやこ》（藤原夫人《ぶにん》）。

文武天皇崩御後は、祖母の元明《げんめい》天皇、伯母の元正《げんしょう》天皇が相次いで即位した。首皇子は和銅《わどう》七年（七一四）に立太子し、霊亀《れいき》二年（七一六）、不比等と橘三千代《たちばなのみちよ》との間に生まれた安宿媛《あすかべひめ》（光明子《こうみょうし》）を娶《めと》った。養老《ようろう》三年（七一九）の段階では、未だ即位は時期尚早であるとして舎人《とねり》親王や新田部《にいたべ》親王が補佐役を務めることになった。

神亀《じんき》元年（七二四）二月、首皇子は元正天皇から禅譲され大極殿で即位した。即位の宣命《せんみょう》の中で元正天皇が述べるには、統治すべき国は藤原京で天下を治めた文武天皇から賜った天下の業であるとされた。親王が幼年であったため、まず元明天皇に天下の業が授けられ、元明天皇は平城京で大八嶋国を統治し、霊亀元年に天日嗣《あまつひつぎ》の高御座《たかみくら》の業と天下の政《まつりごと》を元正天皇に委ねた。その際、元明天皇はこれを天智《てんじ》天皇が万世に改《かわ》ることのない常《つね》の典《のり》として立てた法に従って首皇子に授けるように詔した。白亀の出現という祥瑞に従い、養老を神亀と改元して天日嗣の高御座と天下の政を授けるとして、聖武天皇の即位となった。

この月、聖武天皇は勅して藤原夫人を尊び、大夫人《だいぶにん》の称号を賦与することとした。ところが翌三月になって、左大臣、長屋《ながや》王らがこれを問題視する奏言を行った。長屋王らが言うには、二月の勅をみると、藤原夫人を大夫人と称するとあるが、公式令《くしきりょう》を調べてみると皇太夫《こうたいぶ》人《にん》と称することになっている。先勅によれば皇の字を失うことになり、令文を用いようとすれば違勅となる恐れがある、というのである。しかたなく天皇は先勅を追収して、新たに文書に記すときは皇太夫人とし、口頭の場合は大御祖《おおみおや》とする旨を詔したのである。

これがいわゆる藤原宮子大夫人称号事件であるが、当時天皇と藤原氏に対抗していた長屋王らが律令を持ち出して攻勢に出たものとみられる。天皇側は不意に法律論争を挑まれ、結果として長屋王らの主張を認めざるをえなかった。この事件は天皇が律令の法源であることを考えれば先勅を押し通すことも可能であったわけで、天皇と律令の関係や天皇と貴族層との力関係を考えるうえで興味深い素材を提供しているといえる。いずれにせよ、この恨みがのちの長屋王の変の伏線となったことはいうまでもない。

長屋王は近年その邸宅跡から多くの木簡が出土したことで脚光を浴びたが、そもそも天武《てんむ》天皇の長子で太政大臣であった高市《たけち》皇子の皇子であり、『懐風藻《かいふうそう》』などからもかなりの財力を背景に国の内外から賓客を招き、社交にも積極的であったことが知られる。聖武天皇の即位に際して、左大臣に任命され、天皇を支える藤原氏にとっては侮りがたい存在であった。『続日本紀《しょくにほんぎ》』によると、神亀四年(七二七)二月、天皇が詔して百官を集め、左大臣長屋王が勅を述べるところによれば、「この頃天の咎《とが》めのしるしか、災異がやまない。政が道理に背理し民心が愁いをもつようになると、天地の神々がこれを責め鬼神が異状を示す。朕《ちん》に徳が欠けているためか」とあるように、天皇が統治に十分な自信をもっていなかったことも政情不安の大きな要因となっていた。

この年閏《うるう》九月、光明子に皇子が誕生した。皇子は母方の藤原氏の邸宅で育てられ、まもなく異例の立太子が行われた。翌五年になると皇太子は病気がちとなり、容態はしだいに悪化していった。天皇は全国に大赦を行ったり、東宮を見舞ったが回復の兆しはなく、ついに九月、幼い皇太子は薨去《こうきょ》した。天皇の悲しみははなはだしく、政務は三日間停止されるありさまであった。

そこへ長屋王謀叛の報がもたらされた。漆部《ぬりべ》造君足《きみたり》と中臣宮処《みやこ》連東人《あずまひと》らにより、左大臣長屋王が密かに左道《さどう》（妖術）を学び、国家を傾けようとしているとの密告があった。天皇はただちに鈴鹿、不破、愛発《あらち》の三関《さんげん》を固め、式部卿藤原宇合《うまかい》、衛門佐《えもんのすけ》佐味《さみ》朝臣虫麻呂《むしまろ》らを遣わして長屋王の邸を包囲した。そして翌日、舎人親王、新田部親王らを派遣して、長屋王を追及した。長屋王は何ら弁明する余地なく、自尽して果てた。まもなく妻子らも後を追って殉死した。もっとも事件はのちに讒言《ざんげん》であったことが明らかとなる。

天平《てんぴょう》元年（七二九）は長屋王の変によって幕開けとなったが、その後は天皇が元正太上《だいじょう》天皇に導かれながら政治の安定を確保し、この年八月には光明皇后が誕生した。天皇は詔して、仁徳《にんとく》天皇の例を引きながら天皇と皇后が並んで政治に臨むことの重要性を説いた。

皇后は藤原不比等の娘で母は持統太上天皇の信任厚かった橘三千代である。三千代は一説によれば、文武天皇の乳母として後宮で重きをなし、入内した紀、石川両氏の娘を抑えて宮子の台頭を後押ししたともいわれる。その娘、光明子は臣下の身分で異例にも皇后となり、朝政における藤原氏の進出を手助けする立場にあったものとみられる。皇后は藤原氏が天皇の外戚として権勢をふるううえでなくてはならない存在であった。

『続日本紀』によれば、天平七年頃にはしきりに災害や異変が発生し、また疫病も流行したため、天皇は天下に大赦を行うこととした。唐より帰朝した玄昉《げんぼう》を通じて天皇はしだいに仏教への帰依を強めていった。同九年になると、藤原四卿をはじめ朝廷の高官らが相次いで疫病に倒れた。天皇は宮中に僧侶を多数招き、大般若経を読ましめたが、政情は不安定を免れなかった。そこで皇后の異父兄にあたる橘諸兄《たちばなのもろえ》が朝政の要となった。翌十年には阿倍《あべ》内親王の立太子が行われた。

だが、天平十二年八月には、大宰少弐《だざいのしょうに》藤原広嗣《ひろつぐ》が上表して、時の政治の得失を論じ、玄昉と吉備真備《きびのまきび》の追放を言上した。そして翌月には反乱の兵を挙げた。天皇は勅を下して大野東《おおのあずま》人《ひと》を大将軍に、紀飯麻呂《いいまろ》を副将軍に任じ五道より多数の軍勢を徴発して広嗣を討伐させた。かねて広嗣は藤原一族の中でも不評を買い、孤立無援であった。この年九月の天皇の勅にも、幼い頃から悪事をなし、京内で親族をそしって顰蹙《ひんしゅく》を買っていた日頃の行いが槍玉に挙げられ、天皇は遠《とお》の朝廷《みかど》（大宰府）に送って矯正を試みたがその甲斐もなく反逆したと手厳しく断じている。西海道はにわかに戦場と化し、ほどなく広嗣は捕らわれて処刑された。

天皇はその間、突如「朕意《ちんおも》ふ所有るに縁《よ》りて、今月の末暫く関東に往かむ。その時に非ずと雖《いえど》も、事已《や》むこと能はず」と詔して、平城京を発ち、恭仁《くに》、紫香楽《しがらき》、難波《なにわ》と目まぐるしく遷都、行幸を繰り返した。この間、諸国国分寺の建立や盧舎那仏《るしゃなぶつ》造顕の詔を発して鎮護国家思想を体現したが、天皇の情緒不安定は大きく政治の方向を見失わせた。

天皇は天平二十一年（七四九）四月、東大寺に行幸した際、「三宝の奴《やっこ》」と称して天平感《かん》宝《ぽう》に改元した。同年七月に皇太子への譲位がなされ孝謙朝となると、再び改元されて天平勝宝となり、同八年（七五六）五月聖武太上天皇は崩じ、佐保山南陵《さほやまのみなみのみささぎ》（奈良市法蓮町）に葬られたとされる。

第四十六代　孝謙《こうけん》天皇　七一八～七七〇（在位七四九～七五八）

聖武《しょうむ》天皇の第一皇女。諱《いみな》を阿倍《あべ》といい、光明《こうみょう》皇后を母として養老二年（七一八）に生まれた。出家して仏に帰依したことから漢風諡号は奉《たてまつ》られず、天平宝字《てんぴょうほうじ》二年（七五八）に官人らが上申した宝字称徳孝謙《ほうじしょうとくこうけん》皇帝の尊号をもって諡《おくりな》とする。また高野《たかの》姫尊とも称した。

聖武天皇の皇子は生まれてまもなく立太子したが、夭折したため、藤原氏が皇親《こうしん》勢力の台頭を抑えるべく、天平十年（七三八）に阿倍内親王を皇太子に立てた。史上初の女性皇太子の誕生である。

そして天平勝宝《しょうほう》元年（七四九）七月、聖武天皇の譲りを受けて即位し、孝謙天皇となった。即位の宣命《せんみょう》では、まず聖武天皇が元正《げんしょう》天皇から天智《てんじ》天皇の立てた不改常典《ふかいのじょうてん》にもとづき天《あまつ》日嗣《ひつぎ》の高御座《たかみくら》の業を授かった所以《ゆえん》が述べられ、ついで孝謙天皇が聖武天皇から皇位を継承したいきさつが親王以下、諸臣らに告げられた。

孝謙天皇は藤原広嗣《ひろつぐ》の怨霊を恐れて、吉備真備《きびのまきび》を筑前守に左遷したのに対し、左大臣橘諸《もろ》兄《え》に朝臣の姓《かばね》を賦与し、藤原仲麻呂《なかまろ》（恵美押勝《えみのおしかつ》）に従二位を授けた。孝謙朝の政治は主として母の光明皇太后と藤原仲麻呂の手によって進められたとされる。一説によると、かねて聖武天皇は藤原仲麻呂を召し、阿倍内親王と天武《てんむ》天皇の孫にあたる道祖《ふなど》王の二人に天下を統治させる意向を示していた。そこで、聖武は独身の内親王を心配して道祖王を孝謙天皇の皇太子に立てるよう遺詔として残したとされる。

天平宝字元年正月、天皇は父である聖武太上《だいじょう》天皇の喪に服するため、朝賀の儀式を行わなかった。勅命により八百人を出家させた。これに対し、喪中であるにもかかわらず、皇太子の道祖王は淫欲に溺れていたため、これを戒める勅が出されたが、王の態度は改まらなかった。業を煮やした天皇は右大臣以下の者を召集して協議のうえ、ついに皇太子を廃することを決定した。

そこで天皇は新たに皇太子の擁立を群臣らと話し合った。塩焼《しおやき》王や池田《いけだ》王の名前が上がったが、大納言の藤原仲麻呂は天皇自ら選定すべきであると直言した。天皇は、今度は舎人《とねり》親王の子の中から選ぶべきだが、船《ふね》王は閨房が乱れ、池田王は孝行に欠けるところがあり、塩焼王は太上天皇から叱責を受けているとして、大炊《おおい》王（のちの淳仁《じゅんにん》天皇）を立てて皇太子とした。

大炊王の立太子にともない、王を私宅、田村第《たむらてい》に居住させるほどに親密であった仲麻呂はしだいに政治的に台頭した。病弱な聖武天皇に代わって朝政の重責を担い、政界における藤原氏の台頭を後押ししていた光明皇后が皇太后となるや、紫微中台《しびちゅうだい》が設置され、仲麻呂はその長官（紫微内相）に就任した。こうして天皇、皇太后、皇太子の後ろ楯を得て台頭した仲麻呂に対して、対抗勢力であった橘奈良麻呂《ならまろ》の謀叛がにわかに発覚した。関係者はことごとく捕縛され、四百人以上の人々が処刑された。このとき前皇太子であった道祖王もこれに連座して、獄中で死を迎えた。

天平宝字二年八月、孝謙天皇は大炊王に譲位し、太上天皇となった。

第四十七代　淳仁天皇《じゅんにん》　七三三〜七六五（在位七五八〜七六四）

天武《てんむ》天皇の孫で、舎人《とねり》親王の第七子。諱《いみな》を大炊《おおい》といい、大夫人《だいぶにん》当麻山背《たぎまのやましろ》を母として天平《てんぴょう》五年（七三三）に生まれた。大納言、藤原仲麻呂《なかまろ》は大炊王に亡き息子、真従《まより》の未亡人、粟田諸姉《あわたのもろあね》を娶《めと》らせ、自邸の田村第《たむらてい》に住まわせていた。孝謙《こうけん》天皇らが皇太子道祖《ふなど》王の行状を問題視し、皇太子を廃されることになると、天平宝字《ほうじ》元年（七五七）、仲麻呂らはすかさず自らに親しい大炊王を立太子させた。翌二年八月には、孝謙天皇が皇位を皇太子に譲り、即位して淳仁天皇となった。

事実上仲麻呂の計略によって擁立された天皇であったから、実権はことごとく仲麻呂の掌中に握られることになった。仲麻呂は鎌足《かまたり》以来の藤原氏の功績や先の橘奈良麻呂《ならまろ》の乱での活躍を踏まえ、日頃の精勤ぶりと私心のない姿勢をこの上なく讃えられ、恵美押勝《えみのおしかつ》の名を与えられた。比べるもののないほどの恵みを与え、あらゆる騒乱を平定できる者という意味合いがこの名に込められている。仲麻呂は太政大臣同等の大師《だいし》に任じられ種々の特権を賦与され、ついに正一位にまで上り詰めた。

天平宝字五年十月、仲麻呂の勢力下にあった近江《おうみ》の保良宮《ほらのみや》を副都として造営、天皇も新都へ遷ることになった。『続日本紀《しょくにほんぎ》』によれば、天皇はこの遷都を「平城京を改造するため」と説明している。天皇はさらに保良宮一帯を北京《ほっきょう》と呼び、その造営に力を注ぐ旨を表明するとともに、民が課役の負担に耐えかねているとして滋賀、栗太《くりた》二郡を畿内同等の畿県《きけん》として、庸を免じ調を収めるよう命じた。

仲麻呂は天皇を自由自在に動かして専横を極めたが、光明《こうみょう》皇太后の薨去《こうきょ》と僧侶道鏡《どうきょう》の出現によって事態はしだいに緊迫し、その権勢にも翳《かげ》りがみえはじめた。琵琶湖畔の保良離宮で静養していた孝謙太上《だいじょう》天皇は看護禅師、道鏡としだいに親密な関係になっていった。天皇がこれを見咎めると、上皇は激怒して翌六年平城京に戻るや、法華寺に出家して、天皇は小事のみ行うべきであり、国家の大事と賞罰は自らがこれを行うと命じたのである。

事態の急転に驚いた仲麻呂は孝謙太上天皇と対決する姿勢をとりつつ、自らの安泰を狙って天皇の御璽《ぎょじ》を奪取して天武天皇の孫にあたる塩焼王《しおやきおう》の擁立を策したともいわれる。仲麻呂による反乱の企てはまもなく発覚し、上皇方から追討の兵を向けられるとともに、官位や藤原の姓、職分や功封も剝奪されることになった。仲麻呂は近江へと敗走したが、天平宝字八年九月、一族ともども捕らえられ、殺害された。

中宮院にあった淳仁天皇も捕らえられ、仲麻呂との共謀を指弾されて淡路へと流された。そのため、天皇は淡路公、あるいは淡路廃帝と称される。孝謙太上天皇は再び朝政にあたり、仲麻呂の中国風の政治を是正し、詔して道鏡禅師に大臣禅師の位を授けることとした。

天皇は天平神護《じんご》元年（七六五）十月、配所より逃亡しようとして捕らえられ、翌日崩じた。天皇の亡骸《なきがら》は淡路陵《あわじのみささぎ》（兵庫県南淡町《なんだんちょう》）に葬られたとされる。

第四十八代　称徳《しょうとく》天皇　七一八〜七七〇（在位七六四〜七七〇）

天平宝字《てんぴょうほうじ》八年（七六四）十月、孝謙《こうけん》上皇は淳仁《じゅんにん》天皇（いわゆる淡路廃帝）の後を襲い、重祚《ちょうそ》して称徳天皇となった。天皇が道鏡《どうきょう》と密着して政治を壟断《ろうだん》したことはつとに知られるところであり、その関係については『日本霊異記《にほんりょういき》』などが生々しい艶聞として伝えている。

しかし、天皇が熱狂的な仏教の信者であったことも確かであり、聖武《しょうむ》天皇時代の東大寺にも匹敵する西大寺の建立に心血を注いだことは注目される。天皇は西大寺に金銅四天王像を安置することに執念を燃やしていた。だが、こうした事業が国家財政を著しく逼迫《ひっぱく》させることは当然であり、度重なる飢饉と相俟《あいま》って民衆の間から怨嗟《えんさ》の声が上がったことも否定できない。

天皇は道鏡を頼みとしてこれを重く用い、天平神護《じんご》元年（七六五）には太政大臣禅師とし、翌二年にはついに法王とした。道鏡は法王宮職を設置して政治をほしいままとした。

天平神護元年三月の勅によると、天平十五年（七四三）の格《きゃく》（墾田永年私財法）によって任意に開墾した土地の私有が認められ、天下の人々はこぞって開墾に走り、ために貧富の格差が広がっているとして墾田開発の抑止が志向された。一見善政ともみえるが、寺院による開塑には制限が加えられないなど必ずしも公平な施策がなされたとはいえない。

また朝廷の裁きにも道鏡の意向が大きく影響していた。天平神護元年八月、舎人《とねり》親王の孫の和気《わけ》王は謀叛の罪で誅《ちゅう》せられたが、これと共謀した粟田道麻呂《あわたのみちまろ》、大津大浦《おおつのおおうら》、石川長年《いしかわのながとし》らは道鏡の進言によって罪を許されている。詔《みことのり》でも、反逆の悪しき心を起こしていたことは明らかで道理としては法に照らして処分するべきだが、道鏡が身柄をあずかり教え導いて改心させ再び朝廷の臣下にするというから、あえて罪を問わないと、道鏡への並々ならぬ信任の厚さが示されている。

地方の中小豪族であった弓削《ゆげ》氏は、一門である道鏡の栄達を足がかりに中央政界へも進出して政治を専断した。天皇も道鏡を異常なまでに寵愛したため、朝政は著しく混乱した。そしてついには宇佐八幡神の託宣と称して道鏡は皇位を狙おうと目論んだのである。それは大宰府の主神《かんづかさ》、習宜阿曾麻呂《すげのあそまろ》によりもたらされた「道鏡が天位につけば天下は太平となる」という神託であり、称徳天皇との密接な関係を武器に隠然たる政治力をもつに至った道鏡に対する周囲のおもねりが生み出した暴挙であった。

しかし、改めて勅使として宇佐八幡宮に派遣された和気清麻呂《わけのきよまろ》により、その謀略が暴露され、反対に道鏡を排斥すべき旨の託宣が朝廷にもたらされた。大神は「わが国は開闢《かいびゃく》より君臣の秩序が定まっている。臣下を君主とすることは未だかつてない。天日嗣《あまつひつぎ》には皇統の人を立てよ」との託宣を下したのである。清麻呂の奏上に道鏡は激怒して清麻呂を解任して因幡《いなばの》員外介《いんげのすけ》に左遷した。そしてまもなく大隅《おおすみ》国に配流となった。だが、やがて女帝の崩御とともに道鏡の命運も尽きた。その後道鏡は罪を問われ、下野《しもつけ》薬師寺に左遷されて没した。

天皇は宝亀《ほうき》元年（七七〇）八月、五十三歳で崩じ、高野陵《たかののみささぎ》（奈良市山陵《みささぎ》町）に葬られたとされる。

第四十九代　光仁《こうにん》天皇

七〇九〜七八一（在位七七〇〜七八一）

諱《いみな》を白壁《しらかべ》といい、天智《てんじ》天皇の皇子、施基《しき》皇子を父とし、贈太政大臣、紀諸人《もろひと》の娘、橡姫《とちひめ》を母として和銅《わどう》二年（七〇九）に生誕した。

光仁天皇への皇位継承により、皇統はそれまでの天武《てんむ》系から天智系へと転換された。『続《しょく》日本紀《にほんぎ》』に「天平勝宝《てんぴょうしょうほう》よりこのかた、皇位を継ぐ人が決まらなかったので、人々はあれかこれかと疑って、罪《つみ》し廃される者が多かった。天皇はこうしたことから思いがけない災難にあうことを用心して、あるいは酒をほしいままに飲んでは行方をくらまし、それによってたびたび害を免れた」とみえるように、聖武《しょうむ》天皇以降、廃帝や重祚《ちょうそ》など皇位継承にはとかく支障がともなったことから、白壁王もあらぬ疑いを避けるために苦心惨憺した。

道鏡《どうきょう》政権が倒れると、代わって藤原永手《ながて》や藤原百川《ももかわ》など藤原氏が政治的に台頭した。永手らは白壁王を押し立てて政治の実権を握ろうとした。称徳《しょうとく》天皇が崩御するや、永手らは白壁王の立太子を実現し、ついに皇太子の令旨《りょうじ》をもって道鏡を追放すると、ただちに天皇は即位した。即位の宣命《せんみょう》では、天日嗣《あまつひつぎ》の高御座《たかみくら》の業を称徳天皇から授けられたことになっている。天下を平安に治めるためにも、有能な臣下の協力が強く求められている。

白壁王は官界でさまざまな役職を歴任した。天平宝字《ほうじ》四年（七六〇）には光明《こうみょう》皇太后の葬儀にあたって山作司に就任し、同六年には中納言となった。天平神護《じんご》元年（七六五）には、称徳天皇の紀州行幸に際し御前次第司長官《みさきのしだいしちょうかん》を務め、同二年大納言となった。

光仁天皇は即位すると、肥後国からの白い亀の献上をもって祥瑞とし、神護景雲《けいうん》四年を宝《ほう》亀《き》元年に改めた。妃には聖武天皇の皇女、井上《いのうえ》内親王を迎え、即位とともに皇后とした。天皇との間に他戸《おさべ》親王があり、諸兄をさしおいて宝亀二年（七七一）十二歳で皇太子となった。

天皇は全般に穏健な政治を推進し、宝亀元年十一月には、橘奈良麻呂《ならまろ》の乱や藤原仲麻呂の乱の関係者をみな許して流罪を解いた。また藤原氏の権力を背景に、寺社統制、官制改革など着実に諸政策を実施して政治体制の強化をめざした。しかし天皇の背後にある藤原氏の専権も目立ち、贈太政大臣、藤原不比等《ふひと》の子孫には功封《こうふ》が賦与されたほか、藤原永手の死去に際し、天皇は最大限の敬意を表し、鎌足《かまたり》、不比等以来の藤原氏の功績を讃え、生前辞退していた太政大臣の位を追贈した。

しかし、光仁朝にも皇位継承をめぐる紛議が生じた。宝亀三年、井上皇后は光仁天皇の姉、難波内親王を呪い殺した、あるいはわが子、他戸親王の早期即位を願って天皇を呪詛《じゅそ》したとして百川らの探索を受け、ついに皇后も皇太子もともに廃されることになった。そこで代わって山部《やまべ》親王（のちの桓武天皇）が皇太子となった。親王の立太子には、親王の母である高《たか》野新笠《ののにいがさ》が百済《くだら》系渡来人の出身であることから反対の声もあったが、百川らは全力で親王を押し立てた。光仁天皇は天応《てんおう》元年（七八一）四月、病気のため山部親王に譲位し、まもなく崩御して田原東陵《たわらのひがしのみささぎ》（奈良市日笠町）に葬られたとされる。

第五十代　桓武《かんむ》天皇

七三七～八〇六（在位七八一～八〇六）

天智《てんじ》天皇の孫、白壁王《しらかべ》（のちの光仁《こうにん》天皇）の王子として天平《てんぴょう》九年（七三七）に生まれた。母は高野新笠《たかののにいがさ》で、諱《いみな》を山部《やまべ》という。藤原乙牟漏《おとむろ》を夫人《ぶにん》から皇后に立てたほか、藤原旅子《たびこ》、坂上又子《うえのまたこ》そして藤原吉子《きっし》らを夫人に迎えた。

藤原乙牟漏との間には安殿《あて》親王（のちの平城《へいぜい》天皇）、神野《かみの》親王（のちの嵯峨《さが》天皇）をもうけ、藤原旅子との間に大伴《おおとも》親王（のちの淳和《じゅんな》天皇）が生まれた。

山部皇子は宝亀《ほうき》元年（七七〇）八月に大学頭、侍従に任命された。同年十月、父、白壁王の即位にともない翌十一月親王となり、同二年三月中務卿に就任した。同三年五月に皇太子他戸《おさべ》親王が廃されたのを受けて、翌四年一月皇太子となった。

天応《てんおう》元年（七八一）、光仁天皇が病いと高齢を理由に譲位の意向を固めたことから、同年四月即位して桓武天皇となった。そして同母弟の早良《さわら》親王を皇太子に立てた。翌閏《うるう》正月、因幡《いなば》国守、氷上《ひかみ》真人川継《かわつぐ》が謀叛を起こして逃走した。朝廷は三関《さんげん》を固めて京、畿内、七道に命じて川継を捕縛するよう指示を与えた。まもなく川継は大和国葛上《かずらきのかみ》郡で捕らえられた。先帝の喪中であったため、川継は流刑に処せられた。

かかる政情不安に加え、凶作と疫病の流行とに見舞われたことから、年号を延暦《えんりやく》元年と改元した。延暦三年（七八四）、長岡《ながおか》京へ遷都することとなったのは、こうした平城京での忌まわしい出来事を振り払うことに目的があったものとみられる。桓武天皇は、先帝の後ろ楯となって活躍した藤原百川《ももかわ》の甥、藤原種継《たねつぐ》の提案を入れて山背国《やましろ》に新都を築く心づもりであった。

ところが、翌延暦四年九月、桓武天皇が平城京へ赴いている最中、中納言、式部卿で造長岡京使の種継が暗殺された。種継はある夜、造営を視察しているところ、突如矢を射かけられた。種継は天皇の信任厚く朝政の中枢を担っていただけに、事件の衝撃は大きかった。天皇が長岡京へ戻るとまもなく、大伴継人《つぐひと》、大伴竹良《ちくら》以下数十人が捕縛され、罪を認めたことからただちに処刑された。この事件の背景には、種継主導下の遷都や人事などをめぐって藤原氏と大伴・佐伯両氏との根深い対立があったとされる。一説には、人事をめぐり寵臣種継と皇太子との間に確執があったともいわれる。事件の関係者の中に春宮坊《とうぐうぼう》（皇太子の御所の内政を担当）の官人ら皇太子側近の者が混じっていたことから、嫌疑は早良皇太子にまで及んだ。その中には、万葉歌人として名高い大伴家持《やかもち》も加わっており、家持はすでに亡くなっていたが、官位を剝奪される憂き目にあった。

早良親王は結局、皇太子を廃されることになり、乙訓寺《おとくにでら》に幽閉されることになった。親王はかかる処遇を不満として絶食を続けたがために淡路への配流の途次衰弱して亡くなった。

皇太子には新たに安殿親王が立てられたが、その後、天皇の身辺では忌まわしい出来事が頻発した。藤原百川の娘で天皇の夫人であった藤原旅子が年若くして他界し、天皇の母、高野新笠、皇后の藤原乙牟漏らが次々と発病してこの世を去った。安殿皇太子も体調がすぐれず、陰陽師《おんみょうじ》に占わせたところ、早良親王の祟りであろうとのことであった。天皇はこれを聞き、早良親王の怨霊をことのほか恐れた。

そこで天皇は人心の一新を図るべく、延暦十二年に遷都を打ち出し、翌年十月には平安京に移った。平安遷都はもちろん怨霊ゆかりの地である長岡を退去することが目的であったが、遷都後も長く天皇は早良親王の怨霊に怯《おび》えつづけた。

その後も引き続き早良親王の霊が祀《まつ》られ、延暦十九年、早良親王に崇道《すどう》天皇を追号した。種継暗殺事件に連座した大伴家持の名誉回復もはかられ、親王の霊を慰めるべく諸国の国分寺に命じてさかんに読経を行わしめた。すでに殺牛祭神の民間信仰が禁じられていたが、延暦二十三年に暴風雨によって牛が犠牲となったことはさらに天皇を刺激した。天皇は丑年《うしどし》生まれであったため、このことはいたく天皇を苦悩させた。同二十四年には有名な藤原緒嗣《おつぐ》と菅野真道《すがのまみち》の徳政相論が繰り広げられたが、天皇は緒嗣の意見を入れて、軍事（三度の蝦夷征討）と造作（平安京造営）とを中止させた。

天皇は大同《だいどう》元年（八〇六）三月に崩御し、柏原陵《かしわばらのみささぎ》（京都市伏見区桃山町）に葬られた。

第五十一代　平城《へいぜい》天皇

七七四〜八二四（在位八〇六〜八〇九）

桓武《かんむ》天皇の第一皇子。諱《いみな》を安殿《あて》といい、皇后、藤原乙牟漏《おとむろ》を母として宝亀《ほうき》五年（七七四）

に生誕。早良《さわら》親王の廃太子にともない、延暦《えんりゃく》四年（七八五）十二歳で立太子した。参議、藤原縄主《ただぬし》と藤原種継《たねつぐ》の娘薬子《くすこ》の間に生まれた娘を後宮に迎えた。ところが薬子は皇太子に取り入り、後宮においても秩序を著しく乱した。桓武天皇はこれを知って激怒し、薬子を後宮から追放した。

だが、大同《だいどう》元年（八〇六）に桓武天皇が崩御し、安殿親王が皇位につくと、まもなく薬子は宮中に呼び戻されて後宮を束ねる尚侍《ないしのかみ》に就任した。薬子は天皇の威を借りて傍若無人の振る舞いが多く、兄の仲成《なかなり》までもが勝手な行動に出て、大いに周囲の顰蹙《ひんしゅく》を買った。薬子が天皇の寵愛を一身に集めているのをよいことに、仲成は伊予《いよ》親王事件に揺れる南家を尻目に藤原式家の繁栄を図った。

天皇は生来病弱であり、藤原氏内部の抗争などにも翻弄されたが、桓武天皇が都の造営や蝦夷《えみし》征討によって国家財政を逼迫《ひっぱく》させたのを受けて、財政の緊縮化と公民の負担軽減とに意を用いた。また、官司の整理統合や冗官の淘汰を進め、官僚組織の改革に先鞭をつけた。地方行政の面でも、畿内、七道に観察使を設置して地方官の監視、監察に力を注ぐなど、全体として律令制の再建が志向された。

天皇は病いを癒すべく、いくたびか転地療養を試みたが、その効なく在位三年余りにして皇位を同母弟の神野《かみの》親王に譲った。大同四年、嵯峨《さが》天皇が即位し、平城天皇は太上《だいじょう》天皇となって平城旧京へ隠棲した。

ところが、譲位してほどなくすると、平城上皇の健康はにわかに回復へと向かい、未だ三十代という若さも手伝って国政への関心を示し、上皇の命令と称して政令を乱発するありさまとなった。側近である薬子や兄の仲成も政治の舞台への未練を捨てきれず、ついに平城上皇に重祚《ちょうそ》するよう促した。上皇方の動向を苦々しく思っていた朝廷も、当初は摩擦を避けるため薬子らの横暴に耐えてきたが、その結果「二所の朝廷」と呼ばれる分裂状態に立ち至った。

上皇方は早くも大同四年十一月、平城京に宮殿を新たに造営しようとした。そして翌五年に至り、上皇から平城京への遷都を促されるに及んで、ついに嵯峨天皇の朝廷は「二所の朝廷」といわれる事態を打開しようと立ち上がった。朝廷は平安京にあった兄の仲成を捕縛するとともに、薬子の官位を剝奪した。

事態の急変に慌てた上皇は東国への脱出を試みたが、朝廷の命を受けた坂上田村麻呂《さかのうえのたむらまろ》の軍勢によって行く手を阻まれ、失意のうちに平城京に戻って剃髪し、出家した。薬子は自殺して果て、兄の仲成も射殺された。

この薬子の変により、嵯峨天皇の皇太子であった平城天皇の第三子、高丘《たかおか》親王は廃太子となり、代わって大伴《おおとも》皇子（のちの淳和天皇）が立太子し、上皇の系統と悪しき側近政治はここに絶たれた。

平城上皇は近臣らの追放により平城京に孤立し、天長《てんちょう》元年（八二四）七月に崩御して楊梅《やまもも》陵《みささぎ》（奈良市佐紀町）に葬られたとされる。

第五十二代　嵯峨《さが》天皇　七八六〜八四二（在位八〇九〜八二三）

桓武《かんむ》天皇の第二皇子。諱《いみな》を神野《かみの》（賀美能）といい、皇后、藤原乙牟漏《おとむろ》を母として延暦《えんりやく》五年（七八六）に生誕した。大同《だいどう》元年（八〇六）五月、兄にあたる平城《へいぜい》天皇の皇太子となり、同四年に即位して嵯峨天皇となった。皇后には橘嘉智子《かちこ》を立て、交野《たかの》女王と大原全子《おおはらのまたこ》を妃に迎えた。橘嘉智子との間には正良《まさら》親王（のちの仁明《にんみよう》天皇）、正子《せいし》内親王をもうけ、交野女王との間には有智子《うちこ》内親王、大原全子との間には源融《とおる》が生まれた。

病気のために譲位したはずの平城上皇が側近の藤原薬子《くすこ》や仲成《なかなり》らとともに政権奪回をめざして政治に容喙《ようかい》するようになったため、嵯峨天皇は巨勢野足《こせのたり》や藤原冬嗣《ふゆつぐ》を蔵人頭《くろうどのとう》に任じてこれに対抗した。弘仁《こうにん》元年（八一〇）、上皇方が平城遷都の命を出したことから、征夷大将軍として名を馳せた坂上田村麻呂《さかのうえのたむらまろ》らを派遣して上皇方を制圧した。

この薬子の変によって、上皇は出家し、薬子は自害、兄の仲成は射殺され、皇太子高丘《たかおか》親王も廃されたため、嵯峨天皇の朝廷は安定を回復した。弘仁、天長《てんちょう》、承和《じょうわ》にわたる三十年間は政局も安定し、平安文化が華を開いた。空海や小野篁《たかむら》ら多くの人材が輩出し、律令制を整備するため『弘仁格《きゃく》』『弘仁式』が編纂され、勅撰の漢詩集『凌雲集《りょううんしゅう》』や『文華秀麗集《ぶんかしゅうれいしゅう》』が編まれ唐風文化が隆盛となった。能筆家である天皇は、空海、橘逸勢《はやなり》ともども三筆と称された。

天皇は多くの后妃を寵愛し、多数の皇子らは臣籍に下って嵯峨源氏となった。嵯峨源氏の源信《まこと》、源融らは朝政において重きをなした。

天皇はその偉大な権威によって平安初期の政治を安定させたが、承和九年（八四二）七月に天皇が崩御すると、にわかに政局は流動化へと向かい藤原北家の台頭をもたらした。天皇の亡骸《なきがら》は嵯峨山上陵《さがのやまのえのみささぎ》（京都市右京区北嵯峨朝原山町）に葬られた。

第五十三代　淳和《じゅんな》天皇

七八六～八四〇（在位八二三～八三三）

桓武《かんむ》天皇の第三皇子。諱《いみな》を大伴《おおとも》といい、光仁《こうにん》天皇擁立に功績のあった藤原百川《ももかわ》の娘、旅子《たびこ》を母として延暦《えんりゃく》五年（七八六）に生誕した。弘仁《こうにん》元年（八一〇）九月、薬子《くすこ》の変により高丘《たかおか》親王が廃太子となったのを受けて立太子した。同十四年四月、嵯峨《さが》天皇の譲位により即位した。

皇后に正子《せいし》内親王を立て、高志《たかし》内親王を妃に迎えた。正子内親王との間には、恒貞《つねさだ》親王がもうけられた。

淳和天皇は積極的に良吏の登用をはかり、地方官に広範な権限を賦与した。奈良時代中期よりの地方政治の荒廃と天平年間（七二九〜七四九）の公廨稲《くげとう》設置にともなう交替国司間の紛争を解決するため設けられた勘解由使《かげゆし》は、大同《だいどう》元年（八〇六）いったんは観察使に職掌がとって代わられたが、淳和朝に再び政治の刷新をめざして再設置された。

淳和朝では、公卿らの意見によって巡察使が諸道に派遣され、国司に良吏をあてるとともに勧農政策が活発に推進された。土地政策としては大規模な勅旨田《ちょくしでん》の設定が注目され、皇室財源の強化が企図された。『日本後紀《にほんこうき》』の編纂が進められ、『令義解《りょうのぎげ》』が完成した。平城《へいぜい》、嵯峨、淳和と三人の兄弟が連続して即位し、全体として平穏な時代であった。

天皇は天長《てんちょう》十年（八三三）二月、皇太子正良《まさら》親王に譲位し、承和《じょうわ》七年（八四〇）五月に崩じて、大原野西嶺上陵《おおはらののにしのみねのえのみささぎ》（京都市西京区大原野南春日町）に葬られたとされる。

第五十四代　仁明《にんみょう》天皇

八一〇〜八五〇（在位八三三〜八五〇）

嵯峨《さが》天皇の第一皇子。諱《いみな》を正良《まさら》といい、橘清友《きよとも》の娘、嘉智子《かちこ》を母として弘仁《こうにん》元年（八一〇）に生誕した。同十四年、叔父にあたる淳和《じゅんな》天皇の皇太子となった。天長《てんちょう》十年（八三三）二月、淳和天皇の譲位により即位した。藤原順子《じゅんし》を皇后に立て、藤原沢子《たくし》を妃とした。順子との間には道康《みちやす》親王（のちの文徳《もんとく》天皇）が、そして沢子との間には時康《ときやす》親王（のちの光孝《こうこう》天皇）が生まれた。

当初、皇太子には先帝、淳和天皇の皇子である恒貞《つねさだ》親王が立てられた。しかし、承和《じょうわ》九年（八四二）七月に起こった承和の変により皇太子は廃せられ、新たに道康親王が立太子した。

承和七年に淳和上皇が崩御し、ついで同九年には嵯峨上皇が崩じた。嵯峨上皇の崩御の二日後、平城《へいぜい》天皇の皇子である阿保《あぼ》親王から橘嘉智子太皇太后に宛てられた密書により事件は発覚した。密書には、春宮坊帯刀《とうぐうぼうのたちはき》伴健岑《こわみね》、但馬権守橘逸勢《はやなり》が皇太子恒貞親王を擁して東国に挙兵し、国家を傾けようとしているという内容がしたためられていた。この報はすぐさま中納言藤原良房《よしふさ》により上奏された。朝廷はただちに両名を捕らえて訊問したが、容易に口を割ろうとはしなかった。

結局、事件は伴健岑を中心に春宮坊を舞台とした謀叛であるということになり、ほどなく皇太子恒貞親王は廃せられることになった。天皇のとりなしもむなしく、良房の専断により事件は処理された。そして主犯とされた伴健岑は隠岐へ、橘逸勢は伊豆へ流された。逸勢は護送中他界した。追及の結果、春宮坊を中心に六十名以上の者が指弾された。この中には朝廷の高官である大納言藤原愛発《ちかなり》、中納言藤原吉野《よしの》、そして参議文室秋津《ふんやのあきつ》らの名もあった。

恒貞親王はもちろん、伴健岑にも橘逸勢にも謀叛の動機がなかった。実は事件を工作したのは藤原良房であり、廃太子することによって自分に近い道康親王を皇太子に擁立しようという陰謀であった。

嵯峨、淳和、仁明と平穏無事な時代が続いたのは、皇族内部に上皇や天皇、そして皇太子らの関係を良好に保とうという皇位継承をめぐる深い配慮が働いていたためであった。しかし、政界上層部にはしだいに大きな二つの派閥が形成されようとしていた。嵯峨上皇や仁明天皇に近い藤原良房の一派と淳和上皇や恒貞親王と親密な藤原愛発や藤原吉野らの一派がそれである。この事件の背景にはこうした派閥間の主導権争いがあったものとみられる。

こうした派閥抗争は淳和、嵯峨の両上皇の崩御にともなって顕在化し、藤原良房はその機を狙って陰謀を企てたのであった。事変にともなって政界の勢力配置は大きく変化し、天皇の外戚となった藤原北家や嵯峨源氏が急速に台頭していった。これにより、官僚上層部の寡占化が進み、良房の専制化と実務官僚らの凋落とが進行した。

天皇は嘉祥《かしょう》三年（八五〇）三月、病いを得て出家したが、数日後には崩御して深草陵《ふかくさのみささぎ》（京都市伏見区深草東伊達町）に葬られた。

第五十五代 文徳《もんとく》天皇 八二七〜八五八（在位八五〇〜八五八）

仁明《にんみょう》天皇の第一皇子で、諱《いみな》を道康《みちやす》といい、藤原冬嗣《ふゆつぐ》の娘、順子《じゅんし》を母として天長《てんちょう》四年（八二七）に生誕した。承和《じょうわ》九年（八四二）七月の承和の変で淳和《じゅんな》天皇の皇子、恒貞《つねさだ》親王が廃されると、これに代わって立太子された。嘉祥《かしょう》三年（八五〇）三月、仁明天皇の崩御にともない即位した。

文徳朝で注目されるのは、皇太子選定の問題である。文徳天皇には、すでに第一皇子である惟喬《これたか》親王をはじめ三人の皇子があったが、即位後まもなく第四皇子として惟仁《これひと》親王が誕生した。天皇は惟喬親王の立太子を望んでいたようであるが、結果としては惟仁親王が皇太子に立てられた。惟喬親王の母が紀名虎《なとら》の娘、静子《せいし》であったのに対し、惟仁親王は当代きっての実力者、藤原良房《よしふさ》の娘、明子《めいし》の所生であった。

『江談抄《ごうだんしょう》』などによれば、天皇は在原業平《ありわらのなりひら》らとも親交のあった惟喬親王の才を愛し、親王を後押ししたともいわれるが、良房は惟仁親王の立太子を強行した。周囲の反発を警戒してか、良房は兵を動員して御所を警備させるとともに、僧侶五十名を召して読経させるなど、事態の急変に備えた。一歳にも満たない皇子の立太子は異例中の異例であった。立太子をめぐっては、空海の高弟として知られる高雄山の真済《しんぜい》が惟喬親王の擁護に回り、同じく空海の実弟真雅《しんが》が惟仁親王を推して、ともに譲位祈願するありさまだったと伝えられる。

これらはもちろん良房の権勢によるところが大きい。冬嗣の次男である良房は当初、嵯峨《さが》天皇にその才能を買われ、皇女源潔姫《きよひめ》を妻に迎えた。大学頭、春宮亮《とうぐうのすけ》、左近衛少将などを経て仁明朝には蔵人頭《くろうどのとう》となり、承和元年、参議に昇進した。さらに翌二年には上席の公卿らを飛び越して権中納言に任ぜられ、承和の変以降は外戚として実権を掌握した。立太子をめぐって文徳天皇とは対立したが、やがて太政大臣となって異例の出世を遂げた。

天安《てんあん》二年（八五八）、生来病弱であった天皇が三十二歳の若さで崩御すると、太政大臣として権勢を誇る良房に見守られながら惟仁親王の即位が実現した。天皇の亡骸《なきがら》は田邑陵《たむらのみささぎ》（京都市右京区太秦三尾町《うずまさきんび》）に葬られた。

第五十六代

清和《せいわ》天皇

八五〇～八八〇（在位八五八～八七六）

文徳《もんとく》天皇の第四皇子で、諱《いみな》を惟仁《これひと》といい、嘉祥《かしょう》三年（八五〇）三月、藤原良房《よしふさ》の娘、明子《めいし》を母として良房の住まう一条第に生誕した。惟仁親王は同年十一月、祖父良房の後押しで文徳天皇の推す惟喬《これたか》親王を差し置いて立太子した。そして天安《てんあん》二年（八五八）八月、文徳天皇の崩御にともない即位して清和天皇となった。

天皇は未だ九歳であったこともあり、外祖父の太政大臣、良房が朝政の実権を握った。天皇の治世中には貞観《じょうがん》八年（八六六）閏《うるう》三月の応天門の炎上を契機に疑獄事件が発生した。この応天門の変では、当初左大臣の源信《まこと》が放火の容疑者として浮上した。しかし、まもなく同年八月、備中権史生《ごんのししょう》、大宅鷹取《おおやけのたかとり》が大納言伴善男《よしお》を告発し事態は急転した。そこへ伴善男の配下にあった生江恒山《いくえのつねやま》らが大宅鷹取の娘を殺害するといった事件が起こり、かえって善男の嫌疑は深まるばかりであった。

そして取り調べが進むに及んで恒山らが供述を始め、善男とその子、中庸《なかつね》が源信を陥れる目的で放火した事実が判明した。主犯格である伴善男、中庸ら五人は大筋で容疑を認めたことから、大逆罪に問われた。善男の資財は没収され、善男自身も配所の伊豆で没した。これによって、古来よりの名族、大伴氏の命運は尽きた。

事件には錯綜した政治的背景があった。そもそも血統を誇る源信ら嵯峨《さが》源氏と光仁《こうにん》天皇の時代よりしだいに台頭してきた伴善男ら文人派との間には抜きがたい対立があった。時の権力者、良房も文人派の排除を狙っていた可能性が高い。事件の最中、良房は人臣初の摂政となり、跡継ぎの基経《もとつね》を中納言に抜擢するとともに、姪の高子《こうし》を入内させ、着々と不動の地位を確立していった。

清和天皇の治世は、良房が中心となって藤原北家により摂関政治が確立されてゆくところに特徴が認められる。清和天皇は多くの女性を愛したことでもよく知られているが、そこに生まれた皇子の多くは臣籍に下り、清和源氏となった。天皇は二十七歳の若さで突如退位し、余生を山中における仏道修行に捧げた。元慶《がんぎょう》四年（八八〇）に三十一歳で亡くなり、火葬後、水尾山陵《みずのおやまのみささぎ》（京都市右京区嵯峨水尾《みずお》清和）に埋葬されたために水尾天皇とも呼ばれる。

第五十七代　陽成《ようぜい》天皇

八六八～九四九（在位八七六～八八四）

清和《せいわ》天皇の第一皇子で、諱《いみな》を貞明《さだあきら》といい、藤原長良《ながら》の娘、高子《こうし》を母として貞観《じょうがん》十年（八六八）に染殿院に生誕した。翌十一年二月、清和天皇の皇太子となった。そして同十八年十一月に清和天皇から譲位され、弱冠九歳で即位した。

時の実力者は母高子の兄、藤原基経《もとつね》であった。天皇の即位にともない、基経が摂政となって事実上朝政をみることになった。

だが、問題となったのは天皇の乱行ぶりであった。乳母を手打ちにしたり、宮中で馬を乗り回したり、小動物に悪戯をして殺生を重ねた。その風狂ぶりは目に余るものがあり、周囲の者はただただ天皇に翻弄されるばかりであったとも伝えられる。

そうするうちに、天皇もある日大臣に書簡を寄せて、自分は病気のためにひどく疲弊しており、これ以上国政を担うことは難しいとして譲位の意向を仄《ほの》めかした。この頃を契機に摂政の基経は天皇の退位を企図したものとみられる。天皇が譲位した事情については必ずしも判然としないが、実際のところ病気よりも日頃の乱行ぶりがより直接的な原因とみられる。

天暦《てんりゃく》三年（九四九）九月に出家し、まもなく崩御して山城の神楽岡東陵《かぐらがおかのひがしのみささぎ》（京都市左京区浄土寺真如町）に葬られた。

第五十八代　光孝《こうこう》天皇　八三〇〜八八七（在位八八四〜八八七）

仁明《にんみょう》天皇の第三皇子で、諱《いみな》は時康《ときやす》といい、藤原総継《ふさつぐ》の娘で女御の沢子《たくし》を母として、天長《てんちょう》七年（八三〇）に生誕した。嘉祥《かしょう》元年（八四八）常陸太守、のちに中務卿、上野太守などを経て、貞観《じょうがん》十八年（八七六）、式部卿に就任した。先帝の陽成《ようぜい》天皇が事実上、摂政の藤原基経《もとつね》により廃位に導かれたのを受けて、元慶《がんぎょう》八年（八八四）二月、即位した。

陽成天皇の退位にともない、時の実力者であった基経が皇位継承者の人選を進めた。親王らの中には基経の歓心を引こうと、服装に気を配ったり、媚びたりする者もあったと伝えられている。

そうした中で、ひとり時康親王は小松殿にあって質素を旨とし、服装もいたって粗末であったが、態度はつねに毅然として落ち着きがあった。こうした暮らしぶりと泰然自若とした親王の姿は基経に鮮烈な印象を与えた。

基経はついに五十五歳の時康親王擁立を決め、宮中に招き入れた。時康親王の母と基経の母とが姉妹であったことも手伝って、血統上も適切な人選とみなされるとともに、親王自身が政治に無関心であったことは基経が政務を独占するのに好都合であった。関白の実質的開始をここに認めることができる。

仁和《にんな》三年（八八七）八月、天皇の病気が重くなったのを機に、基経は天皇の皇子で臣籍に下っていた源定省《さだみ》を親王に復させ、立太子させた。天皇はまもなく崩御し、小松山陵《こまつやま》（後田邑陵《のちのたむらのみささぎ》、京都市右京区宇多野《うたの》）に埋葬された。

第五十九代　宇多天皇《うだ》
八六七〜九三一（在位八八七〜八九七）

光孝《こうこう》天皇の第七皇子。諱《いみな》を定省《さだみ》といい、仲野《なかの》親王（桓武《かんむ》天皇の皇子）の娘で女御の班子《はんし》女王を母として貞観《じょうがん》九年（八六七）に生誕した。元慶《がんぎょう》（八七七〜八八五）の頃には侍従の職にあったが、ほどなく臣籍に下って源氏の姓を賜った。

仁和《にんな》三年（八八七）、光孝天皇の発病にともない、当代きっての実力者で関白の藤原基経《もとつね》がその権勢を背景として事実上皇位継承の方針を決め、同年八月、いったんは臣籍に下った源定省を親王に復帰させ、皇太子に立てた。そして光孝天皇の崩御にともない、同年十一月即位した。皇位継承の手順はほぼすべて基経の意向どおりに運ばれたことから、さまざまな異変を生ずるなどこの即位に対して潜在的な反発があったことがうかがわれる。

先帝の葬儀における失態をはじめ、新帝の周囲では不吉な出来事が相次いだ。当初、天皇は即位に尽力した基経の功績を讃えようとの考えをもっていたかにみえる。しかし、陽成天皇の廃位を強行してのち、光孝天皇より万政を領行することを許され、事実上関白の地位を得た基経の強烈な権力志向はとどまるところをしらず両者の間に齟齬《そご》をきたした。そしてついに阿衡《あこう》の紛議が発生する。

仁和三年十一月、宇多天皇の即位後まもなく、摂政、太政大臣基経に対して、すべてを太政大臣に関白し、しかるのちに奏下するよう詔した。基経への関白任命の発令にほかならない。この時代の慣例として、重職に任命するときには、三顧の礼をもって就任を求め、求められた側は三譲の礼を尽くす慣わしであった。

そこで基経は慣例に従って、ただちに辞退の意向を上奏した。これに対し、さっそく翌日勅答があり、ほぼ同様の主旨の就任要請がなされた。その中に「宜しく阿衡の任を以て卿が任と為すべし」との一文が記されていた。この一文に着目した左少弁兼式部少輔、藤原佐世《すけよ》は「阿衡」は位のことであり、それには司《つかさど》るべき職掌がないと指摘した。すると基経は佐世の解釈を根拠として頑なに出仕を拒んだのである。

事態は紛糾し、ついに事件は越年することになった。翌四年四月、基経の不出仕という事態を打開するため、左大臣源融《とおる》が大学博士の善淵愛成《よしぶちのちかなり》らに勘文を求めたところ、「阿衡に職掌なし」との解答であった。翌月にも三善清行《みよしきよゆき》らから勘文が寄せられたが、結論はやはり「阿衡に職掌なし」とのことであった。

勅答を作成した左大弁、橘広相《ひろみ》は当時、宇多天皇のいわば寵臣であり、その娘も天皇の女御となり天皇との間に皇子をもうけていた。広相は徹頭徹尾、「阿衡に職掌あり」との見解を堅持し、天皇もこれを背後から擁護しようとしたが、客観情勢はしだいに天皇側に厳しいものとなっていった。

ついに天皇は同年六月、広相の主張は勅意に反するとの立場をとり、「太政大臣は衆務を輔行し、百官を統《す》べ、奏すべきこと、下すべきことなどすべて諮稟《しりん》せよ」との詔《みことのり》を発した。

こうして事態は終息へと向かうかにみえたが、事件は意外にも長期化し、橘広相と藤原佐世を中心に多くの学者間の論争に発展した。さらにもう一面、この事件にはこの機会を捉えて自己の意向を押し通し、関白の地位を不動のものとしようとする基経の政治的思惑が加味されていた。おそらく基経は宇多天皇による親政を抑止すべくかかる行動に出たものと考えられる（事件の法制史的意義については長谷山彰「阿衡の紛議の一側面」〔『駿河台法学』第七巻第二号〕を参照）。

この紛議を通じて天皇は藤原氏に強い不満をもったためか、基経の死後は時平《ときひら》が若年であるのをよいことに、親政を推し進めた。綱紀粛正、民政の活性化など一連の政治改革はのちに寛平《かんぴょう》の治《ち》として高く評価された。天皇は藤原保則《やすのり》や菅原道真《すがわらのみちざね》を登用したが、とりわけ道真への信頼は厚く、皇位継承問題への発言すら許した。寛平九年（八九七）七月、天皇は『寛《かん》平御遺誡《びょうのごゆいかい》』を出して譲位し、昌泰《しょうたい》二年（八九九）には仁和寺《にんなじ》で出家して初の法皇となった。

上皇は承平《じょうへい》元年（九三一）七月、六十五歳で崩じ、大内山陵《おおうちやまのみささぎ》（京都市右京区鳴滝宇多野谷）に葬られた。

第六十代　醍醐《だいご》天皇　八八五〜九三〇（在位八九七〜九三〇）

宇多《うだ》天皇の第一皇子。諱《いみな》を敦仁《あつぎみ》といい、内大臣藤原高藤《たかふじ》の娘で女御の胤子《いんし》を母として、仁《に》和《な》元年（八八五）に生誕した。親王宣下ののち、寛平《かんぴょう》五年（八九三）、立太子した。

同九年七月、宇多天皇の譲位を受けて即位した。即位に際し、宇多太上《だいじょう》天皇から『寛平《かんびょう》御遺誡《のごゆいかい》』を賦与され、藤原時平《ときひら》と菅原道真《すがわらのみちざね》の重用を促された。とくに道真は宇多上皇の寵臣として、親王擁立や譲位にも深く関与したこともあって、醍醐朝においても強い発言力を確保するであろうことが容易に想像された。

天皇の后妃としては、中宮藤原穏子《おんし》のほか、妃為子内親王、女御源和子らがあった。天皇は穏子との間に保明《やすあきら》親王、寛明《ゆたあきら》親王（のちの朱雀《すざく》天皇）、そして成明《なりあきら》親王（のちの村上《むらかみ》天皇）をもうけた。

天皇の治世はのちの村上天皇の治世と併せて、「延喜《えんぎ》・天暦《てんりゃく》の治」と呼ばれる。人格が円満でその政治は善政としてのちに高く評価された。摂政や関白を置かず、形のうえでは天皇による親政が行われ、儀式の整備や格式《きゃくしき》および国史の編纂、地方政治の振興など一連の政治的文化的改革が遂行された、いわば理想の時代とみなされ後世「聖代」として讃美された。

もっとも、こうした評価は十一世紀初頭の文人層による評価であり、摂関期に必ずしも優遇されなかった学者らが儒学的発想から延喜・天暦を聖代化した側面は否定できない。むしろこの時代は律令制が変容し、国家の社会的統制力が低下した時期であり、実際に施された諸政策もいわば弥縫《びほう》策の域を出るものではなかった。

逸話として伝えられるところでは、藤原時平が禁制を無視して華美な装束をまとって参内したのを日頃温厚な天皇が見咎め、戒めたとされる。ために時平は一か月の間蟄居《ちっきょ》、謹慎の身となった。しかし、かくいう天皇も神泉苑で詩歌、管弦の催しにうち興じて菅原道真から厳しく注意を促される場面もあったとされる。天皇自身の即位を先帝に持ち出したのがそもそも道真であったことを考えると、臣下の中でも道真の天皇への影響力は絶大であった。

ところが延喜元年（九〇一）、右大臣菅原道真は讒言《ざんげん》によりその地位を追われ、大宰権帥《ごんのそち》に左遷されることになる。周知のとおり、道真は代々学者の家に生まれ、祖父清公《きよとも》、父是善《これよし》はともに学界の雄ともいうべき文章博士・式部大輔に任じられていた。道真も祖父や父と同様、学者としてその道を極め、元慶《がんぎょう》元年（八七七）にはやはり文章博士となって華々しく昇進の階段を上り詰めていった。父の死後、道真は父祖以来の私塾である菅家廊下《かんけろうか》の出身者たちを率いて学界に君臨したが、これを快しとせず妨害しようとする者も少なくなかった。

道真を妬む声が一定の広がりをもったためか、仁和二年、道真は文章博士・式部少輔から讃岐《さぬき》守へと転出することになった。四年間に及ぶ地方官生活は道真にとって長く感じられたであろうが、民政にそのもてる力量を発揮した。この間、阿衡《あこう》の紛議が発生し、道真は意見書をまとめ藤原基経《もとつね》に宛てた。意見書の中で、道真は橘広相《ひろみ》を弁護するとともに、文章道《もんじょうどう》の廃絶を憂慮し学者の未来を案じて、基経に強く再考を促した。

寛平年間を迎え、宇多天皇に見出された道真は、いきおい朝政の中枢を担うに至った。蔵《くろ》人頭《うどのとう》を経て遣唐大使に任じられた道真は、その後中納言、大納言を歴任し、醍醐天皇の治世下には左大臣・左大将の藤原時平と並んで右大臣・右大将に任じられた。

時平ら藤原氏は道真を除くべく、道真の娘が天皇の弟である斉世《ときよ》親王のもとに嫁いでいることから、天皇を廃する策を弄していると讒言《ざんげん》して道真の追い落としを狙った。その結果、道真は突然大宰府に左遷されることになった。同時に男子四人も流される憂き目をみることになったのである。遠《とお》の朝廷《みかど》に遷った道真は翌々年、失意のうちにこの世を去った。

道真の死後、都では異変が立て続けに起こった。雷鳴が轟《とどろ》いたと思いきや、多くの死者が発生した。都人はみな口々に道真の祟りに違いないと噂した。時平も若くして他界し、醍醐天皇はしきりに道真の左遷を悔いた。天皇はその霊を慰めようと贈位などを繰り返したが、効なく発病して未だ幼い寛明親王に譲位した。

醍醐朝の末期はこのように悲惨であったが、治世全般をみると藤原時平を中心に曲がりなりにも天皇親政が行われ、宇多上皇もこれを背後から支えるなど善政が敷かれたことはすでにふれたとおりである。基経の遺志により入内した時平の妹、穏子は天皇との間に皇太子、保明親王をもうけて女御となり、時平の弟、忠平《ただひら》とともに政権の支柱となった。

天皇は朝廷の政策として、班田の励行や勅旨田の新規開墾の禁止などを打ち出して改革を断行するとともに官人に対して国政に関する意見封事を行わしめた。なかでも三善清行《みよしきよゆき》の意見封事十二箇条は有名である。

清行は道真の左遷を促したことでも知られているが、元慶《がんぎょう》五年（八八一）の方略試で当時問頭博士《もんとう》であった道真に不第とされた経験がある。そののち、清行は合格して官途につき、備中介などを経て文章博士、大学頭へと昇進をとげる。その頃から意見具申にも力を注ぎ、さまざまな勘文を奉《たてまつ》ったり、格式《きゃくしき》編纂事業などに積極的に携わったことが知られている。意見封事十二箇条は醍醐天皇の詔《みことのり》を受けて奏上されたものであるが、そこでは地方官の体験にもとづき地方政治の弛緩とその対策などが明快に指摘されている。

『日本三代実録』の編纂や『古今和歌集』の勅撰なども醍醐朝の国家的事業である。

天皇は延長《えんちょう》八年（九三〇）九月、病いのため皇太子寛明親王に譲位し、まもなく崩御して後山科陵《のちのやましなのみささぎ》（京都市伏見区醍醐古道町）に葬られた。

第六十一代　朱雀《すざく》天皇　九二三〜九五二（在位九三〇〜九四六）

醍醐《だいご》天皇の第十一皇子で、諱《いみな》を寛明《ゆたあきら》といい、藤原基経《もとつね》の娘で皇后の穏子《おんし》を母として、延長《えんちょう》元年（九二三）に生誕した。三歳にして立太子し、同八年九月に八歳にして即位。菅原道真《みちざね》の祟りが未だ恐れられていた時代であったから、幼少の頃は外に出ることもなく母后の手に抱かれて過ごしたとされる。優しく温順な性格であったとされ、まさに温室育ちの天子であった。したがって、現実政治は、藤原忠平《ただひら》が摂政、あるいは関白としてその衝にあたった。

皇室と藤原氏はここに蜜月時代を迎えることになる。

后妃としては、女御熙子《きし》女王と女御藤原慶子《けいし》があり、熙子女王との間には昌子《しょうし》内親王が授かったが、ついに男子は生まれなかった。そこで皇太子には同母弟の成明親王《なりあきら》（のちの村上《むらかみ》天皇）が立てられた。

治世中には多くの天変地異に見舞われた。また、いわゆる承平《じょうへい》・天慶《てんぎょう》の乱が起き、世情は騒然となった。すなわち東国では平将門《たいらのまさかど》の乱が、そして西国ではこれと期を同じくして藤原純友《すみとも》の乱が発生した。

平将門は桓武《かんむ》天皇の曾孫で平の姓を下賜され上総《かずさ》国に下った高望《たかもち》王の子、平良持《よしもち》を父とし、下総《しもうさ》国に領地を相続した。平一族の間では抗争が絶えなかったが、将門はとりわけ好戦的であり、常陸《ひたち》国の平国香《くにか》や上総国の良兼《よしかね》と紛争を起こした。姻戚関係にある源護《まもる》は将門に攻められ、やむなく朝廷に訴え出た。朝廷から太政官符が出されると、将門は上京して弁明し、いったんは赦免にあって帰国した。しかし、これ以降も抗争は続き、一族の中に国衙《こくが》の官人が多く、国衙と対立する土豪らが将門の傘下に入ったこともあり、紛争はしだいに国家的反抗へと発展していった。

『将門記《しょうもんき》』によれば、将門らは上野《こうずけ》国府にあって新皇《しんのう》を称し、官人を任命して下総国に王城を築くなど関東に独立した政治体制を構築しようとしたともいわれる。朝廷はついに天慶三年（九四〇）一月、東海・東山両道に追捕使《ついぶし》を任じ、藤原忠文《ただふみ》を征東大将軍として、将門を討つ方針を決定した。結局、将門は下野《しもつけ》国押領使《おうりょうし》、藤原秀郷《ひでさと》に討たれ、乱は終息する。

一方、瀬戸内海沿岸では海賊が跋扈《ばっこ》していたが、藤原北家、長良《ながら》の末裔、藤原純友もその一群の中にあり、将門の乱に呼応するかのように決起した。『純友追討記』が記すところによると、純友は京に進攻することを企図して配下の者に命じて京中に火を放ち、混乱を生み出すべく奔走したとされる。朝廷は同年、小野好古《よしふる》を山陽道追捕使に任じて鎮圧をめざすとともに、官位を授け懐柔を図るなどの諸策を講じたが、翌四年六月ようやく純友を追い詰め、警固使橘遠保《とおやす》により討ち取るに至った。東西両勢力とも依然組織的には脆弱であったが、貴族政権に対する武力抗戦の土壌を形成したことの意義は看過できない。

承平・天慶の乱など波瀾にみちた朱雀朝も、天慶九年四月の譲位により幕が引かれた。上皇は天暦《てんりやく》六年（九五二）三月に出家、八月に崩御し、醍醐陵《だいごのみささぎ》（京都市伏見区醍醐御陵東裏町）に葬られた。

第六十二代　村上天皇《むらかみ》　九二六〜九六七（在位九四六〜九六七）

醍醐《だいご》天皇の第十四皇子で、諱《いみな》を成明《なりあきら》といい、藤原基経《もとつね》の娘、中宮穏子《おんし》を母として延長《えんちょう》四年（九二六）に生誕した。親王として三品を賦与され、上野《こうずけ》太守や大宰帥などの官職を歴任し、天慶《てんぎょう》七年（九四四）四月に皇太子となった。同九年四月、朱雀《すざく》天皇から譲位され、即位して村上天皇となった。

后妃としては、皇后藤原安子《あんし》のほか、女御として徽子《きし》女王と藤原芳子《ほうし》が入内した。後宮にはこのほかにも多くの更衣らを入れ、男女十九人をもうけるなど、艶聞の絶えない天皇であった。もっとも最初は内親王ばかりで皇子に恵まれなかったことから、皇位継承者をめぐって人々の関心を集めていた。第一皇子の広平《ひろひら》親王は藤原元方《もとかた》の娘の所生であったが、まもなくのちに皇后となる安子に第二皇子が授かり、その憲平《のりひら》親王が生後まもなく立太子した。

天暦《てんりゃく》三年（九四九）に長く関白を務めた藤原忠平《ただひら》が亡くなると、天皇は左大臣、右大臣にそれぞれ藤原実頼《さねより》と師輔《もろすけ》の兄弟をあて、菅原道真《みちざね》の孫にあたる文章博士の菅原文時《ふみとき》を顧問役に登用して、自ら政治を主導しようと努めた。官人の成績を厳格に評価したり、国家財政の健全化をめざして徴税の徹底や歳出の削減に意を用いた。

右大臣師輔は当初、万事氏長者である兄、実頼の後塵を拝するかのごとくであったが、天暦四年七月に娘の安子の生んだ憲平親王が立太子すると、外戚としての権力を掌握した。師輔は実頼同様、有職故実《ゆうそくこじつ》に通じ、周囲の信望を集めるに至った。村上朝には摂関が置かれず、師輔も治世中に没したが、その後子孫により摂関政治が推進されることになる。

天皇が国家財政に配慮したのは、承平《じょうへい》・天慶の乱によって地方が荒廃し、歳入の目処が立たなかったからである。『古今著聞集』には、天皇が一老吏に当代と延喜時代とを比較させる場面が登場するが、そこでは率分堂《りつぶんどう》に草が生えていることが指摘されている。率分堂は大蔵へ収納すべき官物の一端が蓄えられる倉庫であるから、いかに朝廷の歳入が窮乏化していたかが察せられよう。

天徳《てんとく》元年（九五七）十二月には、菅原文時から意見封事三箇条が提出され、官人の奢侈《しゃし》と売官の弊害が当代の政治をいかに堕落させているかが指摘されている。こうした状況は文時の奏上を待つまでもなく、朝廷も十分に認識していたところであり、奢侈を物価高騰の原因として倹約令を出すとともに、左右の検非違使《けびいし》を併合して市司《いちのつかさ》を兼任させ、検察の措置を徹底化した。かかる治世は後世、「天暦の治」として高く評価され、聖代化された。

また、天皇には歌集として『村上天皇御集』などがあるほか、琴や琵琶などにも造詣が深かったとされる。こうした文人天皇の意向を受けて、諸芸、文筆が奨励され、華麗な王朝文化が開花した。

天皇は康保《こうほう》四年（九六七）五月、四十二歳で崩御し、村上陵《むらかみのみささぎ》（京都市右京区鳴滝宇多野谷）に葬られた。

第六十三代　冷泉《れいぜい》天皇　九五〇～一〇一一（在位九六七～九六九）

村上《むらかみ》天皇の第二皇子で、諱《いみな》を憲平《のりひら》といい、藤原師輔《もろすけ》の娘、安子《あんし》を母として天暦《てんりゃく》四年（九五〇）に生誕した。すでに村上天皇には同年、大納言藤原元方《もとかた》の娘、祐姫《すけひめ》との間に広平親王という第一皇子が生まれていたが、結局これを越えて同年七月、第二皇子憲平親王が立太子した。そのため、孫の即位を夢みていた元方の失望は大きく、まもなく病いを発して天暦七年三月に他界した。

立太子した憲平親王は幼い頃から精神の安定を欠いていた。親王は物の怪にとりつかれているとされ、それは第一皇子の祖父である元方の怨霊のためであるとの噂がまことしやかに囁《ささや》かれた。元方が亡くなってのち、広平親王も母の祐姫も後を追うようにしてこの世を去っており、その悲惨さが人々に強烈な印象を与えたものと考えられる。

ときに皇太子は宮中で鞠《まり》をつき、天井まで蹴り上げることに夢中になっているなど、異常な行動が伝えられている。そのため、村上天皇が病いの床についてからも、皇太子への皇位継承に疑義を差し挟む議論が巻き起こった。しかし、村上天皇の遺志が尊重され、康保《こうほう》四年（九六七）五月、天皇の崩御にともない、憲平親王は即位して冷泉天皇となった。この年六月、藤原実頼《さねより》が関白となり、事実上政務をみることになった。即位式は紫宸殿《ししんでん》でとり行われ、人目の多い大極殿をあえて避ける配慮が施された。

一方で村上天皇が第四皇子の為平《ためひら》親王を皇后ともども推挙していたとの説もある。病身の皇太子から皇位を為平親王へと伝えようとの意向である。こうした考えは冷泉天皇即位以前から発案され、群臣らの間に一定の支持も獲得していたが、これに藤原氏が強く反対したためにに日の目をみなかった。為平親王は康保三年十一月、右大臣の源高明《たかあきら》の娘を妃に迎えたため、もし為平親王が皇位を継ぐようなことになれば、源高明が外戚として権勢をふるう可能性が生まれることから、政界の覇権を握ろうとする藤原氏はこれに強く反対した。そのため、冷泉天皇の即位後まもなく為平親王を越えて守平《もりひら》親王（のちの円融《えんゆう》天皇）が立太子した。

翌安和《あんな》元年（九六八）には、藤原伊尹《これまさ》の娘、懐子《かいし》が冷泉天皇の第一皇子、師貞《もろさだ》親王（のちの花山《かざん》天皇）を生んだ。そして翌二年三月、安和の変が起こり、源高明は失脚した。政変の背後には高明を除こうとする藤原北家の陰謀があったとされ、政変後左大臣に昇進する藤原師尹《もろまさ》や孫の即位を夢見る藤原伊尹らが関与したとみられる。事件の表面には源満仲《みつなか》と藤原千晴《ちはる》との勢力争いが認められるが、事変の深層には藤原氏による他氏排斥の動きがあったと考えねばならない。事変後、円融天皇が即位し師貞親王が立太子すると、藤原摂関家の地位はさらに強化された。

上皇は寛弘《かんこう》八年（一〇一一）十月に崩御し、桜本陵《さくらもとのみささぎ》（京都市左京区鹿ヶ谷《ししがたに》法然院町）に葬られた。

第六十四代 円融《えんゆう》天皇 九五九～九九一（在位九六九～九八四）

村上《むらかみ》天皇の第五皇子。諱《いみな》を守平《もりひら》といい、藤原師輔《もろすけ》の娘で皇后の安子《あんし》を母として、天徳《てんとく》三年（九五九）に生誕した。康保《こうほう》四年（九六七）九月、守平親王は為平《ためひら》親王を越えて兄冷泉《れいぜい》天皇の皇太子となった。このことは、藤原北家が関白実頼《さねより》が天皇の外戚でないことや伊尹《これまさ》の娘、懐子所生の師貞親王の行く末を案じて源高明《たかあきら》に実権が移ることを阻止すべく引き起こした安和《あんな》の変のいわば序曲をなすものといえる。

この政変を経て、安和二年（九六九）、冷泉天皇より譲位され、守平親王は即位して円融天皇となった。天皇は即位の年、未だ十一歳であったが、三年後には藤原兼通《かねみち》の娘、媓子《こうし》が入内した。当初、摂政は太政大臣実頼であり、左大臣には藤原師尹《もろまさ》があって皇太子傅《ふ》を務めたが、まもなく師尹が死去したため、兄の権大納言藤原師氏《もろうじ》が代わってその職を兼ねることになった。師尹の逝去をめぐっては源高明の怨念のなせる業であるとの憶測が飛び交った。

天禄《てんろく》への改元（九七〇年三月）にともない、朝廷の首脳部は交替し、右大臣の藤原在衡《ありひら》が左大臣に就任し、大納言の伊尹が右大臣に任じられた。天禄元年（九七〇）五月、摂政の実頼が他界したため、後任として伊尹を摂政とした。さらに同年十月、左大臣在衡がこの世を去った。師尹、実頼、在衡の重臣らが相次いで亡くなると、実権は摂政伊尹の掌中に握られることになった。

天禄二年末に右大臣から太政大臣へと栄進した伊尹は、倹約を旨とした父、師輔とは異なり饗宴《きょうえん》を催すなど奢侈《しゃし》の傾向が強かった。しかし、伊尹の治政は一年と短く、翌三年末には逝去した。

その結果、朝廷の表舞台に登場したのが、伊尹の弟である藤原兼通と兼家《かねいえ》の兄弟であった。『済時記《なりときき》』によれば、兼通と兼家の兄弟間で摂政の地位をめぐる激しい争いが演じられたとされる。兄兼通は当初、参議、中納言と順調な昇進をとげたが、安和元年には参議を経ず従三位に叙され、さらに翌年中納言となった弟兼家に超越を許すことになる。さらに兼家は天禄三年、兄兼通より先に権大納言から大納言へと栄達した。しかし、伊尹が亡くなると、兼通は伊尹の遺言を受け藤原頼忠《よりただ》や兼家らを越えて実権を掌握し、内大臣に就任するとともに、天延《てんえん》二年（九七四）には関白となった。弟の兼家が天皇らの信任が厚いとみた兼通は天皇の母であり、妹にあたる安子に迫り、関白の職は兄弟の順序に従うべしとの書き付けを手にしたともいわれる。そして伊尹が人事不省に陥るや、兼通はすかさずこの書き付けを持ち出し、無理やり天皇の面前にこれを示したとされる。そのため生来孝行心の強い天皇は母の筆跡に接してやむなく兼通を関白に任ずることになったとも伝えられる。以後、兼通と兼家との溝は深まるばかりであったが、兼通が他界すると、今度は兼家の天下となり、娘詮子《せんし》を入内させて懐仁《やすひと》親王(のちの一条《いちじょう》天皇)をもうけた。まさに藤原氏の内部抗争に天皇が翻弄された時代であった。

天皇は永観《えいかん》二年(九八四)八月皇太子師貞《もろさだ》親王に譲位して後、正暦《しょうりゃく》二年(九九一)二月に崩じ、後村上陵《のちのむらかみのみささぎ》(京都市右京区宇多野福王子町)に葬られた。

第六十五代 花山《かざん》天皇

九六八〜一〇〇八(在位九八四〜九八六)

冷泉《れいぜい》天皇の第一皇子。諱《いみな》を師貞《もろさだ》といい、太政大臣藤原伊尹《これまさ》の娘で女御の懐子《かいし》を母として、安和《あんな》元年(九六八)に生まれた。同二年に立太子し、永観《えいかん》二年(九八四)に円融《えんゆう》天皇の譲位を受けて即位した。ときに十七歳で、父の冷泉天皇同様、藤原元方《もとかた》の怨霊にとりつかれ、乱心の振る舞いがあったとも伝えられている。十九歳で退位、出家して、四十一歳でこの世を去った。

即位式において、玉冠が重いとしてこれを脱ぎ捨てるといった振る舞いや、清涼殿の壺庭で馬を乗り回そうとしたとの逸話がある。こうした所業がただちに表沙汰にならなかったのは、天皇に仕えた二人の賢臣、権中納言藤原義懐《よしちか》と左中弁藤原惟成《これしげ》の献身的な支えによるところが大きい。

関白は引き続き藤原頼忠《よりただ》であったが、実際政治は義懐や惟成により推進されていた。永観二年十一月には、格《きゃく》（延喜《えんぎ》の荘園整理令）後の荘園が停止され、同時に破銭を嫌うことを禁止した。こうした時宜に適った施策には律令制の変容を抑止する一定の効果が期待された。義懐や惟成といった新進気鋭の官僚によって花山朝においては活気に満ちた政策が断行されていたのである。

貨幣の流通をめぐっては、延喜の頃までさかんに流通していたが、乾元銭《けんげんせん》が出されてのち二十年以上を経過するにつれ、しだいにその通用を忌避しようとする傾向が現出した。破損した貨幣が市場に出回り、所定の価格での流通が不可能となったのではなかろうか。そこで朝廷は破銭を嫌うことを禁止したのだが、物価安定の効果は薄く、ために寛和《かんな》二年（九八六）三月、いわゆる沽価《こか》法が制定をみた。この間、物価は軒並み高騰し、とりわけ米価の騰貴は著しく、餓死者は街路に山を築いた。

花山天皇については艶聞が多く聞かれるが、なかでも大納言藤原為光《ためみつ》の娘で女御の忯子《しし》への寵愛ぶりはつとに知られている。そのため忯子はほどなく懐妊したが、その後体調を崩してついに妊娠八か月の身で他界した。天皇の失意は大きく、いかに神に祈禱すべきか悩み抜いた。

この様子をみて、右大臣の藤原兼家《かねいえ》は天皇の不安定な心理状態を利用し、天皇に出家をすすめて一日も早く外孫懐仁《やすひと》親王へ皇位が移るよう陰謀をめぐらせた。寛和二年六月、天皇は未だ夜も明けぬうち蔵人《くろうど》藤原道兼《みちかね》に導かれて内裏を後にし、東山の花山寺に入り出家した。『大鏡《おおかがみ》』によれば、事は周到に進められ天皇の出家と同時に神器も皇太子のもとに移されていたようである。ともに出家するはずの道兼がその後裏切ったことを知り、天皇は切歯扼腕《せっしやくわん》した。そののち、法皇は仏道修行に励み、寛弘《かんこう》五年（一〇〇八）二月崩御して紙屋上陵《かみやのほとりのみささぎ》（京都市北区衣笠北高橋町）に葬られた。

第六十六代　一条《いちじょう》天皇　九八〇〜一〇一一（在位九八六〜一〇一一）

円融《えんゆう》天皇の第一皇子。諱《いみな》を懐仁《やすひと》といい、藤原兼家《かねいえ》の娘で女御の詮子《せんし》を母として、天元《てんげん》三年

（九八〇）に生誕した。永観《えいかん》二年（九八四）に五歳にして立太子。寛和《かんな》二年（九八六）六月、兼家、道兼《みちかね》らの陰謀によって先帝、花山《かざん》天皇が出家すると、七歳で践祚し、一条天皇となった。

兼家は兄兼通《かねみち》に嫌われしばらく忍従の立場にたたされたが、ようやく娘詮子の生んだ懐仁親王の即位により天皇の外戚として摂政となり、しだいに権力を掌握していった。天皇の生母である詮子は皇太后となり、冷泉《れいぜい》上皇の第二皇子、居貞《おきさだ》親王は兼家の娘、超子《ちょうし》の所生とあって立太子するとともに、兼家の娘、綏子《すいし》をして東宮のもとに入内させた。これで天皇家との姻戚関係を緊密化した兼家は、太政大臣頼忠《よりただ》、左大臣源雅信《まさのぶ》、右大臣為光《ためみつ》を事実上しのぐことになった。

兼家一門はみな栄達して、道隆《みちたか》は権中納言を経て権大納言となり、道兼は参議から権中納言となった。永延《えいえん》二年（九八八）一月に道長《みちなが》は弱冠二十三歳で参議を経ずに権中納言に任じられ、永祚《えいそ》元年（九八九）には道隆が内大臣に、道兼が権大納言へと昇進し、兼家も太政大臣に就任した。

兼家亡きのちは、その子道隆、道兼が摂政、関白を務めたが、長徳《ちょうとく》元年（九九五）以降になると、さらにその弟の道長が内覧の右大臣、左大臣を歴任して権勢を伸ばし、まさに藤原氏の全盛期となった。

一条天皇のもとには、すでに道隆の娘、定子《ていし》が入内して中宮となっていたが、これに加えて道長の娘、彰子《しょうし》も入内して中宮となった。一天皇に二后という例はそれまで前例がなかった。一条天皇が未だ十一歳のときに入内した定子は、父の死後兄の伊周《これちか》と隆家《たかいえ》が花山院に過って矢を射かけたとして出雲《いずも》や大宰府に流された折、落飾した。

天皇は定子をいたく寵愛していたとされるが、道長全盛期とあって不遇をかこった。彰子についてはその道理をわきまえ謙虚な人柄が後世に伝えられている。父が栄華をほしいままにしていたのに対し、彰子は思いやり深く、民が寒さに耐え忍んでいることに思いを寄せて一条天皇自らも寒い夜に衣を脱ぎ捨てた逸話などを伝えたとされる。彰子は天皇との間に敦《あつ》成《ひら》親王（のちの後一条《ごいちじょう》天皇）と敦良《あつなが》親王（のちの後朱雀《ごすざく》天皇）をもうけたが、父親の権勢がまさって第一皇子を越えてわが子が立太子した際に謙譲の心根を露わにした。

一条朝には、紫式部や清少納言のような才女や藤原斉信《なりのぶ》、公任《きんとう》、行成《ゆきなり》、源俊賢《としかた》など四納言と呼ばれる有能な臣下が登場し、延喜《えんぎ》、天暦《てんりゃく》に劣らぬ人材が輩出した。全体として道長の権勢が際立ち、一条天皇は朝政に関与できぬまま寛弘《かんこう》八年（一〇一一）譲位し、出家した。そして法皇は同年六月崩御して、円融寺北陵《えんゆうじのきたのみささぎ》（京都市右京区竜安寺朱山《しゅうやま》）に葬られた。

第六十七代　三条天皇《さんじょう》　九七六～一〇一七（在位一〇一一～一〇一六）

冷泉《れいぜい》天皇の第二皇子。諱《いみな》を居貞《おきさだ》といい、藤原兼家《かねいえ》の娘、超子《ちょうし》を母として貞元《じょうげん》元年（九七六）に生誕した。すでに天元《てんげん》元年（九七八）に親王宣下を受け、寛和《かんな》二年（九八六）には十一歳で元服、立太子していたが、一条《いちじょう》天皇より譲位され、即位したのは寛弘《かんこう》八年（一〇一一）十月、三十六歳のときである。先帝が幼帝であり外祖父兼家の庇護下にあったのとは対照的に年齢的にも安定し、藤原道長《みちなが》ら周囲の輿望《よぼう》を担い即位の日を迎えたと『栄華物語《えいがものがたり》』は伝える。

だが、天皇には重い眼病がつきまとい、これが治世の上にも何かと暗い影を落としていたことは否定できない。それに加え、このとき栄華を極めていた道長との確執が天皇に重くのしかかっていた。道長は外孫の敦成《あつひら》親王の擁立を企図し、天皇の政務を補佐しないばかりか、眼疾をとらえて暗に退位を促すありさまであった。天皇の側も道長の申し出に対してはこれを頑なに拒み、ために道長も態度を硬化させ、両者の対立は深まるばかりであった。

後宮に目を転じると、天皇はすでに東宮にあった際、藤原済時《なりとき》の娘、娍子《せいし》を入内させて敦《あつ》明《あきら》親王、敦儀《あつよし》親王、敦平《あつひら》親王、師明《もろあきら》親王、当子《とうし》内親王など多くの皇子女をもうけていたが、寛弘七年には道長の意向により中宮彰子《しょうし》の妹、妍子《けんし》が入内することになった。ほどなく父、道長の権勢を投影して妍子のほうが優位に立つに至った。だが、天皇は践祚するとともに、両名を揃って女御とした。しかし、中宮を立てるにあたっては、天皇自身の意向は娍子にあったが、やはり道長の意向を無視することはできず、妍子を立てざるをえなくなった。道長は表向き娍子の立后を天皇にすすめながら、一方でこれを阻止するという嫌がらせに出た。『小右記《しょうゆうき》』では道長が画策して立后の日に朝廷の重臣らに参内しないよう仕向けた経緯が詳しく描写されている。天皇は道長の仕打ちにひどく立腹すると同時に、「王道弱く臣威強し」と密かに道長を批判する右大将藤原実資《さねすけ》の助力を得てなんとか事態を乗り切った。

しかし、そののちも道長は天皇に対して反抗の姿勢を崩さず、外孫敦成親王への譲位を早期に実現するべく、大納言藤原公任《きんとう》、中納言源俊賢《としかた》らを味方に引き入れ、眼病に苦しむ天皇に対し譲位を強く促すようになった。

天皇も病いが進むにつれ、しだいに禅譲の意向を固めざるをえず、ついに敦成親王への譲位を認めたが、敦明親王を新帝の皇太子とすることを条件とした。こうして天皇は長和《ちょうわ》五年(一〇一六)二月に太上天皇《だいじょう》の尊号を奉《たてまつ》られ、その後出家した。そして弱冠九歳の敦成親王(後一条天皇)が即位し、道長は摂政となった。三条天皇の望んだ敦明親王の立太子は実現したが、まもなく道長の圧力によって廃せられ、皇太后彰子所生の敦良《あつなが》親王が立てられた。

法皇は寛仁《かんにん》元年（一〇一七）五月、崩御して北山陵《きたやまのみささぎ》（京都市北区衣笠西尊上院町）に葬られた。

第六十八代　後一条天皇《ごいちじょう》　一〇〇八〜一〇三六（在位一〇一六〜一〇三六）

一条《いちじょう》天皇の第二皇子。諱《いみな》を敦成《あつひら》といい、藤原道長《みちなが》の娘、彰子《しょうし》を母として寛弘《かんこう》五年（一〇〇八）に生誕した。この年親王宣下を受け、同八年に四歳にして立太子し、長和《ちょうわ》五年（一〇一六）に即位して後一条天皇となった。中宮には道長の三女、威子《いし》が立てられ、これで「一家に三后」を実現した。そして外祖父、道長をはじめ、関白で左大臣の頼通《よりみち》、内大臣教通《のりみち》など藤原氏の有力者がこれを背後から支えた。

天皇が践祚するや、三条天皇の皇子、敦明《あつあきら》親王が皇太子となった。ときに天皇は九歳、皇太子は二十三歳であった。天皇は幼少のため、左大臣道長が摂政として実際の政治に臨むことになった。翌寛仁《かんにん》元年（一〇一七）、道長は摂政を辞し、その職を子の頼通が襲うことになった。道長はさらに太政大臣となり、頼通は関白となった。

そして窮地に追い詰められたのが皇太子の敦明親王である。三条上皇の要望にもかかわらず、道長は慣例となっていた皇太子への「壺切太刀《つぼきりのたち》」の伝授を行わなかった。道長は東宮大夫の人選にも非協力的で、敦明親王の不安は募るばかりであった。また、道長の意向を慮《おもんぱか》ってか、東宮のもとに伺候する者も絶えて少なかった。ついに寛仁元年八月、敦明親王は道長に辞意を伝え、代わって後一条天皇の同母弟で道長の娘彰子所生の敦良《あつなが》親王（のちの後朱《ごす》雀《ざく》天皇）が立太子した。

道長の男子は摂政、関白、大臣の要職を占め、その娘らは天皇や東宮の室となって外戚の地位を不動のものとした。ここに「この世をば我世とぞ思ふ望月のかけたる事もなしと思へば」と自ら歌った道長栄華の時代が現出した。

天皇は長元《ちょうげん》九年（一〇三六）四月に崩御し、菩提樹院陵《ぼだいじゅいんのみささぎ》（京都市左京区吉田神楽岡町）に葬られた。

第六十九代　後朱雀《ごすざく》天皇　一〇〇九～一〇四五（在位一〇三六～一〇四五）

一条《いちじょう》天皇の第三皇子。諱《いみな》を敦良《あつなが》といい、藤原道長《みちなが》の娘、彰子《しょうし》を母として寛弘《かんこう》六年（一〇〇九）に道長邸に生誕した。同七年に親王宣下。

寛仁《かんにん》元年（一〇一七）八月、敦明《あつあきら》親王の皇太子退位にともない、後一条《ごいちじょう》天皇の皇太子となる。長元《ちょうげん》九年（一〇三六）、後一条天皇の譲位にともない即位した。

性格は先帝とは対照的に、気骨があり物事に厳格な姿勢をとったとされる。

皇子女にも恵まれ、道長の娘、嬉子《きし》との間に親仁《ちかひと》親王（のちの後冷泉《ごれいぜい》天皇）、三条《さんじょう》天皇の皇女禎子《ていし》内親王所生の尊仁《たかひと》親王（のちの後三条天皇）らがあり、藤原頼通《よりみち》の養女や藤原頼宗《よりむね》の娘との間にも皇女をもうけた。

その治世は関白・左大臣頼通、右大臣実資《さねすけ》、内大臣教通《のりみち》らによって担われ、天皇自らが実際政治に手腕をふるう場面はなかった。

長久《ちょうきゅう》元年（一〇四〇）には荘園整理令が出され、公田官物率法にもとづき、郡司らの訴えにより讃岐《さぬき》国守が解任された。京中に放火が頻発したことから、検非違使《けびいし》に毎夜巡視のことを命じた。同年内裏も焼亡し、新内裏が翌二年に完成したが、同三年再び内裏は炎上した。後朱雀朝末期には疱瘡が大流行し、天皇もこれに罹患して出家後まもなく、寛徳《かんとく》二年（一〇四五）一月に崩御した。法皇の遺骨は円乗寺陵《えんじょうじのみささぎ》（京都市右京区竜安寺朱山《しゅうやま》）に埋葬されたとされる。

第七十代 後冷泉天皇《ごれいぜい》

一〇二五～一〇六八（在位一〇四五～一〇六八）

後朱雀《ごすざく》天皇の第一皇子。諱《いみな》を親仁《ちかひと》といい、万寿《まんじゅ》二年（一〇二五）、藤原道長《みちなが》の娘、嬉子《きし》を母として生誕した。長元《ちょうげん》九年（一〇三六）に親王宣下を受け、長暦《ちょうりゃく》元年（一〇三七）に後朱雀天皇の皇太子となった。寛徳《かんとく》二年（一〇四五）一月、後朱雀天皇の譲位にともない、同年四月、二十一歳で即位した。

鎌倉時代初期、承久《じょうきゅう》の頃に慈円《じえん》（藤原忠通《ただみち》の子）の著した『愚管抄《ぐかんしょう》』によれば、天皇はすべてにおいて宇治殿（関白藤原頼通《よりみち》）のいうがままであったと伝えられている。蹴鞠《けまり》や歌合わせなど宮廷での優雅な生活に溺れ、朝政には一向に関心を示す気配がなかった。

万寿四年に道長が他界すると、朝政はしだいに源倫子《りんし》の生んだ頼通、教通《のりみち》らと源明子《めいし》を母とする頼宗《よりむね》、能信《よしのぶ》らの二系統によって運営されることになる。能信は禎子《ていし》内親王の中宮大夫となり、頼通と拮抗するかたちとなった。後冷泉朝では、関白、左大臣が頼通であり、右大臣が教通、内大臣が頼宗という布陣であった。

後冷泉朝の事業としては、寛徳二年、前司任中以後の新立荘園を停止する寛徳の荘園整理令が、そして天喜《てんぎ》三年（一〇五五）、寛徳二年以降に諸国で新立された荘園を停止する天喜の荘園整理令が出された。

同朝にあっては、伊勢神宮の禰宜《ねぎ》らが神郡の民衆らを率いて入京し、祭主大中臣永輔の無法ぶりを訴える出来事が一度ならずみられた。また注意されるのは、陸奥《むつ》守藤原登任《なりとう》、秋田城介《じょうのすけ》平重成《しげなり》が俘囚《ふしゅう》安倍頼良《よりよし》に敗戦したことであろう。勢いづいた頼良は国司に従おうとしなかったため、源頼義《よりよし》を陸奥守に任じて頼良を従わしめた（このとき安倍頼良は頼時《よりとき》と改名）。しかし、そののちも頼時の子、貞任《さだとう》が陸奥守の営所を襲うなどのことがあり、天喜四年には源頼義に安倍頼時追討の宣旨を下した。康平《こうへい》五年（一〇六二）に頼義はついに貞任を制圧し、前九年の役に幕が引かれる。

治暦《じりゃく》三年（一〇六七）、天皇は頼通のいる宇治へと行幸し、翌四年四月にわかに発病して崩御し、円教寺陵《えんきょうじのみささぎ》（京都市右京区竜安寺朱山《しゅうやま》）に葬られた。

第七十一代　後三条天皇《ごさんじょう》　一〇三四〜一〇七三（在位一〇六八〜一〇七二）

後朱雀《ごすざく》天皇の第二皇子。諱《いみな》を尊仁《たかひと》といい、三条《さんじょう》天皇の皇女で皇后の禎子《ていし》内親王を母として長元《ちょうげん》七年（一〇三四）に生誕した。後朱雀天皇の即位にともなって親王宣下を受け、後冷《これい》泉《ぜい》天皇の即位とともに立太子した。

后妃としては、中宮馨子《けいし》内親王、女御藤原茂子《もし》、女御藤原昭子《しょうし》、女御源基子《きし》らがいる。藤原能信《よしのぶ》の養女、茂子との間に貞仁《さだひと》親王（のちの白河《しらかわ》天皇）をもうけた。

十二歳で立太子したが、三十五歳の即位まで二十年以上の長い年月を東宮として過ごした。これには生母が藤原氏の出身でなかったことが大きく関係していた。当代の実力者、関白藤原頼通《よりみち》はために皇太子の即位に消極的であった。この間、宇多《うだ》天皇以来の慣例である東宮への宝剣の伝授も見送られるなど、頼通により冷遇された。

だが、治暦《じりゃく》四年（一〇六八）四月、後冷泉天皇の崩御にともない即位した。後三条天皇は熱心に学問に打ち込み、高邁な思想の持ち主で、周囲からも尊敬されており、自ら政治向きのことに手を染めようとした。関白が頼通から教通《のりみち》へと移行したのを機に自ら親政を行う姿勢を鮮明にした。その結果、多くの事績を残すに至った。

中でも荘園整理令の発布と延久宣旨枡《えんきゅうせんじます》の制定は後三条親政の顕著な業績であった。それだけの治績を残しえたのは関白の口出しを威圧するだけの学識と威厳を備えていたからにほかならない。頼通が宇治の平等院を中心に周囲の土地を領地として囲い込もうとするや、すぐに官吏を急派して調査にあたらせたり、兄頼通ののち関白職を襲った教通の政治への容喙《ようかい》を強く牽制したりするなど摂関家に対して強い態度で臨んだ。公定枡を制定して度量衡を改定するといった画期的な政策を推進する一方、大江匡房《おおえのまさふさ》や源師房《もろふさ》を重用するなど人材登用に努めた。

後三条親政の象徴ともいうべき記録荘園券契所《けんけいじょ》（記録所）の設置は、延久の荘園整理令にもとづき荘園の所有権をめぐる公験《くげん》を直接朝廷の審査にかけることに目的があった。それまでは寛徳《かんとく》の荘園整理令でも、天喜《てんぎ》の荘園整理令でも実施責任はみな国司に帰されていた。朝廷は荘園の所有をめぐる訴訟の裁定にはあたっていたが、さらに本所の公験や注文、国司の注文、さらに荘官の公験等々を勘申《かんしん》することによって、陣定《じんのさだめ》における判決に備えようとしたのである。すでに越中国の事例のように荘園整理を妨害する荘園の公験を朝廷で調査する試みは治暦年間（一〇六五～一〇六九）に始まっていたが、記録所の設置によりしだいに中央で荘園領有の公験の審査などが行われるようになった。その後の記録所の設置と比較しても、このときの記録所の性格がきわめて革新的であることがわかる。

天皇はわずか在位五年で譲位することになるが、その理由については早く院政を開始しようとしたとか、病気が引き金であったなど、さまざまな説が提起されている。そして延久五年（一〇七三）五月に崩御し、円宗寺陵《えんしゅうじのみささぎ》（京都市右京区竜安寺朱山《しゅうやま》）に葬られた。

第七十二代　白河《しらかわ》天皇

一〇五三〜一一二九（在位一〇七二〜一〇八六）

後三条《ごさんじょう》天皇の第一皇子。諱《いみな》を貞仁《さだひと》といい、藤原公成《きんなり》の娘、茂子《もし》を母として、天喜《てんぎ》元年（一〇五三）に生誕した。関白藤原頼通《よりみち》の異母弟であり茂子の養父でもある藤原能信《よしのぶ》のもとで育てられた。父、後三条天皇の即位にともない、翌延久《えんきゅう》元年（一〇六九）に皇太子となった。

後三条天皇の親政により摂関家は斜陽となり、宇治にあって藤原氏の中核である頼通も関白を教通《のりみち》から師実《もろざね》へと着実に継投することに心を配った。後三条天皇は頼通に対して東宮のもとへ誰か娘を入内させるよう促したとされる。そこで皇太子貞仁親王のもとに入内し、のちに中宮となったのが藤原賢子《けんし》である。

延久四年十二月、後三条天皇からの譲位により、二十歳の貞仁親王は即位して白河天皇となった。天皇の賢子に対する寵愛ぶりはつとに知られ、懐妊してのちも天皇の意向で長く殿中にとどまったとされる。皇子は無事に生まれたが、わずか三歳で夭折したと伝えられる。

天皇の即位とともに、皇太子には源基子《きし》の生んだ実仁《さねひと》親王が立てられたが、応徳《おうとく》二年（一〇八五）病気のため薨去《こうきょ》した。賢子は第一子を失ったものの、その後三人の子に恵まれ、そのうち善仁《たるひと》親王が応徳三年十一月に立太子した。そしてこれと同時に天皇は善仁親王に譲位して院政を敷くことになる。白河上皇は院庁《いんのちょう》を置き、政務をみることになった。

新たに即位した堀河《ほりかわ》天皇は未だ幼かったことから、上皇の後見が必須であり、ここに院政が開始されることになる。いうまでもなく院政とは上皇が自ら国政にあたる政治形態にほかならないが、奈良時代以降に誕生した孝謙《こうけん》上皇、平城《へいぜい》上皇、宇多《うだ》上皇は国政の一端に関与していたにすぎないためこの中には含めず、白河上皇をもってはじめとする。これにより、幼少の天皇が即位すればその外戚が摂政となって政務を代行し、長ずるに及んでは関白となって政治を行う慣行にとって代わることになった。

院政が開始された背景には、堀河天皇の母賢子の実父は村上源氏の源顕房《あきふさ》であり、養父で関白の藤原師実が村上源氏と近親関係にあったことや、先帝の後三条天皇に藤原氏の勢力を抑止する傾向が強く、公卿の多くが必ずしも藤原氏によって占められておらず、むしろ要職には村上源氏があてられていたことなどが考慮される。また堀河天皇の擁立は実仁親王の弟輔仁《すけひと》親王への譲位という後三条天皇の遺志に背くものであったから、輔仁支持勢力を牽制する必要があった。院政は天皇の権能を代行するものではなく、家父長権にもとづく恣意とみるべきである。摂関家に疎外された中小貴族層が政権を支持したことも大きい。

嘉承《かじょう》二年(一一〇七)、鳥羽《とば》天皇がわずか五歳で即位すると白河上皇による院政はさらに進展した。そして元永《げんえい》二年(一一一九)、鳥羽天皇に顕仁《あきひと》親王が生まれると、白河上皇はこの皇子の即位をはかり、崇徳《すとく》天皇を実現した。これによって上皇の院政はいっそう徹底した。関白藤原忠実《ただざね》が上皇の怒りにふれて失脚すると摂関政治の後退は決定的となった。まさに藤原宗忠《むねただ》が『中右記《ちゅうゆうき》』に「その威権は四海に満ち、天下これに帰服」するありさまであった。しかし同記が記すごとく、院政の弊害も大きく、貧富の格差が広がり臣下の登用も恣意的で天下の秩序は大きく乱れた。

堀河、鳥羽、崇徳の三代にわたり四十年以上に及んだ白河院政は実に強力な政権で、賀茂川の治水、双六《すごろく》の賽《さい》の目、比叡山の山法師をもって天下の三不如意《さんふにょい》としたごとくである。院の運営も恣意的で、近臣団には受領《ずりょう》層を中心に個人的関係を軸に中・下級官人らが迎えられ、輔仁親王らの勢力や延暦寺・興福寺など寺院勢力に対抗するべく北面の武士が配置された。

上皇は仏事に熱心で、白河に法勝寺《ほっしょうじ》を建立したほか、最勝寺、円勝寺などを次々と建て、丈六の仏像を多数造らせた。法勝寺は七堂伽藍《がらん》をもち、金堂には光燦然と輝く毘盧遮那仏《びるしゃなぶつ》が安置される、まさに国王の氏寺と呼ぶにふさわしい大寺院であった。

法皇は晩年、殺生を厳しく禁じ、終生この禁を解くことがなかった。こうして浄土信仰を深めていった法皇も、病いのため大治《だいじ》四年（一一二九）七月崩御し、成菩提院陵《じょうぼだいいんのみささぎ》（京都市伏見区竹田浄菩提院町）に葬られた。

第七十三代　堀河天皇《ほりかわ》　一〇七九〜一一〇七（在位一〇八六〜一一〇七）

白河《しらかわ》天皇の第二皇子で、諱《いみな》を善仁《たるひと》といい、右大臣源顕房《あきふさ》の娘で関白藤原師実《もろざね》の養女、皇后賢子《けんし》を母として、承暦《じょうりゃく》三年（一〇七九）に生誕した。同年、親王宣下を受ける。応徳《おうとく》三年（一〇八六）十一月に立太子し、即日父の白河天皇から譲位され、わずか八歳で即位した。『続古事談《ぞくこじだん》』に「末代の賢王」とみえるように、誉れ高き天皇である。天皇は天下の政《まつりごと》に熱心に取り組み、臣下の提出した文書を一つ一つ丹念に通読し、問題のある箇所についてはのちにご下問があったとされる。しかし、こうした天皇の朝政への関心も白河院政の強化にともない、しだいに薄らいでいった。

後年は笛や笙《しょう》を奏でるなど風流の道を歩んだ。この時代には政界に村上源氏が多く活躍し、すぐれた人材を輩出した。天皇の誠実な人柄は摂関家をはじめ貴族らの間で大いなる人望を集めたとされる。

同朝にあっては、寛治《かんじ》元年（一〇八七）源義家《よしいえ》が清原家衡《きよはらのいえひら》らを誅殺《ちゅうさつ》し、後三年の役が終息した。康和元年（一〇九九）には院旨《いんじ》によって諸国の武装が解除され、康和《こうわ》の荘園整理令により新立の荘園が停止された。僧徒の蜂起が問題化し、朝廷が事態の収拾に乗り出した。天皇をはじめ藤原忠実《ただざね》らは僧徒らの濫行制止に追われたが、事態はなかなか鎮静化しなかった。

臨終の迫った堀河天皇にまつわることどもを卓抜な筆致で描き出した典侍藤原長子《ちょうし》の日記（『讃岐典侍日記《さぬきのすけにっき》』）はこの天皇の存在を印象深いものとしている。天皇は嘉承《かじょう》二年（一一〇七）七月、二十九歳で崩御し、後円教寺陵《のちのえんきょうじのみささぎ》（京都市右京区竜安寺朱山《しゅうやま》）に葬られた。

第七十四代　鳥羽《とば》天皇　一一〇三〜一一五六（在位一一〇七〜一一二三）

堀河《ほりかわ》天皇の第一皇子。諱《いみな》を宗仁《むねひと》といい、大納言藤原実季《さねすえ》の娘、苡子《いし》を母として、康和《こうわ》五年（一一〇三）左少弁藤原顕隆《あきたか》の五条邸に生誕した。この年、親王宣下を受け、まもなく立太子した。そして嘉承《かじょう》二年（一一〇七）七月、堀河天皇の崩御にともない即位して鳥羽天皇となった。

天皇が未だ五歳と幼かったことから、祖父白河《しらかわ》上皇の院政はますます本格化し、内裏の近衛陣内に御座所を設けて上皇による執政がなされた。

後宮には、摂政藤原忠実《ただざね》の娘、勲子《くんし》を入れようとしたが、白河上皇の反対にあった。上皇は権大納言藤原公実《きんざね》の娘、璋子《しょうし》（のちの待賢門院《たいけんもんいん》）を当初、忠実の子、忠通《ただみち》に娶《めと》らせようとしたが、忠実に拒絶されたため、やむなく孫の鳥羽天皇のもとに入内させたともいわれる。璋子は永久《えいきゅう》五年（一一一七）に女御となり、翌年立后した。そして元永《げんえい》二年（一一一九）皇子が生まれた。白河上皇は曾孫にあたるこの皇子を早く即位させようと、鳥羽天皇に譲位を促した。強引な上皇の意向に屈して、保安《ほうあん》四年（一一二三）一月天皇は譲位し、崇徳《すとく》天皇が即位することになった。二十一歳にして上皇となった鳥羽は、白河上皇を本院といったのに対し、新院と呼ばれた。

しかし、こうした事態も白河法皇の崩御によって一変する。鳥羽上皇は院において政務をみることになり、白河院政では宇治に遠ざけられていた前関白の藤原忠実を再度政界に復帰させた。忠実は自らの籠居後関白の職を襲った忠通を嫌い弟の頼長《よりなが》の重用を求めたが、結局再び院宣《いんぜん》により内覧となり、忠通と並んで朝政にあたることとなった。

一方、鳥羽上皇は白河院が寵愛していた待賢門院を退けて、権中納言藤原長実《ながざね》の娘、得子《とくし》（のちの美福門院《びふくもんいん》）を入内させて女御とした。実際には、これに先立ち、上皇はかねて白河法皇から拒絶された藤原忠実の娘、勲子を迎えて泰子《たいし》と改名して立后させた。得子ものちに立后するため、鳥羽上皇は三人の后を迎えたことになる。実に異例である。

そして保延《ほうえん》五年（一一三九）、ようやく得子との間に皇子をもうけた上皇は、崇徳天皇に迫って強行に譲位へと導き、ついに近衛《このえ》天皇の即位となる。さらに久寿《きゅうじゅ》二年（一一五五）に近衛天皇が病没すると上皇は再び画策して雅仁《まさひと》親王を擁立し、後白河《ごしらかわ》天皇を即位させている。

こうした度重なる無理な皇位継承に摂関家の内紛が加わってやがて大きな変事へと発展することが懸念された。そこで上皇は自らの病いが重くなると、こうした憂いを除くべく、源氏と平氏の兵力を結集させ内裏を厳重に警護させた。そうした最中に、保元《ほうげん》元年（一一五六）七月上皇は崩御して、安楽寿院陵《あんらくじゆいんのみささぎ》（京都市伏見区竹田内畑町）に葬られた。

第七十五代 崇徳《すとく》天皇 一一一九〜一一六四（在位一一二三〜一一四一）

諱《いみな》を顕仁《あきひと》といい、鳥羽《とば》天皇を父とし、藤原公実《きんざね》の娘で皇后の璋子《しょうし》（待賢門院《たいけんもんいん》）を母として、元永《げんえい》二年（一一一九）に生まれた。曾祖父、白河《しらかわ》上皇の意向によって保安《ほうあん》四年（一一二三）鳥羽天皇より譲位され、顕仁親王は即位して崇徳天皇となった。ときに天皇は五歳であったから、なおも白河院政が継続されることになった。

崇徳天皇は表向きは鳥羽天皇の第一子となっているが、実際には、入内前の璋子との関係から白河院のご落胤であるといわれ、白河法皇が天皇の最大の庇護者であったことは間違いない。したがって、大治《だいじ》四年（一一二九）に法皇が崩御すると、たちまち天皇の地位は不安定になった。

鳥羽上皇の院政が本格化し、崇徳天皇は圧迫されてその権勢はにわかに衰えをみせた。歌人としては抜きん出ていたが、いかんせん政治力に乏しく、鳥羽上皇の強引な申し入れによって、永治《えいじ》元年(一一四一)十二月、院寵愛の美福門院《びふくもんいん》所生の近衛《このえ》天皇にやむなく譲位した。

ところが近衛天皇は眼病を患い、久寿《きゅうじゅ》二年(一一五五)七月、わずか十七歳にしてにわかに崩御した。不満のうちに譲位した崇徳は皇子の重仁《しげひと》親王の即位に望みをつないだが、結局鳥羽上皇の第四皇子、後白河《ごしらかわ》天皇の即位が断行され、崇徳の一縷《いちる》の望みは絶たれた。ついでその皇子、守仁《もりひと》親王(のちの二条《にじょう》天皇)が立太子したことはさらにこれに追い打ちをかけるかたちとなった。

鳥羽と崇徳との間には不穏な空気が漂っていたが、保元《ほうげん》元年(一一五六)七月、鳥羽法皇の崩御を機に、崇徳は当時摂関家で同じく不遇であった藤原頼長《よりなが》と提携して、後白河天皇から皇位を奪うべく兵を挙げた。それが保元の乱である。

鳥羽院よりその才覚を買われ、後白河天皇の後見をもって任じていた藤原信西《しんぜい》(通憲《みちのり》)は摂関家の藤原忠通《ただみち》と結び、後白河天皇、東宮守仁親王、関白忠通による執政体制を打ち立てようとした。そのため、忠通の弟頼長は内覧の地位を追われることになった。崇徳上皇、頼長らの挙兵はこうした朝廷内部の軋轢《あつれき》が武力化したものにほかならない。当時、久寿の飢饉によって世情はきわめて不安定であり、関東でも、また西国でも兵乱が起こらんとしていた。鳥羽院は晩年、不穏な事態に備えて平清盛《きよもり》や源義朝《よしとも》らを動員して警備の強化をはかっていたが、その鳥羽院の崩御によって保元の乱が勃発したといえる。

鳥羽院の訃報に接した崇徳上皇は法皇の遺命によって面会を拒絶され、身の危険を感じて源為義《ためよし》や平忠正《ただまさ》らを集めて挙兵をはかろうとした矢先、高松殿に集う後白河天皇方からの夜襲を受け、思わぬ敗北を喫することになった。頼長は流れ矢に当たって亡くなり、上皇もいったんは仁和寺《にんなじ》に身を寄せたが、まもなく捕らえられて讃岐《さぬき》国に流された。上皇方の武士の処断には薬子《くすこ》の変（八一〇）以来三百年以上にわたって停止されていた死罪が適用された。

『保元物語』によれば、崇徳新院は近衛天皇の即位によって面目を失い、恥辱を味わったとされ、近衛天皇の夭折は天の意志を示したものであって、自らの嫡子である重仁親王が皇位につくことが正統であると主張したとされている。乱はこうした上皇方の意向を知った天皇側が先手を打つ事態となったが、高松殿には源義朝を中心に東国の武士が結集し、平清盛率いる近国の軍勢が多数集められており、双方の武力には実際大きな格差があった。

いずれにせよ、皇位継承をめぐる内紛が武力衝突を招いたことで、『愚管抄《ぐかんしょう》』が「日本国の乱逆《らんげき》ということは起こりて、のち武者の世になりにける」といみじくも綴ったように、乱世の兆候がはっきりと現れてきたことは間違いない。

讃岐国に流され幽閉された上皇は、世を恨んで荒《すさ》んだ生活に身を委ね、晩年を悶《もだ》えるように生き、一説には天下を傾けようと企図したともいわれる。院の死後、延暦寺の僧兵による強訴や度重なる飢饉、洪水に見舞われ、世情の不安が続いた。そのためかかる異変は院の怨霊のなせる業であろうとの風聞が巷間囁《ささや》かれた。朝廷はそこで治承《じしょう》元年（一一七七）七月、崇徳院の諡号を追贈してその霊を慰めた。その怨念の凄まじさはその後数世紀を経て京都に白峰宮《しらみねぐう》が造営されたことからもうかがい知ることができよう。

上皇は長寛《ちょうかん》二年（一一六四）八月、四十六歳で配所に崩じ、白峯陵《しらみねのみささぎ》（香川県坂出市青海《おうみ》町）に葬られた。

第七十六代　近衛《このえ》天皇　一一三九〜一一五五（在位一一四一〜一一五五）

鳥羽《とば》上皇の第八皇子。諱《いみな》を体仁《なりひと》といい、権中納言藤原長実《ながざね》の娘、得子《とくし》（美福門院《びふくもんいん》）を母として、保延《ほうえん》五年（一一三九）に生誕する。この年、早くも親王宣下を受け、皇太子となる。永治《えいじ》元年（一一四一）、わずか三歳にして即位し、近衛天皇となる。

白河《しらかわ》法皇のご落胤ともいわれる崇徳《すとく》天皇を強引に皇位からひきずり下ろした鳥羽上皇は、

寵愛する美福門院所生の体仁親王を幼年にもかかわらず即位させ、自らの院政をさらに伸長させようとした。

近衛朝には、興福寺僧徒の蜂起など僧兵の乱行が活発化する。興福寺と金峰山《きんぷせん》の僧兵が繰り返し合戦した。また、園城寺《おんじょうじ》と延暦寺が争い、金峰寺と興福寺が寺領の帰属をめぐって紛争を繰り返した。延暦寺の僧徒らが平忠盛《ただもり》や平清盛《きよもり》の流罪を求めたが、朝廷が贖銅《しょくどう》を課したのみであったので、再び紛争に発展した。

藤原頼長《よりなが》の養女、多子《たし》が入内して女御となり、次いで立后した。これに続き、藤原忠通《ただみち》の養女、呈子《ていし》が入内して女御となり、まもなく中宮となって互いに競合するようになったことから、兄弟間の亀裂は深まった。

左大臣は頼長が占め、太政大臣は忠通から実行《さねゆき》へ、右大臣は実行から源雅定《まささだ》へ移行した。忠実《ただざね》は忠通に対して摂政を頼長に譲るよう求めたが、忠通がこれを拒絶したため、忠通を義絶、頼長を氏長者とした。頼長はさらに仁平《にんぴょう》元年（一一五一）内覧となった。

天皇は忠実、忠通、頼長らの藤原氏の内部抗争に翻弄され、久寿《きゅうじゅ》二年（一一五五）、眼病により十七歳で崩御し、安楽寿院 南 陵《あんらくじゅいんのみなみのみささぎ》（京都市伏見区竹田内畑町）に葬られた。

第七十七代 後白河天皇《ごしらかわ》 一一二七〜一一九二（在位一一五五〜一一五八）

鳥羽《とば》上皇の第四皇子。名を雅仁《まさひと》といい、権大納言藤原公実《きんざね》の娘、待賢門院璋子《たいけんもんいんしょうし》を母として大治《だいじ》二年（一一二七）に生誕した。この年、親王宣下を受ける。

近衛《このえ》天皇の崩御にともない、久寿《きゅうじゅ》二年（一一五五）七月に即位した。本来必ずしも皇位につく立場にあったわけではないが、崇徳《すとく》上皇の皇子、重仁《しげひと》親王の即位を阻もうとする鳥羽上皇、美福門院《びふくもんいん》そして関白藤原忠通《ただみち》らの画策により擁立された。のちに二条《にじょう》天皇となる守仁《もりひと》親王を擁立するための中継ぎ的意味合いも大きい。だが、この皇位継承に崇徳上皇が反発し、このとき兄忠通と折り合いの悪かった左大臣の藤原頼長《よりなが》との提携を深めるようになると、事態は緊迫した様相を呈した。

後白河天皇の後見役の位置を占めた藤原信西《しんぜい》（通憲《みちのり》）は摂関家の藤原忠通と結び、後白河天皇、東宮守仁親王、関白忠通による執政体制の構築に腐心した。かかる方策の一環として忠通の弟頼長は内覧の地位を追われた。崇徳上皇と頼長との提携はまさに新体制下に不遇をかこつ者同士の接近にほかならなかった。

久寿の飢饉により世情は混迷の度を深め、加えて関東や鎮西において兵乱の起こる兆しがみえた。鳥羽院はこうした不穏な事態に対処するべく、平清盛《きよもり》や源義朝《よしとも》らを動員して警備の強化をはかる方針を打ち出した。しかし、こうした心配をよそに、崇徳上皇方もそして後白河天皇方もともに兵力の増強に努めた。

保元《ほうげん》元年(一一五六)七月、鳥羽法皇が崩じると、保元の乱が巻き起こった。朝廷内部の軋轢《あつれき》が武力化し、ついに崇徳上皇、頼長らが挙兵しようとした矢先、機先を制するがごとく天皇方の清盛や義朝らは上皇らの陣取る白河殿を夜襲して一気に上皇方を粉砕した。上皇は讃岐《さぬき》へと流され、忠実《ただざね》は知足院へ幽閉、源為義《ためよし》らは斬首となった。

後白河天皇は乱後、信西を積極的に起用して政務にあたった。保元元年に新制七箇条を、さらに翌二年に新制三十五箇条を下し、一方、記録所を設けて荘園整理に乗り出し、新立の荘園を停止するなどの措置を講じた。一連の政策により政権はしだいに強化されていった。

同三年、後白河天皇は早くも在位三年にして皇子の二条天皇に譲位し、上皇となって院政を開始した。そして二条、六条《ろくじょう》、高倉《たかくら》、安徳《あんとく》、後鳥羽《ごとば》の五代にわたって院政を行い、三十年以上に及んで君臨した。天皇は父である鳥羽院からその器に非ずとの烙印を押され、忠通の子で博覧強記で知られる九条兼実《くじょうかねざね》には「不徳の君」などと蔑まれたが、新たに登場した武家の世にその辣腕ぶりを遺憾なく発揮した。

だが、後白河院政にも対立の芽は吹いており、上皇の寵臣、信西は同じ上皇の近臣でその寵を得てめざましい昇進をとげた藤原信頼《のぶより》と反目し、二条天皇の側近にあった藤原経宗《つねむね》や藤原惟方《これかた》とも対立した。また天皇の股肱《ここう》の臣であった清盛と義朝との間にも不和が生じた。

かかる反目はしだいに深刻化し、ついに平治《へいじ》元年（一一五九）十二月、平治の乱を引き起こした。

二条天皇の即位にともない登用された藤原経宗や藤原惟方らは天皇の親政を企図してしだいに台頭していったが、一方後白河院の周囲では信頼と信西との対立が先鋭化していった。信頼はもっぱら上皇の寵をもって勢威を示したが、信西の背後には畿内から西国にわたって覇権を有する清盛が控えていた。

右大将への任官をめぐる信頼と信西との確執に端を発したこの争いは、信頼が義朝を動かすことで挙兵へと発展した。熊野詣で清盛が京をあけた隙を狙って兵を挙げた信頼らは、三条殿を襲撃して院を連れ出し、奈良への脱出をはかった信西を捕らえて殺害した。信頼らはこうして二条天皇側近とも連携をはかろうとして策をめぐらせている矢先、熊野より帰還した清盛によって二条天皇を奪われ、逆に追討の宣旨をこうむり守勢に立たされた。源義平《よしひら》の力を借りて一時は盛り返したが、ついに六条河原で敗戦に追い込まれた。義朝は東国へ落ちのびようとして討っ手にかかって殺害され、三男の頼朝《よりとも》は伊豆に流された。信頼の斬首によって事態は終息するが、この乱によって平氏の実力はいやがうえにも高まりをみせた。

二条天皇に続いて即位した六条天皇の側近にも上皇方と対抗する勢力が結集したため、院の権力は明らかに制約を受けた。そこで上皇は、仁安《にんあん》三年（一一六八）に清盛の協力を得て六条天皇を退位に導き、二条天皇の弟にあたる高倉天皇の即位を実現した。これによって、上皇方の権力は確立した。

しかし、今度は上皇と勢力を拡張した平氏の間に軋轢が生じた。平氏と対抗するため後白河院は寺社勢力との提携に動いた。治承《じしょう》元年（一一七七）、『平家物語』でよく知られる鹿ヶ谷《ししたに》の陰謀が起こり、多田行綱《ゆきつな》の密告によって藤原成親《なりちか》、成経《なりつね》らが捕らえられ、法皇方に平氏打倒の密議があったことが露顕して、法皇方と平氏との関係はますます悪化した。そしてついに同三年、清盛は法皇を鳥羽殿に幽閉し、院政は停止された。清盛はさらに翌年、娘徳子《とくこ》所生の安徳天皇を擁立した。

治承四年、高倉から安徳への譲位によって皇位への望みを断たれた以仁王《もちひとおう》は源頼政《よりまさ》らとともに平氏を打倒すべく兵を挙げた。両人は結局敗れ去ったが、自らを「最勝王」とし、仏敵清盛を滅ぼすよう命じた以仁王の令旨《りょうじ》は東国へと伝えられ、伊豆の源頼朝、木曾の源義仲《よしなか》らがこれに呼応して蜂起した。

戦局の進展にともない、平氏はしだいに劣勢に立たされた。清盛の逝去はさらにこれに追い打ちをかけ、後白河法皇は院政を再開した。義仲はついに寿永《じゅえい》二年（一一八三）に都に攻め上り、平氏は安徳天皇をともない西国へと敗走した。

上洛した義仲は法皇と対立し、法皇の居する法住寺殿を攻めるありさまとなった。それは法皇が頼朝と提携して義仲を都から追放しようとしたことへの対抗措置であった。頼朝は異母弟の範頼《のりより》と義経《よしつね》を上洛させて義仲を討ち、法皇は三たび六条殿で院政を開始した。法皇はさらに義経らに命じて平氏の追討にあたらせ、文治《ぶんじ》元年（一一八五）ついに壇ノ浦で平氏を滅亡へと追いやった。

こののち、頼朝と義経の間に軋轢が生じ、法皇は義経の願いを入れて頼朝追討の宣旨を出したため、法皇と頼朝、すなわち公武間の対立は先鋭化した。頼朝は九条兼実を使って法皇の専断を抑止しようとしたが、奥州の藤原泰衡《やすひら》が義経を討ったことが契機となり、頼朝が藤原氏を殲滅《せんめつ》、結果として公武関係は正常化した。建久元年（一一九〇）、頼朝は上洛して法皇と会し、日本国総追捕使に任じられた。

後白河法皇は長命で、台頭する源平両勢力と粘り強く駆け引きを繰り返しながら公武関係を安定化させていった。法皇は神仏への信仰厚く、熊野詣は三十四回に及んだ。今様好きで知られる法皇であるが、変転する時代の波に乗って大きな調整力を発揮した。

法皇は建久三年三月崩御して法住寺陵《ほうじゆうじのみささぎ》（京都市東山区三十三間堂廻り町）に葬られた。

第七十八代　二条《にじょう》天皇　一一四三〜一一六五（在位一一五八〜一一六五）

後白河《ごしらかわ》天皇の第一皇子で、諱《いみな》を守仁《もりひと》といい、大納言藤原経実《つねざね》の娘、懿子《いし》を母として康治《こうじ》二年（一一四三）に生まれた。早くに母を失ったため、鳥羽《とば》天皇の皇后、美福門院得子《びふくもんいんとくし》により養育された。得子の子である近衛《このえ》天皇が眼病のため夭折したことから、早くに即位が期待されていた。

久寿《きゅうじゅ》二年（一一五五）に後白河天皇が即位したのにともない、親王宣下を受け、立太子した。保元《ほうげん》三年（一一五八）に後白河天皇からの譲位を受けて即位した。ときに十六歳。平治《へいじ》元年（一一五九）姝子《しゅし》内親王を中宮とし、ついで藤原（徳大寺）実能《さねよし》の娘、育子《いくし》を中宮とした。

平治の乱が勃発して、藤原信頼《のぶより》や源義朝《よしとも》らにより黒戸《くろと》御所に幽閉されたが、平清盛《きよもり》によって救出されて六波羅《ろくはら》へ難を逃れた。乱により天皇の政務は中断されたが、天皇が六波羅へ移ったことで平氏の気勢は大いに上がった。六波羅へと我先に馳せ参じる者も多く、平氏の勢威はますます拡大した。

そもそも二条天皇は放漫な後白河院政に批判的で、藤原経宗《つねむね》、藤原惟方《これかた》らを側近として信任し、関白基実《もとざね》を政治向きの相談相手とした。天皇は自ら親政を行う心づもりであったが、平治の乱にともなう混乱などでその実現は困難を極めた。永暦《えいりやく》元年（一一六〇）二月には、経宗、惟方ら天皇親政派が捕らえられ、翌月配流されるなど、上皇側の強い圧迫を受けた。

この天皇の御代で注目されるのは、亡くなった近衛天皇の皇后、多子《たし》が再び立后したことで、これは史上たいへん稀なことである。

天皇は高邁な識見をもち政務に前向きに臨んだともいわれるが、『今鏡《いまかがみ》』や『源平盛衰記』にみえるようにその治政に対する評価は分かれる。天皇は永万《えいまん》元年（一一六五）順仁《のぶひと》親王に譲位すると、まもなく崩御し香隆寺《こうりゆうじの》陵《みささぎ》（京都市北区平野八丁柳町）に葬られた。

第七十九代　六条《ろくじょう》天皇

一一六四～一一七六（在位一一六五～一一六八）

二条《にじょう》天皇の第二皇子。諱《いみな》を順仁《のぶひと》といい、伊岐致遠《いきのむねとお》の娘を母として、長寛《ちょうかん》二年（一一六四）に生誕し、二条天皇の中宮育子《いくし》のもとで育てられたとされる。もっとも『愚管抄《ぐかんしょう》』などが指摘するように、母については必ずしも判然とせず、左大臣藤原（徳大寺）実能《さねよし》の娘育子その人をあてるなどさまざまな説がある。

永万《えいまん》元年（一一六五）六月、親王宣下を受け、まもなく即位した。先帝の二条天皇が病弱であったことから、わずか二歳の幼帝の即位となった。したがって政務はもっぱら後白河《ごしらかわ》上皇の手に委ねられた。平安朝には摂関政治に続く院政の開始と相俟《あいま》って幼帝の擁立が頻繁に行われた。陽成《ようぜい》天皇以降、朱雀《すざく》、後一条《ごいちじょう》、堀河《ほりかわ》、鳥羽《とば》、崇徳《すとく》、近衛《このえ》など軒並み幼沖の天子が続き、天皇の親政は望むべくもなかった。

即位にともない藤原基実《もとざね》が摂政となったが、基実亡きのちは藤原基房《もとふさ》がその後を襲った。依然平氏の権勢を背景とする後白河院政が支配的で、早くも翌年上皇の皇子憲仁《のりひと》親王が立太子した。そして天皇は在位わずか三年にして仁安《にんあん》三年（一一六八）、五歳で早くも退位し、位を憲仁親王（高倉天皇）に譲った。そして元服を迎えることもなく夭折した。

天皇の治世で特徴的なのは宗教界の混迷である。永万元年八月には二条天皇の葬儀において興福寺と延暦寺とが席次をめぐって争った。それ以降も両寺の争いは続き、延暦寺の訴えによって、興福寺の別当が罷免されている。この年十月には、興福寺の僧徒らが天台座主俊円《しゅんえん》の流罪を強訴した。仁安二年になると、天台座主をめぐって延暦寺内部で抗争が激化した。

一方、治世下に着実な昇進をとげたのが、平清盛《きよもり》である。清盛は仁安元年に内大臣となり、さらにその翌年、太政大臣となった。ただし、この時期都では大火が頻発し、内裏が焼け落ちるなど不安材料も少なくなかった。

天皇は未だ幼年にして上皇となったが、安元《あんげん》二年（一一七六）七月、十三歳で崩御し、清《せい》閑寺 陵《かんじのみささぎ》（京都市東山区清閑寺歌ノ中山町）に葬られた。

第八十代 高倉《たかくら》天皇 一一六一〜一一八一（在位一一六八〜一一八〇）

後白河《ごしらかわ》天皇の第七皇子。諱《いみな》を憲仁《のりひと》といい、左大臣平時信《ときのぶ》の娘、滋子《じし》（建春門院《けんしゅんもんいん》）を母として、応保《おうほ》元年（一一六一）に生誕した。母は時の権力者平清盛《きよもり》の妻時子《ときこ》の妹にあたり、後白河院のたいへんな寵愛を受けたとされる。

永万《えいまん》元年（一一六五）に親王宣下を受け、翌仁安《にんあん》元年（一一六六）に立太子した。そして同三年、わずか八歳で即位した。承安《じょうあん》二年（一一七二）には清盛の娘、徳子《とくこ》（建礼門院《けんれいもんいん》）を中宮とした。天皇は学問、詩歌などにとりわけすぐれ、寛大で温和な性格であったことから末代の賢王と讃えられた。主人への届け物を奪われて号泣する娘を助け、失った装束を下賜した話や、臣下らの失敗を容認し、それをかばって慈しみの心を示した話など、天皇のすぐれた人柄を伝える逸話は枚挙にいとまがない。

ただ、天皇を悩ませたのは、時の実力者であった後白河院と平清盛との確執であり、実父と岳父との衝突は天皇にとってきわめて大きな心労の種であった。とりわけ鹿ヶ谷《ししたに》の陰謀が発覚してからは両者の関係は悪化の一途をたどった。

天皇の中宮であった清盛の娘、徳子は言仁《ときひと》親王（のちの安徳《あんとく》天皇）を生んだ。清盛は皇子降誕を心待ちにしていたが、皇子が誕生すると今度は早く即位させようと躍起になった。もちろん自らが天皇の外祖父として権勢をふるうことが狙いである。

後白河院は二条《にじょう》天皇、六条《ろくじょう》天皇を立てて傀儡《かいらい》化し、院政を敷いた。しかし、院政はしだいに平氏の台頭により大きな制約を受けることになる。そしてついに治承《じしょう》三年（一一七九）、清盛は関白を基房《もとふさ》から基通《もとみち》にすげ替え、院近臣《いんのきんしん》らを解任するとともに、後白河法皇を鳥羽殿に幽閉し、院政は停止された。十一世紀後半に開始された院政も新たな段階を迎え、武家との緊張関係を軸に展開してゆくことになる。かかる情勢を受けて、天皇も譲位を迫られ、治承四年二月、平氏の権勢を背景として安徳天皇の即位が実現した。高倉天皇は上皇となり新院と呼ばれた。

そののちも、以仁《もちひと》王の敗死、福原《ふくはら》への遷都、平氏による東大寺焼き討ちなどが続き、上皇の心労は増すばかりであった。天皇は譲位の翌年、養和《ようわ》元年（一一八一）一月に弱冠二十一歳で崩御して、後清閑寺 陵《のちのせいかんじのみささぎ》（京都市東山区清閑寺歌ノ中山町）に葬られた。

第八十一代　安徳《あんとく》天皇　一一七八～一一八五（在位一一八〇～一一八五）

高倉《たかくら》天皇の第一皇子。諱《いみな》を言仁《ときひと》といい、平清盛《きよもり》の娘で中宮の徳子《とくこ》（建礼門院《けんれいもんいん》）を母として治承《じしょう》二年（一一七八）に生誕した。生後まもなく、親王宣下を受け、立太子した。同四年に父、高倉天皇の譲位を受けて即位した。同三年十一月以降、後《ご》白河《しらかわ》院は幽閉され、院政は停止されていたから、即位は清盛の意向を具体化したものにほかならない。

天皇は平氏の政治的台頭のいわば切り札であった。清盛は高倉天皇のもとに娘、徳子を入内させていたが、なかなか皇子が授からないため、厳島《いつくしま》神社に祈願するなど、外戚の地位獲得に並々ならぬ力の入れようであった。ついに徳子は懐妊したが、その容態を心配した清盛は讃岐《さぬき》院（崇徳《すとく》上皇）をはじめ、藤原頼長《よりなが》、成親《なりちか》、そして鬼界《きかい》ヶ島に流された俊寛《しゅんかん》などの霊を慰める措置を講じた。皇子降誕後、清盛は一日も早く即位させて外祖父の地位を確保し、平氏一門の政治的基盤を確固たるものにしようとした。

天皇はあまりにも幼いため、女御などの入内もなく、皇子女もない。実際の政治をみるため摂政が必要とされ、藤原基通《もとみち》が任じられた。天皇は治承四年に福原《ふくはら》へ行幸し、同時にこの地に遷都した。しかし、関東の情勢が緊迫してきたのを受けて、まもなく京都へ帰還を余儀なくされた。

寿永《じゅえい》二年（一一八三）、源義仲《よしなか》は兵を動かし、越中で平維盛《これもり》を破り、勢いに乗って加賀で平氏に圧勝して都に迫った。この年七月、平宗盛《むねもり》は幼い安徳天皇を擁し、神器を携行して西海へと落ちのびた。そののち、大宰府を経て讃岐の屋島に行宮《あんぐう》を営んだ。

寿永四年二月、京都で狼藉を働いた義仲を討って勢いづく源義経《よしつね》は後白河上皇の院宣《いんぜん》に従って屋島を急襲し、平氏に大きな打撃を与えた。屋島の戦いに敗れた平氏は瀬戸内海を西へと逃れ、長門《ながと》の彦島に拠点を据えた。これにより、平氏は関門海峡を抑えたとはいえ、背後には周防《すおう》から豊後までを支配下に収めた源範頼《のりより》が控えていた。

退路を絶たれた平氏を一挙に殲滅《せんめつ》するため、義経は各地から水軍を募ったうえで周防国まで進出した。そして総勢八百余艘を率いて長門に進軍、さらに壇ノ浦に至った。一方、平氏は総勢五百余艘をもって彦島を出撃し、源平両軍は壇ノ浦で相まみえた。義経は奇策を講じて平氏軍を撃破し、潮の流れも変化して戦況は源氏に有利に傾いた。

平氏方では知盛《とももり》、経盛《つねもり》、教盛《のりもり》らが相次いで討ち死にし、安徳天皇は清盛の妻、二位尼時子《ときこ》に抱かれて入水した。建礼門院は海に身を投じたが、引き上げられた。平氏が西走の際に持ち出した三種の神器のうち、神鏡はからくも船上に留められた。神璽《しんじ》と宝剣は二位尼が入水の際身に帯びており、その後神璽は源氏に拾い上げられたが、宝剣は失われた。

寿永四年、平氏と運命をともにしわずか八歳で崩じた天皇には、そののち安徳天皇の諡号が追贈され、菩提を弔うべく阿弥陀寺御影堂《あみだじみえいどう》が建てられ、明治になって阿弥陀寺陵《あみだじのみささぎ》（山口県下関市阿弥陀寺町）が営まれた。

中世の天皇

（上）**後鳥羽天皇**　画像，伝藤原信実筆，13世紀前半，水無瀬神宮所蔵
（下）**後醍醐天皇**　画像，清浄光寺所蔵

第八十二代　後鳥羽《ごとば》天皇

一一八〇～一二三九（在位一一八三～一一九八）

高倉《たかくら》天皇の第四皇子として治承《じしょう》四年（一一八〇）に生誕した。この年は以仁《もちひと》王が平氏討伐の令旨《りょうじ》を発したものの敗死に追い込まれたほか、平清盛《きよもり》により都が福原《ふくはら》に遷され、源頼朝《よりとも》が伊豆に挙兵するなど、まさに激動の年であった。母は修理大夫坊門信隆《ぼうもんのぶたか》の娘、殖子《しょくし》（七条《しちじょう》院《いん》）。名を尊成《たかひら》という。

寿永《じゅえい》二年（一一八三）、源義仲《よしなか》の上洛にともない、平氏は安徳《あんとく》天皇を擁して神器とともども西走した。守貞《もりさだ》親王も西国へと移されたため、後白河《ごしらかわ》法皇は高倉院の皇子である、惟明《これあき》親王か尊成親王の擁立を企図せねばならなかった。平氏討伐の勲功著しい義仲は以仁王の皇子で出家していた北陸宮《ほくりくのみや》を推挙したが、結局法皇は丹後局の意見を容れて尊成親王を立てることとなった。この年八月、法皇の詔《みことのり》により後鳥羽天皇の即位が実現したが、平氏が三種の神器を持ち出したために、剣璽を帯びない異例の即位となった。同時に、安徳、後鳥羽の二人の天皇が並び立つという異例が重なった。

寿永四年（一一八五）、平氏が壇ノ浦で滅亡し、安徳天皇が入水してのち、建久《けんきゅう》元年（一一九〇）、後鳥羽天皇は元服するとともに摂政九条兼実《かねざね》の娘、任子《にんし》（宜秋門院《ぎしゅうもんいん》）を中宮とした。

依然として後白河法皇の院政が続いていたが、同三年に法皇が崩ずると形のうえでは天皇親政が実現し、それまで法皇と対立していた兼実が実権を掌握した。しかし、朝廷内部では頼朝の支援により台頭した兼実を快く思わぬ勢力が源通親《みちちか》の周囲に結集し、ついに同七年に政変が勃発した。兼実の娘、任子にはすでに昇子《しょうし》内親王が誕生していたが、通親の養女である在子《ざいし》（承明門院《しょうめいもんいん》）が為仁《ためひと》親王（のちの土御門《つちみかど》天皇）を生んだことから、通親側は一挙に攻勢に転じた。政変に敗れた兼実は失脚し、任子は宮中を追われた。

同九年、後鳥羽天皇は在位十五年にしてわずか四歳の為仁親王に譲位し、自らは院政を開始した。後鳥羽上皇は、以後承久《じょうきゅう》三年（一二二一）まで、土御門、順徳《じゅんとく》、仲恭《ちゅうきょう》の三代の天皇にわたり通算二十三年に及ぶ院政を敷いた。天皇自身がその地位の窮屈さを知悉《ちしつ》しており、院の立場で自由に政治を動かす意図があったものと思われる。そして通親は後鳥羽院別当となり、朝廷において実権を確立した。

こうした情勢は鎌倉幕府にとって不都合きわまりないものであった。大姫（頼朝長女）入内問題なども絡み頼朝と兼実との関係は必ずしも安定的であったわけではないが、建久七年の政変は親幕派公卿の中核であった九条兼実を失脚へと追いやったから、やはり幕府にとっては公武間の絆、朝廷における橋頭堡《きょうとうほ》を失うに等しかった。頼朝は上洛を敢行して公武関係強化への梃子《てこ》入れを企図したが、果たせずに正治《しょうじ》元年（一一九九）この世を去った。

頼朝が逝去すると、通親は頼朝の長男頼家《よりいえ》に家督相続を認める宣旨を下し幕府の存続を確かなものとすると同時に、朝廷内にあって親幕的な頼朝ゆかりの人々の排除に力を注ぎ、政治をほしいままにし世に「源博陸《はくりく》」と称された。だが、こうした通親の専断も長くは続かず、しだいに後鳥羽上皇が政治的影響力を行使しはじめ、貴族間の対立を解消して支配基盤の確立に努めるとともに、当初は幕府との関係強化にも腐心した。上皇は三代将軍実朝《さねとも》との関係を親密なものとすべく、実母の弟、坊門信清《のぶきよ》の娘を実朝の妻として鎌倉へ嫁がせるなど公武関係の協調に努めた。

しかし、幕府政治はしだいに変容して、実朝は実権を失い、代わっていわゆる執権政治が台頭していった。実際、幕府内部における将軍の権威は形骸化し、執権北条氏が実権を掌握するようになる。北条氏は朝廷の動向を警戒し、上皇が実朝を通じて御家人らの既得権を侵害する危険性に注意を払った。こうして公武間の関係はしだいに円滑さを欠き、対立の素地が出来上がっていった。北条氏が御家人らの歓心を引くために打ち出した在地領主保護政策は王権を確立しようとする上皇の政治理念と衝突した。

上皇は朝廷方の武力を強化する一環として西面《さいめん》の武士を設置したが、必ずしも当初より討《と》幕がめざされたわけではない。しかし、そうした矢先、承久元年正月、実朝が頼家の子、公暁《くぎょう》に殺害され、源氏の将軍が断絶した。院は幕府側の宮将軍東下《とうか》要請を留保しつつ、摂津国長江、倉橋両荘地頭の更迭を命じて幕府側に揺さぶりをかけた。執権北条義時《よしとき》はこの措置を容認せず、結局頼朝ゆかりの九条頼経《よりつね》が鎌倉に下ることで事態はいちおう収拾された。だが、こうしたやりとりを通じて相互の不信感は否応なく増大していった。

この頃から院の討幕計画は静かに進行していった。上皇は承元《じようげん》四年(一二一〇)、すでに土御門天皇に譲位を促し、順徳天皇を即位させていたが、承久三年、順徳天皇にも仲恭天皇への譲位を命じて着々と討幕に備えた。そしてついにこの年五月、後鳥羽上皇は執権北条義時追討の宣旨を発して挙兵した。上皇方は全国の守護、地頭を院庁《いんのちよう》の統制下に置くことを院宣《いんぜん》で示すとともに、これに従わない京都守護伊賀光季《みつすえ》を襲って見せしめとした。

幕府側もまもなく急報に接して、北条政子《まさこ》が御家人の結束を呼びかけ、信濃、遠江《とおとうみ》以東十五か国の御家人に兵の動員を命じた。幕府軍が二十万に迫る勢いであったのに対し、朝廷側は北面、西面の武士や僧兵、さらに西国守護の連合軍で内部的統制に欠け、兵力、士気ともに劣勢であった。院司内部でも討幕に依然慎重な意見が少なくなかった。

幕府軍の西上にともない、急遽美濃を防衛するため派遣された藤原秀康《ひでやす》、三浦胤義《たねよし》らの軍勢は呆気なく幕府軍の前に敗北した。上皇は自らも武装して僧兵の動員に懸命であったが、比叡山などの協力をとりつけることはできなかった。わずか一か月にして勝敗は決し、京都は幕府軍により占拠された。

その結果、後鳥羽上皇は隠岐《おき》へ、土御門、順徳両上皇はおのおの土佐、佐渡へと流された。後鳥羽上皇の兄行助《ぎょうじょ》入道親王（守貞親王）を立てて後高倉院《ごたかくら》とし、院政が開始されるとともに、仲恭天皇は廃され後堀河《ごほりかわ》天皇が立てられた。

上皇は十八年にも及ぶ配所での生活ののち、同所で延応《えんおう》元年（一二三九）二月崩じた。御陵に大原陵《おおはらのみささぎ》（京都市左京区大原勝林院町）と火葬塚の隠岐海士町《あまちょう》陵（島根県海士町）がある。

第八十三代　土御門《つちみかど》天皇

一一九五〜一二三一（在位一一九八〜一二一〇）

後鳥羽《ごとば》天皇の第一皇子として建久《けんきゅう》六年（一一九五）に生誕した。母は内大臣源通親《みちちか》の娘、在子《ざいし》（承明門院《しょうめいもんいん》）。諱《いみな》は為仁《ためひと》。『増鏡《ますかがみ》』などから、性格はきわめて温厚であったことが知られる。また、父である先帝と比べて世事には疎かったとされている。後鳥羽天皇の譲位に従い、同九年、わずか四歳にして践祚、即位した。

幼帝ということもあり、事実上後鳥羽上皇の院政が敷かれた。とはいえ、幕府との関係上、土御門天皇では心許ないとみた上皇は、承元《じょうげん》四年（一二一〇）天皇に譲位を迫り、弟の順徳《じゅんとく》天皇が即位した。この間、京都では源通親が後鳥羽院の別当となり、朝廷の実権を掌握した。

一方鎌倉幕府では、正治《しょうじ》元年（一一九九）には源頼朝《よりとも》が没し、頼家《よりいえ》がその跡を継いだが、まもなく頼家の執政は停止されて、北条時政《ときまさ》以下十三名の御家人による合議政治が開始された。

承久《じょうきゅう》の乱（一二二一）では、土御門上皇は討幕計画に関与していなかったことから、乱後幕府が後鳥羽、順徳両上皇を配流したのに対して、特段の罪に問われることはなかった。しかし、土御門上皇はこれを潔しとせず、自らの意志で幕府に申し出て、承久三年には土佐国へ下ることになった。ついで阿波国へと遷ったことから土佐院、阿波院の別称がある。上皇の京都還幸の噂は巷間絶えることがなかった。寛喜《かんぎ》三年（一二三一）十月に出家し、まもなく崩御して、金原陵《かねがはらのみささぎ》（京都府長岡京市金ヶ原）に葬られた。

第八十四代　順徳《じゅんとく》天皇　一一九七〜一二四二（在位一二一〇〜一二二一）

後鳥羽《ごとば》天皇の第三皇子として建久《けんきゅう》八年（一一九七）に生誕した。母は藤原範季《のりすえ》の娘、重子《じゅうし》（修明門院《しゅうめいもんいん》）。諱《いみな》は守成《もりなり》。幼少の頃より聡明で知られ、上皇の後押しもあって正治《しょうじ》元年（一一九九）には親王宣下を受け、翌二年には立太子した。

とかく穏健で気魄に乏しい兄の土御門《つちみかど》天皇と異なり激しい気性で知られる後鳥羽院に気圧《けお》

され、鎌倉幕府に対しても毅然とした姿勢で臨むことを強要された。したがって父、上皇と同様、武力によって幕府の強硬な態度を抑止するべきとの立場をとったといえる。

承元《じょうげん》四年（一二一〇）には後鳥羽上皇の意向により、土御門天皇の譲位を受けて即位した。このとき女御となった藤原立子《りゅうし》は、建暦《けんりゃく》元年（一二一一）正月、中宮に立てられた。中宮との間には、のちに仲恭《ちゅうきょう》天皇となる懐成《かねなり》親王が生誕した。このほか、天皇は藤原清季《きよすえ》や藤原信清《のぶきよ》の娘との間にも皇子女をもうけた。

治世中には、二十一箇条の新制（建暦新制）が制定されるなど目ぼしい施策もみられたが、実質的には後鳥羽上皇による院政の占める比重が大きかった。建保《けんぽう》年間（一二一三～一二一九）には諸寺間の紛争が表面化した。清水寺と延暦寺との抗争では上皇が収拾に乗り出し、鎮圧にあたった。上皇はまた在京の武士を動員して興福寺衆徒の入京を防止した。

在位後半には、鎌倉幕府側で政治的動揺が生じ、右大臣になったばかりの実朝《さねとも》が公暁《くぎょう》により殺害された。北条政子《まさこ》は上皇に対して皇子を将軍に迎えることを嘆願した。しかし、上皇は摂津国長江、倉橋両荘の地頭職罷免を求めたため、北条義時《よしとき》が上洛して事態の収拾にあたらねばならなかった。結局、幕府の要請を入れ、九条道家《みちいえ》の子、頼経《よりつね》が鎌倉へと下向することになった。

そもそも天皇の置かれた立場は基本的に反幕府的であった。後鳥羽上皇の影響はいうにおよばず、外祖父である藤原範季もほぼ全面的に源義経《よしつね》を後押しする姿勢をとっていたことなど、鎌倉への対抗を意識する機会が多かったものとみられる。天皇自らが『禁秘抄《きんぴしょう》』を著したことに象徴されるように、天皇は宮廷の儀式や政務のあり方を定式化することによって社会的文化的にも幕府に対抗しようとする姿勢がうかがえる。

『順徳院御集』などにみえる歌の才能は父である上皇の影響と藤原定家《さだいえ》など当代一流の歌人との交わりから自然と育まれたものであろう。こうした一面とは裏腹に、天皇は父譲りの武断的気性をも併せ持ち、後鳥羽院の討幕計画へとしだいに傾斜していった。承久《じょうきゅう》三年（一二二一）には懐成親王に譲位して、父後鳥羽と志を共にしてゆくことになる。しかし、承久の乱に敗れて佐渡に配流されると、そこには二十年にも及ぶつらい抑留生活が待っていた。

上皇は仁治《にんじ》三年（一二四二）九月に崩御し、大原陵《おおはらのみささぎ》（京都市左京区大原勝林院町）に葬られた（火葬塚は新潟県真野町にある）。

第八十五代　仲恭《ちゅうきょう》天皇

一二一八～一二三四（在位一二二一）

順徳《じゅんとく》天皇の第一皇子。母は九条良経《よしつね》の娘、立子《りゅうし》（東一条院）。諱《いみな》は懐成《かねなり》。建保《けんぽう》六年（一二一八）十月に生誕し、翌月には早くも立太子した。

父である順徳天皇が後鳥羽《ごとば》上皇とともども討幕計画に傾倒し、譲位を急いだために、承久《じょうきゅう》三年（一二二一）閑院内裏にて即位した。わずか四歳での登極である。そこで政治向きのことを補佐するべく、伯父の左大臣九条道家《みちいえ》が摂政となった。

そしてこの年、後鳥羽上皇は京都守護伊賀光季《みつすえ》を討つとともに、北条義時《よしとき》追討の宣旨を出したのである。ここに承久の乱の幕は切って落とされた。幕府はただちに東国の御家人らを動員して、東海、東山、北陸の三道に兵を分かちて京をめざして攻め上らせた。兵力にまさる幕府軍は一挙に攻め上って美濃、宇治、勢多《せた》で朝廷方の兵を破り、ついに入京を果たすことに成功した。その間わずか一か月、電光石火のごとき圧勝であった。

乱の結果、仲恭天皇は鎌倉幕府の沙汰により譲位を促され、位は後堀河《ごほりかわ》天皇へと移ることになった。仲恭天皇は未だ即位の礼も行われないまま、閑院内裏に三種の神器を残して摂政道家の九条邸へと逃れた。

天皇は文暦《ぶんりゃく》元年（一二三四）五月に崩御し、九条陵《くじょうのみささぎ》（京都市伏見区深草本寺山町）に葬られた。即位の礼はおろか、大嘗祭《だいじょうさい》も行われないまま退位したとあって、諡号《しごう》も定められず、半帝、九条廃帝、後廃帝などと称せられた。

第八十六代 後堀河《ごほりかわ》天皇

一二一二〜一二三四（在位一二二一〜一二三二）

高倉《たかくら》天皇の二の宮である守貞《もりさだ》親王（のちの後高倉《ごたかくら》院）の第三王子として建暦《けんりやく》二年（一二一二）に生誕した。母はかつて権中納言であった藤原基家《もといえ》の娘、陳子《ちんし》。名を茂仁《ゆたひと》という。

源平が衝突して安徳《あんとく》帝が平氏とともに落ちのびると、弟の守貞親王もまた西国へと連れ去られた。皇位から遠のいた守貞親王はのち出家して持明院宮《じみょういんのみやぎょうじょ》行助入道親王となった。

鎌倉幕府は討幕計画に関わった後鳥羽《ごとば》院に連なる人々をことごとく追放し、代わって高倉帝の系統を復活させた。承久の乱まで隠棲していた行助入道親王を担ぎ出して院政を開始させた。そして仲恭《ちゆうきよう》天皇を廃位して、茂仁親王を皇位につけた。親王は未だ十歳であったが、承久《じようきゆう》三年（一二二一）十二月に即位して後堀河天皇となった。後見役であった父の後高倉院が崩御すると、天皇は親政に臨んだ。

後堀河天皇のもとには、前の太政大臣三条公房《きんふさ》の娘、有子《ゆうし》（のちの安喜門院《あんきもんいん》）や関白近衛家実《いえざね》の娘、長子《ちょうし》（のちの鷹司院《たかつかさいん》）が入内したが、皇子の誕生はなかった。そこで前摂政の九条道家《みちいえ》の娘、竴子《そんし》（のちの藻璧門院《そうへきもんいん》）が入内してようやく皇子（のちの四条《しじょう》天皇）が授かった。

天皇の治世中にはもっぱら幕府による承久の乱の戦後処理が進められ、貞応《じょうおう》元年（一二二二）四月には新たに守護・新地頭の所務が定められた。

外祖父として権勢をふるわんとする道家の意向もあり、貞永元年（一二三二）、生来病弱であった天皇は譲位して院政を開始したが、まもなく持明院に崩じた。文暦《ぶんりゃく》元年（一二三四）八月に崩じた上皇は、観音寺陵《かんのんじのみささぎ》（京都市東山区今熊野《いまくまの》泉山《せんざん》町）に葬られた。

第八十七代　四条《しじょう》天皇

一二三一〜一二四二（在位一二三二〜一二四二）

後堀河《ごほりかわ》天皇の第一皇子。母は九条道家《みちいえ》の娘、藤原竴子《そんし》（のちの藻璧門院《そうへきもんいん》）。諱《いみな》は秀仁《みつひと》。寛喜《かんぎ》三年（一二三一）に生誕し、同年に親王宣下を受け、立太子した。貞永《じょうえい》元年（一二三二）、父後堀河天皇の譲りを受け、鎌倉幕府の反対を退けてわずか二歳で即位した。近衛《このえ》天皇や六条《ろくじょう》天皇、そして承久の廃帝である仲恭《ちゅうきょう》天皇の例などがあったため、幼少にして皇位を踏むことには当時将来を危ぶむ声もあったとされる。

天皇はあまりにも幼く、母方の九条道家や西園寺《さいおんじ》公経《きんつね》らが事実上政治を動かし権勢をふるった。天皇は仁治《にんじ》二年（一二四一）に十一歳で元服するとまもなく、九条教実《のりざね》の娘、彦子を女御に迎えたが、翌三年には十二歳で事故がもとで崩御したとされる。巷間、後鳥羽《ごとば》院らの怨霊のなせる業であろうとの風聞が囁《ささや》かれた。

四条天皇には兄弟も跡継ぎも存在しなかったため、皇位継承をめぐって物議が持ち上がった。道家や公経らは順徳《じゅんとく》天皇の皇子である忠成《ただなり》王の即位を画策したが、幕府の強い反対にあった。結局、十一日間の空位期間を挟んで、土御門《つちみかど》天皇の皇子、邦仁《くにひと》王（のちの後嵯峨《ごさが》天皇）が擁立されることになる。この紛議を契機に、皇位継承者の選定権は幕府へと移行していった。

天皇は崩御ののち月輪陵《つきのわのみささぎ》（京都市東山区今熊野《いまくまの》泉山《せんざん》町）に葬られた。

第八十八代　後嵯峨《ごさが》天皇　一二二〇〜一二七二（在位一二四二〜一二四六）

土御門《つちみかど》天皇の第二皇子として承久《じょうきゅう》二年（一二二〇）に生誕した。母は源通宗《みちむね》の娘、通子《みちこ》。名を邦仁《くにひと》という。承久の乱で土御門上皇が土佐に配流となり、母方の源通方《みちかた》のもとに身を寄せた。そののち、祖母である承明門院《しょうめいもんいん》のいる土御門殿にて養育された。

仁治《にんじ》三年（一二四二）、突然の事故により四条《しじょう》天皇が十二歳の若さで崩御した。もちろん跡継ぎがなく、皇位継承問題が急浮上した。九条道家《みちいえ》は外戚たる地位を確保すべく順徳《じゅんとく》上皇の皇子である忠成《ただなり》王の擁立を企図し、鎌倉幕府とも良好な関係を維持していた朝廷の実力者、西園寺公経《きんつね》以下、おもだった公卿らの賛同を得るに至った。

しかし、急報を受けた幕府は慎重な態度でこれに臨んだ。時の執権、北条泰時《やすとき》は事態を深刻に受け止め、承久の乱で討幕計画に与《くみ》した順徳院の流れを避けて、乱に際して中立的姿勢を堅持した土御門院の系統からの起用を検討した。確かに公経の仲介で道家の三男頼経《よりつね》は鎌倉に下り将軍となっていたが、泰時は道家の期待を一顧だにしなかった。

皇位継承をめぐって都ではさまざまな噂が乱れ飛び、順徳院の皇子が即位することを期待する母方の修明門院《しゅうめいもんいん》側も、そして土御門院の承明門院側もともに幕府の動向を注意深く見守っていたとされる。

結局、幕府は道家らの推す忠成王の即位を見送り、安達義景《あだちよしかげ》を使者に立てて上洛させ、公経ら公卿らをなだめて土御門上皇の皇子、邦仁王擁立を推進した。

指名された当の邦仁王は二十三歳になっても依然元服すらしていないありさまであったが、この年ようやく土御門殿で元服を果たした。四条隆親《たかちか》の冷泉万里小路《までのこうじ》殿で践祚し、まもなく即位して後嵯峨天皇となった。

天皇は寛元《かんげん》四年（一二四六）、在位四年で皇子の久仁《ひさひと》親王（のちの後深草《ごふかくさ》天皇）に譲位し、さらに正元《しょうげん》元年（一二五九）にはその弟、恒仁《つねひと》親王（のちの亀山《かめやま》天皇）への譲位を促した。そして自らは後深草、亀山両天皇の治世、二十六年間にわたって治天《ちてん》の君《きみ》として院政に力を注いだ。

一方、後嵯峨天皇が即位すると、変わり身の早い公経はまもなく天皇に付き従った。幕府から警戒され疎外された道家を尻目に、公経は道家と折り合いの悪いその子、二条良実《よしざね》を関白とし、自らの孫を後嵯峨の後宮へ入れるなど抜け目のない政略家ぶりを発揮した。

しかし、寛元二年に公経が逝去すると、道家は劣勢挽回を企図して後嵯峨院政の開始に符節を合わせて関白を良実から弟の一条実経《さねつね》へとすげ替えた。そして幕府と朝廷とをとりもつ関東申次《もうしつぎ》の職も掌中に収めた。しかし、関東でこのとき道家の運命を左右する事件が発生した。鎌倉では前将軍の頼経が名越光時《なごえみつとき》らの謀叛に連座したとして都へと追われたのである。すでに述べたように、頼経は道家の子であったから、道家の身に累が及ぶことは避けがたかった。

結局、道家は失脚して蟄居《ちっきょ》を言い渡され、幕府の意向で関東申次は西園寺実氏《さねうじ》へ、摂政は近衛兼経《かねつね》にとって代わられた。この事件は道家の失脚にとどまらず、朝幕関係にとっても大きな転機となった。朝廷政治に対する幕府の介入は一挙に強まったが、その象徴はなんといっても院評定衆の設置であろう。院評定衆の補任は幕府の専断となり、機関としても独自の議決機能を有して院からの高い独立性が保障されていた。

後嵯峨院政はほぼ完全に幕府の統制下に置かれることになった。後嵯峨は崩御に際して、治天の君の選定を幕府の手に委ねる旨の勅書を幕府に提出した。この事件を契機に九条家は大幅な後退を余儀なくされ、もはや摂関家の権威は地に墜ちたも同然であった。九条家に代わって西園寺家が台頭し、九条家は討幕計画に手を染めたとして、頼経の子である将軍頼嗣《よりつぐ》も廃される運命となった。後嵯峨には更衣平棟子《とうこ》との間に宗尊《むねたか》親王があり、幕府の要請に応えて初の宮将軍（皇族将軍）として鎌倉へと下った。以後、宮将軍は鎌倉幕府の滅亡まで続き、朝幕間の融和が図られた。これにより九条家から出ていた摂家将軍の時代は終わりを告げた。

こうしてしだいに朝廷や将軍の政治的地位が低下したのとは対照的に、北条氏の惣領による得宗《とくそう》政治が台頭した。また晩年、後嵯峨が後深草の皇子を差し置いて亀山の皇子を立太子させたことは、のちのち持明院《じみょういん》統（後深草の系統）と大覚寺《だいかくじ》統（亀山の系統）が激しく対立する契機となった。

上皇は自らののちの治天の選定を幕府に委ねるなどの火種を残したまま、文永《ぶんえい》九年（一二七二）二月崩御し、嵯峨南陵《さがのみなみのみささぎ》（京都市右京区嵯峨天竜寺芒《すすき》ノ馬場《ばば》町）に葬られた。

第八十九代　後《ご》深草《ふかくさ》天皇

一二四三〜一三〇四（在位一二四六〜一二五九）

後嵯峨《ごさが》天皇の第二皇子。母は太政大臣西園寺実氏《さねうじ》の娘、姞子《きつし》（大宮院《おおみやいん》）。名を久仁《ひさひと》という。寛元《かんげん》元年（一二四三）、今出川殿に生誕した。まもなく親王となり、同四年にわずか四歳にして後嵯峨天皇の譲位を受けて即位したが、実質的には後嵯峨上皇による院政が敷かれた。後宮には、生母の妹にあたる西園寺公子《こうし》（のちの東二条院）が後嵯峨天皇の猶子《ゆうし》となって入内して中宮となり、そのほかにも宮人として藤原相子らの名が知られる。

天皇の在位十三年間には、鎌倉幕府の動向が朝廷にも大きな影響を与えた。寛元四年には、北条経時《つねとき》が病気のため執権の座を弟の時頼《ときより》に譲った。名越光時《なごえみつとき》らは摂家将軍九条頼経《よりつね》を擁して時頼を除こうと試みたが、事件は未然に発覚し、この鎌倉騒動により幕府は頼経を京都に送り返した。時頼は朝廷に徳政を要求するとともに、九条道家《みちいえ》の関東申次《もうしつぎ》更迭を達した。この年十一月には院評定制が開始され、幕府の朝廷に対する介入はさらに強化された。

建長《けんちょう》四年（一二五二）、幕府は摂家将軍頼嗣《よりつぐ》を廃して宗尊《むねたか》親王を迎えるべく奏請した。まもなく頼嗣は京都へと帰還し、宗尊親王が鎌倉へと下った。翌五年に朝廷は新制を制定したが、これに次いで幕府も朝廷の新制に追加するかたちで関東新制を定めた。

正元《しょうげん》元年(一二五九)、父、後嵯峨院の命により天皇は弟の亀山《かめやま》天皇へと譲位した。後嵯峨上皇は後深草天皇よりも亀山天皇に目をかけていたこともあり、文永《ぶんえい》五年(一二六八)には亀山天皇の皇子、世仁《よひと》親王が立太子した。そして同九年、院政を続けてきた後嵯峨上皇が没すると、後深草、亀山のいずれが治天《ちてん》の君《きみ》となるかに衆目が集まる中、幕府が大きな決定の鍵を握ることになった。幕府は後嵯峨院の生前の意向を尊重して、結局亀山天皇を治天の君とした。

当然、これに後深草上皇は不満を抱き、ここから持明院《じみょういん》統(後深草の系統)と大覚寺《だいかくじ》統(亀山の系統)との対立が始まることになる。同十一年、亀山天皇の譲位により世仁親王が即位すると(後宇多《ごうだ》天皇)、後深草はこれを不満として上皇の尊号を返上して出家する意向を示した。この事態を憂慮した西園寺実兼《さねかね》は幕府との間に粘り強い折衝を繰り返して、ついに後深草上皇の皇子熙仁《ひろひと》親王を立太子させることに成功した。熙仁親王は弘安《こうあん》十年(一二八七)に即位して伏見《ふしみ》天皇となり、後深草は院政に着手した。

事態は持明院統の優位で展開し、伏見天皇の皇子が立太子したほか、後深草の皇子、久明《ひさあき》親王が征夷大将軍として鎌倉に迎えられるなど、後深草の周辺はにわかに活気を帯びることになった。後深草は二年余で院政をやめて出家したため、伏見天皇の親政が始まった。

後深草上皇は嘉元《かげん》二年(一三〇四)七月に崩御し、深草 北 陵《ふかくさのきたのみささぎ》(京都市伏見区深草坊町)に葬られた。

第九十代　亀山《かめやま》天皇　一二四九～一三〇五（在位一二五九～一二七四）

後嵯峨《ごさが》上皇の第三皇子として建長《けんちょう》元年（一二四九）に生誕した。母は西園寺実氏《さねうじ》の娘、大《おお》宮院姞子《みやいんきつし》。諱《いみな》は恒仁《つねひと》。正嘉《しょうか》二年（一二五八）、十歳にして兄、後深草《ごふかくさ》天皇の皇太子となる。正元《しょうげん》元年（一二五九）、上皇と大宮院との意向を受けて践祚、即位して亀山天皇となった。皇子の世仁《よひと》親王は文永《ぶんえい》五年（一二六八）に立太子するが、まもなく父、亀山天皇の譲位を受けて即位し後宇多《ごうだ》天皇となった。

天皇はたいへん明朗かつ英邁であったことから両親の寵愛ぶりもひとかたならず、文永九年の後嵯峨院崩御後、幕府の裁定により治天《ちてん》の君《きみ》とされたが、その背景には大宮院の強い働きかけがあったとされる。

弘長《こうちょう》元年（一二六一）、幕府が六十一箇条の関東新制を制定したのに対して、朝廷もこの年二十一箇条からなる新制を定め、さらに同三年にも四十一箇条の新制を制定した。文永三年に鎌倉騒動が起こると、幕府は将軍宗尊《むねたか》親王を京都へ返し、代わって朝廷に対して惟康《これやす》親王の下向を奏請した。

この頃から対外関係にも動きがみられ、文永五年一月には、高麗《こうらい》の使いが蒙古《もうこ》の皇帝、フビライ汗の国書を携帯、大宰府に到着した。幕府はただちに蒙古の国書を奏上したが、朝廷は蒙古に返書を宛てない方針を決定した。幕府は高麗の使人を返したのち、西国の守護らに蒙古襲来に備えるよう命じた。朝廷も諸国の寺社に異国降伏の祈禱を命じている。その後朝廷は蒙古への返書を作成して幕府に示したが、今度は幕府が送付を拒んだ。この間、高麗、蒙古の使いが来日して返書を求めたり、島民を掠奪するなどの動きがみられた。

亀山上皇は院政に積極的に臨み、「弘安礼節」を制定し、院評定制の改革に取り組んだ。一連の施策は「厳密之沙汰」や「徳政興行」と評されるなど一定の成果を上げた。上皇は持《じ》明院《みょういん》統（後深草の系統）に対抗して自家の発展に意を注ぎ、八条院領や室町院領の相続を推進した。

また、院政中には文永、弘安の二度の元寇《げんこう》に遭遇したが、国難を乗り越えるべく率先して伊勢神宮への祈願に努めた。

しかし、後宇多天皇の即位以降、幕府は亀山上皇に信を置かず伏見天皇への譲位を促した。こうして皇統は持明院統へと移り、将軍も後深草上皇の皇子である久明《ひさあき》親王が就任するなど、亀山上皇の意に反する出来事が続いた。上皇はこうした事態に落胆して、正応《しょうおう》二年（一二八九）四十一歳でにわかに出家し、嘉元《かげん》三年（一三〇五）に亀山殿に崩じた。晩年は禅宗に帰依し、その公家社会への浸透に先鞭をつけた。

上皇の亡骸《なきがら》は亀山院の後山で火葬されてのち、亀山陵《かめやまのみささぎ》（京都市右京区嵯峨天竜寺芒ノ馬場《すすきのばば》町）に葬られた。

第九十一代　後宇多《ごうだ》天皇

一二六七〜一三二四（在位一二七四〜一二八七）

亀山《かめやま》天皇の第二皇子。母は左大臣洞院実雄《とういんさねお》の娘、佶子《きつし》（京極院《きょうごくいん》）。名を世仁《よひと》という。文永《ぶんえい》四年（一二六七）に生誕し、同五年に親王宣下を受け、まもなく立太子した。後深草《ごふかくさ》院の皇女、姈子《れいし》内親王を皇后とした（遊義門院《ゆうぎもんいん》）。そのほか、妃として典侍藤原忠子《ちゅうし》、宮人源基子《きし》らがあった。基子との間には邦治《くにはる》親王（のちの後二条《ごにじょう》天皇）が、また忠子との間には尊治《たかはる》親王（のちの後醍醐《ごだいご》天皇）が生まれた。

同九年に後嵯峨《ごさが》上皇が亡くなると、鎌倉幕府は上皇や大宮院《おおみやいん》の意向を迎えて亀山天皇を治《ち》天《てん》の君《きみ》とした。同天皇によりしばらく親政が行われたが、文永十一年、未だ八歳の世仁親王へ譲位され、後宇多天皇の即位が実現した。そしてしばらく亀山上皇により院政が敷かれた。

後宇多朝の出来事として特筆されるのは何といっても元寇《げんこう》であろう。蒙古《もうこ》は当初分裂をきたしていたが、フビライの台頭により元朝の成立をみることになる。元は高麗《こうらい》を抑えて日本遠征を展望し、日本と交易していた南宋への働きかけを試みた。しかし南宋の態度が硬いとみるや、逆に南宋の攻略を企図して対日交渉を開始した。

蒙古は高麗が自国の支配下にあるとし、日本に対し服属を求める国書を送りつけてきた。国書は大宰府を経て幕府、朝廷に回覧された。幕府は執権北条時宗《ときむね》を中心に武断的姿勢をとり返書を拒絶することで専制体制の強化を狙った。朝廷はこうした幕府の姿勢に追従せざるをえなかった。これに対し、フビライは高麗に造船と徴兵の断行を促し、南宋をほぼ制圧するとついに文永十一年（一二七四）十月、元と高麗の連合軍は合浦を発って一挙に対馬を侵し、まもなく壱岐を急襲した。しかし、連合軍はついで博多湾西部に上陸し日本側との間で激しい戦闘が繰り広げられた。しかし、連合軍は一時撤退の際に大風に翻弄され、初回の遠征は不首尾に終わった。元の遠征軍は混成部隊で士気が低かったが、日本側も武器の面で弱体であり軍の凝集性にも欠けていた。

日本は元の再征に備えて、九州の各国が交替で異国警固番役《いこくけいごばんやく》に配置されたのをはじめ建治《けんじ》年間（一二七五～一二七八）に急速な防備の強化を達成した。弘安《こうあん》四年（一二八一）、元の軍隊はまたも士気の低い東路、江南の混成部隊で再来したが、日本の激しい抵抗と台風に直撃

され て再度目的を達しえなかった。元寇にともなって朝廷と寺社を中心に育まれた神国思想は武家政権への潜在的抵抗力を醸成した。

一方、朝廷では後宇多天皇の即位に不満な後深草上皇を慰撫するため、幕府によってその皇子、熙仁《ひろひと》親王（のちの伏見《ふしみ》天皇）が立太子された。弘安十年の譲位にともない、後深草上皇の院政が開始された。こうしてしばらく持明院《じみょういん》統（後深草の系統）の治世が続いたが、その後再び大覚寺《だいかくじ》統（亀山の系統）の世となり、後宇多は後二条、後醍醐両朝にわたり十一年あまり院政を敷いた。

後宇多上皇は元亨《げんこう》元年（一三二一）、幕府の了解を得て二世紀余にわたった院政を停止し、ここに後醍醐天皇の親政が実現した。上皇は寵愛の遊義門院に先立たれ、失意のうちに出家し、正中《しょうちゅう》元年（一三二四）六月崩じて蓮華峰寺《れんげぶじ》陵《のみささぎ》（京都市右京区北嵯峨朝原山《あさはらやま》町）に葬られた。

第九十二代　伏見《ふしみ》天皇

一二六五～一三一七（在位一二八七～一二九八）

後深草《ごふかくさ》天皇の第二皇子として文永《ぶんえい》二年（一二六五）に生誕した。母は左大臣洞院実雄《とういんさねお》の娘、愔子《いんし》（玄輝門院《げんきもんいん》）。名を熙仁《ひろひと》という。後宮には、中宮西園寺鏱子《しょうし》（永福門院《えいふくもんいん》）、典侍藤原経子《けいし》、宮人藤原季子《きし》らが入内した。そして藤原経子との間に胤仁《たねひと》親王（のちの後伏見《ごふしみ》天皇）が、藤原季子を母として富仁《とみひと》親王（のちの花園《はなぞの》天皇）が誕生した。

建治《けんじ》元年（一二七五）、大覚寺《だいかくじ》統（亀山《かめやま》天皇の系統）である後宇多《ごうだ》天皇の皇太子となり、弘安《こうあん》十年（一二八七）十月に践祚し、翌年三月即位した。同天皇以降、互いに対立する持明院《じみょういん》統（後深草天皇の系統）と大覚寺統とが幕府に働きかけを行いながら交互に皇位を継承することになる。伏見天皇が即位してまもなく、正応《しょうおう》二年（一二八九）には皇子の胤仁親王が立太子したため、持明院統は隆盛を極めた。これにより両統間の溝は深まり、しだいに対立は激化していった。

伏見天皇の治世が開始されてまもなく物騒な事件が朝廷を見舞った。正応三年三月、甲斐源氏、浅原為頼《あさはらためより》一族が突然右衛門陣から宮中に乱入し、天皇の命を狙うという驚くべき騒動が勃発したのである。武装した為頼ら兵士が御殿に侵入すると、中宮らは逃げ惑い、天皇も女装して姿を消した。中宮警護の武士らの防戦により、まもなく為頼らは殿中で自刃した。

浅原為頼はさきに時宗《ときむね》の死を契機に激化した北条氏家臣団の争乱、いわゆる霜月《しもつき》騒動（弘安合戦）の際に安達泰盛《あだちやすもり》方について領地を没収され、その後悪党化し各地で悪事狼藉を働いていたとされる。自暴自棄となった為頼の狂気じみた犯行とも思われたが、事件後為頼の帯びた刀から三条実盛《さねもり》の関与が発覚し、実盛はほどなく取り押さえられた。さらにこの天皇暗殺の計略にはその背後に亀山上皇が控えているとの噂がまことしやかに囁《ささや》かれ、伏見天皇も事態を重くみて徹底した探索を命じたが、亀山上皇は自らにかけられた嫌疑を晴らすため、幕府に対して事件との関係を否定する誓いを立てた。このため事件探索は沙汰やみとなった。

伏見朝で天皇側近として活躍したのは京極為兼《きょうごくためかね》であった。為兼は祖父為家《ためいえ》の影響から歌道に専心し、天皇や中宮永福門院ら京極派の指導者として世に知られ、『万葉集』への回帰を主張して、もう一方の二条派の為世《ためよ》らと対抗した。為兼は私心のない忠実さを天皇に買われて天皇の寵臣として活躍したが、しだいに持明院統の政略家と目され、一門を引き連れて南都で歌や蹴鞠《けまり》に興じるなど派手な振る舞いが過ぎ、大覚寺統に近い関東申次《もうしつぎ》西園寺実兼《さねかね》の反発を買ってついに土佐へ流された。

天皇は治世中、十三箇条の新制を発布するなど政道刷新や門閥打破に腐心した。しかし幕府の干渉が強まると、子の後伏見天皇に譲位した。後伏見天皇も三年を経ずして大覚寺統の後二条《ごにじょう》天皇に皇位を譲った。その後持明院統の幕府に対する働きかけが功を奏して延慶《えんきょう》元年（一三〇八）花園天皇が即位すると、再び伏見上皇の院政が開始された。

上皇は終始、両統迭立《てつりつ》問題の解決に腐心したが、依然糸口を見出せないまま、文保《ぶんぽう》元年（一三一七）九月に崩御し、深草北陵《ふかくさのきたのみささぎ》（京都市伏見区深草坊町）に葬られた。

第九十三代　後《ご》伏見《ふしみ》天皇

一二八八〜一三三六（在位一二九八〜一三〇一）

持明院《じみょういん》統（後深草《ごふかくさ》天皇の系統）の伏見《ふしみ》天皇の第一皇子。名を胤仁《たねひと》という。かつて参議に列した藤原経氏《つねうじ》の娘で典侍経子《けいし》を母として正応《しょうおう》元年（一二八八）に生誕した。まもなく親王宣下を受け、翌二年には伏見天皇の皇太子となった。永仁《えいにん》六年（一二九八）、伏見天皇の譲位にともない、即位して後伏見天皇となった。これとともに伏見上皇による院政が開始された。

これにより持明院統に春が訪れたかにみえたが、関東申次《もうしつぎ》の西園寺実兼《さねかね》の意向により皇統は大覚寺《だいかくじ》統（亀山《かめやま》天皇の系統）に移ることになり、早くも正安《しょうあん》三年（一三〇一）後二条《ごにじょう》天皇が即位した。

西園寺実兼は太政大臣公相《きんすけ》の嫡男で、文永《ぶんえい》四年（一二六七）に父公相が他界し、また祖父実氏《さねうじ》も同六年にこの世を去ると、その家督を相続して関東申次の職責を負うこととなった。当時、持明院統と大覚寺統との対立は激化の様相を呈していたが、皇位継承者の選定や譲位の判断については事実上実兼が幕府の執権、北条氏とともに諮《はか》って決定を下していた。実兼の妹、嬉子《きし》は亀山天皇の中宮となっていたが、天皇は中宮を冷遇したため、実兼は幕府に働きかけて建治《けんじ》元年（一二七五）、後深草天皇の皇子、熙仁《ひろひと》親王を後宇多《ごうだ》天皇の皇太子とし、まもなく伏見天皇の即位、後深草天皇の院政開始が実現した。そして皇太子に伏見天皇の皇子、胤仁《たねひと》親王を立てるに至って、持明院統と大覚寺統との対立は決定的となった。こうした両統の分裂はいうまでもなく半世紀以上にわたる南北朝時代を現出させる大きな要因となった。

後伏見天皇の即位、伏見上皇による院政の開始とともに側近の京極為兼《ためかね》が台頭したが、やがて実兼との間に軋轢《あつれき》を生じ、結果として関東申次の実兼はしだいに大覚寺統に接近していった。その結果、皇太子には後宇多上皇の皇子、邦治《くにはる》親王が擁立され、ついに上述のごとく後二条天皇が即位するに至った。

延慶《えんきょう》元年（一三〇八）に後二条天皇が崩御すると、代わって持明院統の花園《はなぞの》天皇の即位が実現し、再び伏見上皇が院政を行うこととなった。しかし、伏見上皇はほどなく出家の意向を幕府に伝え、結果として後伏見上皇に院政を譲ることになったのである。このとき京極為兼らもともに出家した。

花園朝の末期には、幕府が持明院統と大覚寺統との迭立《てつりつ》を提案して周旋に努めたが、協議は不調に終わっている（文保《ぶんぽう》の和談）。文保二年（一三一八）、花園に次いで大覚寺統の後醍《ごだい》醐《ご》天皇が即位し、後宇多上皇の院政が開始された。後醍醐天皇は元弘《げんこう》元年（一三三一）、討幕の兵を挙げたが失敗し、神器をもって出京、笠置山《かさぎ》へと入った。幕府は急遽大軍を上洛させて事態の制圧に乗り出し、ついに光厳《こうごん》天皇が即位して、後醍醐は捕らわれた。これにともない再び後伏見上皇による院政が再開されたが、幕府に叛旗を翻した足利尊氏《たかうじ》が入京すると、光厳の廃位とともに院政は停止された。

上皇はその後出家し、建武《けんむ》三年（一三三六）四月に崩御して深草北陵《ふかくさのきたのみささぎ》（京都市伏見区深草坊町）に葬られた。

第九十四代　後二条《ごにじょう》天皇

一二八五～一三〇八（在位一三〇一～一三〇八）

大覚寺統《だいかくじ》（亀山《かめやま》天皇の系統）の後宇多《ごうだ》天皇の第一皇子。名は邦治《くにはる》。源基子《きし》（前内大臣堀川具守《とももり》の娘で亀山天皇の女御准三宮近衛位子の官女、西華門院《せいかもんいん》）を母として弘安《こうあん》八年（一二八五）に生誕した。同九年に親王宣下を受け、永仁《えいにん》六年（一二九八）に持明院統《じみょういん》（後深草《ごふかくさ》天皇の系統）の後伏見《ごふしみ》天皇の皇太子となった。

すでに持明院統の伏見天皇は自らの皇子を立太子させ、その即位を推進した。これに対して、大覚寺統はかかる皇位継承は後嵯峨《ごさが》上皇の遺志を忠実に反映していないとして、吉田定《さだ》房《ふさ》を急派して鎌倉幕府に訴えせしめた。定房は北畠親房《きたばたけちかふさ》や万里小路《までのこうじ》宣房《のぶふさ》とともに「後《のち》の三《さん》房《ぼう》」として知られ、そもそも父経長《つねなが》同様大覚寺統の廷臣であったが、亀山、後宇多両天皇の信任厚く、後二条朝には蔵人頭《くろうどのとう》、参議、検非違使《けびいし》別当と順調に昇進した。のちに後醍醐《ごだいご》天皇の親政を実現すべく後宇多院により鎌倉に下向を命じられ、使命を全うした。

正安《しょうあん》三年（一三〇一）、邦治親王は後伏見天皇の譲りを受けて即位し後二条天皇となった。これとともに父である後宇多上皇の院政が開始された。天皇はたいへん温和な性格であったが政治には疎く、治世中注目すべき業績は認められない。皇太子には持明院統の富仁《とみひと》親王（のちの花園《はなぞの》天皇）が立てられた。天皇は延慶《えんきょう》元年（一三〇八）八月、にわかに病いを発し、神社への祈禱や奉納が繰り返されたが、そのかいなくまもなく崩御して北白河陵《きたしらかわのみささぎ》（京都市左京区北白川追分町）に葬られた。

第九十五代　花園《はなぞの》天皇

一二九七～一三四八（在位一三〇八～一三一八）

伏見《ふしみ》天皇の第三皇子として永仁《えいにん》五年（一二九七）に生誕した。母は左大臣洞院実雄《とういんさねお》の娘、季子《きし》（顕親門院《けんしんもんいん》）。名を富仁《とみひと》という。正安《しょうあん》三年（一三〇一）に親王宣下を受け、まもなく父、伏見上皇の意向により兄である後伏見上皇《ごふしみ》の猶子《ゆうし》となり、大覚寺統《だいかくじ》（亀山《かめやま》天皇の系統）の後《ご》二条《にじょう》天皇の下で立太子した。もし後伏見上皇に皇子が生まれた場合には皇子を富仁親王の猶子に迎えて皇位を継承させることによって持明院統《じみょういん》（後深草《ごふかくさ》天皇の系統）の分裂を回避しようとしたためである。

天皇は、自身がその日記『花園院宸記《しんき》』（全四十七巻）に幼き頃より毎朝読経、念仏を欠かすことがなかったと記すなど、清廉で文人肌の人柄で知られ、あまり女人も近づけなかったとされる。

延慶《えんきょう》元年（一三〇八）に後二条天皇の崩御にともなって即位した。そしてまもなく天皇より九歳年長にあたる大覚寺統の尊治《たかはる》親王（のちの後醍醐《ごだいご》天皇）の立太子が実現した。天皇は未だ十二歳であったことから、治世の前半は父である伏見上皇が、そして後半は兄の後伏見上皇が院政を敷いた。歌道にも力を注ぎ、京極為兼《ためかね》を師と仰ぎ、伏見院や永福門院《えいふくもんいん》ともども京極派の中核をなした。

治世中には山門の強訴への対応や異賊蜂起の報に接して幕府が全国の社寺に異国降伏を祈禱させるなど、社会不安が醸成されたが、伏見院政の下にあって自重する姿勢に終始した。そして日野資朝《ひののすけとも》らと交わりつつ学問に専心した。

文保《ぶんぽう》二年（一三一八）には後醍醐天皇に譲位したが、退位後、量仁《かずひと》親王（のちの光厳《こうごん》天皇）

の養育や禅宗信仰に力を注いだ。天皇は建武《けんむ》二年（一三三五）に出家してのち、貞和《じょうわ》四年（一三四八）十一月崩御して十楽院上陵《じゅうらくいんのうえのみささぎ》（京都市東山区粟田口三条坊町）に葬られた。

第九十六代　後醍醐《ごだいご》天皇　一二八八〜一三三九（在位一三一八〜一三三九）

後宇多《ごうだ》天皇の第二皇子として正応《しょうおう》元年（一二八八）に生誕した。母は藤原忠継《ただつぐ》の娘、典侍忠子《ちゅうし》（談天門院《だってんもんいん》）。諱《いみな》を尊治《たかはる》という。延慶《えんきょう》元年（一三〇八）に持明院《じみょういん》統（後深草《ごふかくさ》天皇の系統）の花園《はなぞの》天皇の皇太子となり、文保《ぶんぽう》二年（一三一八）に即位した。后妃には中宮藤原禧子《きし》（礼成《れいせい》門院《もんいん》）、中宮珣子《じゅんし》内親王、宮人阿野廉子《あのれんし》らがあった。皇子女としては、北畠師親《もろちか》の娘、親子《しんし》との間に護良《もりなが》親王、阿野廉子を母とする義良《のりよし》親王（のちの後村上《ごむらかみ》天皇）や恒良《つねよし》親王、そして成良《なりよし》親王が、藤原為子《いし》との間に尊良《たかなが》親王や宗良《むねよし》親王、遊義門院一条を母とする世良《よよし》親王などがもうけられた。

後醍醐天皇は政治に対して一貫して強い意志をもって臨み、吉田定房《さだふさ》、北畠親房《ちかふさ》、万里小路《までのこうじ》宣房《のぶふさ》ら「後《のち》の三房《さんぼう》」や日野資朝《すけとも》、日野俊基《としもと》らを腹心として重用し、元亨《げんこう》元年（一三二一）には後宇多上皇の院政を廃止するとともに、記録所を再興したり諸所の新関を廃したりした。

天皇は生前より自ら「後醍醐」と諡号《しごう》を決めていたように、延喜《えんぎ》・天暦《てんりゃく》の治として名高い醍《だい》醐《ご》、村上《むらかみ》両天皇の時代を念頭に置き、復古ではなく理想政治を追求して親政体制を樹立していったのである。しかし、天皇が政治権力を掌握し政治の刷新を断行するためには、どうしても鎌倉の幕府権力との対決は避けて通れなかった。

そこで側近の日野資朝、日野俊基らを中心に討幕の志を同じくする者たちと語らい、無礼講や種々の講書会を催して勢力の結集をはかった。さまざまな宴席も設けられ、互いの気持ちを確かめ合って討幕への空気が醸成されていった。こうして討幕の機会をうかがいつつ計画が練られ、正中《しょうちゅう》元年（一三二四）には北野恒例の祭りの警備に武士らが動員されるのを見越して六波羅《ろくはら》探題《たんだい》を襲撃する計略をめぐらしたが、この計略は事前に洩れ多数の軍勢が六波羅に結集して謀叛人の討伐が開始された。土岐《とき》頼兼《よりかね》、多治見《たじみ》国長《くになが》らは殺害され、資朝、俊基らは捕らえられた。この正中の変は天皇方に打撃を与え、いったん天皇は幕府に誓書を提出したものの、依然として討幕の意志を変えようとはしなかった。

嘉暦《かりゃく》年間（一三二六～一三二九）初頭には、中宮藤原禧子（礼成門院）の懐妊に際し、皇子の無事降誕を祈ってさまざまな祈禱、修法が行われたが、実際にそこでは関東調伏《ちょうぶく》の祈禱が繰り返されていたといわれる。護良親王は尊雲《そんうん》法親王と号し延暦寺の天台座主になっているが、その目的は関東調伏のため寺院勢力を天皇方に動員することにあったとされる。南都北嶺への行幸も僧兵を味方につけようとする天皇の意志の表れであった。こうして後醍醐天皇と幕府との対立はしだいに激化していった。

元徳《げんとく》三年（一三三一）、幕府は吉田定房の密告によって天皇の討幕の意志を知り、長崎高《たか》貞《さだ》ら配下を上洛させて日野俊基らを再び逮捕した。天皇は三種の神器を車に載せると一路笠《かさ》置《ぎ》山をめざして京都脱出をはかった。しかし、幕府は大軍を上洛させ、笠置山をまもなく陥落させると天皇を捕らえて隠岐《おき》に流した。天皇に従い河内《かわち》赤坂に挙兵した楠木正成《くすのきまさしげ》も幕府軍の攻撃により大きな打撃を受けた。

これでいったんは討幕運動は鎮圧されたかにみえたが、まもなく護良親王が吉野で、さらに楠木正成が河内千早城で再び兵を挙げると、諸国でもこれに応じようとする動きがみられた。各地で悪党らが相次いで蜂起を繰り返すと、情勢はにわかに一変した。今度は幕府側が足をすくわれ窮地に立たされるありさまとなった。この機に乗じて、元弘《げんこう》三年（一三三三）閏《うるう》二月、警護の者に守られながら天皇は釣り舟で隠岐を脱出した。天皇は無事に出雲に到着して在地豪族の名和長年《なわながとし》に迎えられ、船上山《せんじょうさん》に落ち着いて諸国の武士に蜂起を促した。そして幕府の命により西をめざしていた足利尊氏《たかうじ》が後醍醐天皇方につくと一気に形勢は逆転した。

かかる元弘三年はまさに激動の時にあたり、反幕府の旗幟《きし》を鮮明にした尊氏は赤松《あかまつ》氏ともども六波羅を撃ち、壊滅に追いやった。同じ頃、東国では新田義貞《にったよしさだ》が挙兵して鎌倉を攻撃し、ついに幕府を倒壊へと導いた。後醍醐天皇はこうした情勢を受けて、まもなく京都に還幸し、朝廷政治の復活を打ち出した。

建武新政の開始にともない、天皇は持明院統の上皇らの所領や公家、寺社の所領を安堵するとともに、討幕の論功行賞に着手せねばならなかった。また、天皇は自ら後醍醐を名乗り「朕《ちん》ノ新儀ハ未来ノ先例タルヘシ」として天皇親政の断行を高らかに謳《うた》い上げた。天皇はその政治的権威の絶対性を示すうえから、綸旨《りんじ》なくして土地の安堵を認めない個別安堵法を施行しようとしたが、土地領有に関する旧来からの慣行にそぐわず、結局武士らの反発を買って撤回するなど、討幕の恩賞への不満とともに新政への期待はことごとく裏切られていった。天皇独裁による諸施策も朝令暮改で多くの混乱をきたし、「二条河原落書」にみられるように建武政権は出だしからつまずきをみせた。

後醍醐天皇は記録所や恩賞方、雑訴決断所などを整備するとともに、各地に国司、守護を置いて治安の維持に努めるなど精力的に政治を推進したが、大内裏の造営など経費のかさむ事業も多く、徳政令などを出して事態の収拾に乗り出したが十分な効果を上げるに至らなかった。建武政権への批判は日増しに高まり、ついに西園寺公宗《きんむね》や北条時行《ときゆき》らの反政府運動が活発化して事態は緊迫した。中先代《なかせんだい》の乱以後、時行は鎌倉攻撃へと転じ、足利直義《ただよし》の救援にかけつけた尊氏が鎌倉奪回後も帰京せず、ついに反建武政権の姿勢を鮮明にしたことで、天皇方は窮地に立たされた。天皇は吉野に移って南朝を樹立し、そののち義良親王に譲位してまもなく、朝敵討伐や都奪回を遺言して延元《えんげん》四年（一三三九）八月に崩御し、塔尾陵《とうのおのみささぎ》（奈良県吉野町）に葬られた。

第九十七代　後村上天皇《ごむらかみ》　一三二八～一三六八（在位一三三九～一三六八）

南朝第二代の天皇。後醍醐《ごだいご》天皇の第七皇子として嘉暦《かりやく》三年（一三二八）に生誕した。母は阿野公廉《あのきんかど》の娘、廉子《れんし》（新待賢門院《しんたいけんもんいん》）。諱《いみな》は義良《のりよし》。正中《しょうちゅう》の変ののち朝幕関係は緊迫し、その生涯は戦乱の渦中にあった。後醍醐天皇が配流された隠岐から帰還し、鎌倉幕府を滅ぼして建武新政を始めると、未だ幼年の義良親王は陸奥《むつ》守に任じられた北畠顕家《あきいえ》らとともに奥州は多賀《たが》城へと下向した。その目的は北条一族の残党を殲滅《せんめつ》し、東国の武士層を天皇方へと動員することにあった。

足利尊氏《たかうじ》が叛旗を翻すと、親王は北畠親房《ちかふさ》、顕家父子らとともに西にとって返し、天皇のいる叡山で元服した。そしてまた、事態を見極め奥州へと帰還した。しかし、多賀国府が襲撃されたため、延元《えんげん》二年(一三三七)に再度西をめざし、各地で戦いをくぐり抜けながら吉野へと到達した。その間、顕家は戦死したが、親王は翌年、宗良《むねよし》親王らとともに北畠氏にともなわれて奥州へ帰還しようとした。しかし、その際、暴風雨にあって伊勢に寄せ返され、吉野に戻って立太子した。そして同四年八月、父、後醍醐天皇の譲位を受けて即位した。

正平《しょうへい》三年(一三四八)、足利方にあった高師直《こうのもろなお》が吉野を襲撃したため、やむなく天皇は紀伊へと下った。そののち、足利一族の内紛が激化し直義《ただよし》、尊氏が相次ぎ南朝に降参すると、北朝は崇光《すこう》天皇を廃して足利氏追討の方策をとった。

後村上天皇は同七年に行宮《あんぐう》を出て河内国東条を経て京都への回帰を果たした。しかし、足利氏はまたしても南朝に抵抗する行動に出て尊氏の子、義詮《よしあきら》は軍勢を投入した。天皇は辛くも難を脱して賀名生《あのう》に帰還した。天皇は幼い頃から奥州に下向して辛酸をなめ、南北朝の戦乱にも翻弄された。一面で音楽や和漢の学に長《た》けた天皇であったが、父ともども安住の地を得ることはかなわなかった。幾度にもわたって京都への回帰を試みたが、つねに厚い壁が眼前に立ちはだかった。

天皇は各地を転々としてのち正平二十三年(一三六八)三月に崩御し、檜尾陵《ひのおのみささぎ》(大阪府河内長野市寺元)に葬られた。

第九十八代　長慶天皇《ちょうけいてんのう》

一三四三～一三九四（在位一三六八～一三八三）

南朝第三代の天皇。後村上《ごむらかみ》天皇の第一皇子として興国《こうこく》四年（一三四三）、吉野山中に生誕した。母は女御、藤原勝子《しょうし》（嘉喜門院《かきもんいん》）。名を寛成《ゆたなり》という。後村上天皇が崩御した正平《しょうへい》二十三年（一三六八）、即位したものと推定されている。

南朝の衰退はもはや極度に進んでおり、皇室財政も逼迫《ひっぱく》して、即位の儀礼も行われた形跡がない。そのため、天皇の在位をめぐっては古くから即位説と非即位説の両説が主張されてきた。皇統に正式に加えられるようになったのは、近代以降、大正末のことである。

長慶天皇の即位説と非即位説については、江戸時代から長期にわたって諸説の対立がみられ、『大日本史』を編んだ徳川光圀《みつくに》は即位説を、そして塙保己一《はなわほきいち》は非即位説の論陣を張った。近代以降になると、即位説が多数説となったが、依然として谷森善臣《たにもりよしおみ》（一八一七～一九一一）のように非即位説を主張する者も少なくなかった。

だが、大正年間に入り、『耕雲《こううん》千首』奥書が発見され、八代国治《やしろくにじ》（一八七三～一九二四）により『長慶天皇御即位の研究』が発表されるに及んで、即位説が決定的となった。そしてついに大正十五年（一九二六）十月、詔書の発布をもって長慶天皇の即位が確認され、正式に皇統に加えられることになったのである。

かかる事情から、天皇の生涯とその事績については後世に伝えられるところ少なく、戦乱の世にあって事実上隠遁生活を強いられていた可能性が高い。即位当時は摂津国住吉《すみよし》の行宮《あんぐう》にあったと考えられるが、そのうち大和の吉野に移ったとされている。そして弘和《こうわ》三年（一三八三）末から翌元中《げんちゅう》元年（一三八四）にかけて後亀山《ごかめやま》天皇に譲位したと推測される。そののち、しばらくの間は院政を敷いたものと思われる。

乱世にあっても、天皇は『仙源抄《せんげんしょう》』を著したり、作歌に向かったりした。南北朝合一後、後亀山天皇が京都へ帰還したのに対して長慶上皇はこれに同行せず、応永《おうえい》元年（一三九四）八月、五十二歳で崩御して嵯峨東陵《さがのひがしのみささぎ》（京都市右京区嵯峨天竜寺角倉《すみのくら》町）に埋葬された。

第九十九代　後亀山《ごかめやま》天皇　?〜一四二四（在位一三八三〜一三九二）

南朝第四代の天皇。後村上《ごむらかみ》天皇の第二皇子。諱《いみな》を熙成《ひろなり》という。女御藤原勝子《しょうし》（阿野実為《さねため》の娘とする説もある）を母として生誕した。降誕の年月は不詳。後宮に入内した女性についても定かでない。皇子に恒敦《つねあつ》親王があったとされる。

弘和《こうわ》三年（一三八三）末から翌元中《げんちゅう》元年（一三八四）にかけて、兄の長慶《ちょうけい》天皇の譲りを受けて即位した。在位期間はおよそ九年で、元中九年閏《うるう》十月の南北朝合一を契機に退位した。したがって天皇の在位は南朝がもっとも衰微した時代であったといえよう。

足利義満《よしみつ》は南北朝の合一に際していくつかの条件を提示したが、結局、後亀山天皇はこれを受諾した。そして天皇は三種の神器を携行して南朝を後にし、還御の儀式に備えて行宮《あんぐう》を出発したのである。

天皇は奈良興福寺に宿泊してのち嵯峨大覚寺を経て入京し、神器は後小松《ごこまつ》天皇の内裏である土御門殿に渡御した。これをもって南北朝時代に終止符が打たれることになった。合一といっても南朝方は財政的にも破綻して、いわば北朝方に吸収されたに等しかった。後亀山天皇に供奉した者は数十名と少なく、まことに侘しい行幸となった。

両朝の合一によって、北朝の後小松天皇に皇統は一元化され、南朝は滅亡した。明徳《めいとく》の年号の存続が決定され、元中の年号は廃止されることになった。

天皇は天竜寺において足利義満に会ってのち、太上天皇の尊号を贈られた。しかし、天皇はまもなく尊号を辞退するとともに、にわかに出家した。これには阿野実為らわずかの者が随行したにとどまった。天皇は隠遁の余生を過ごす意向であったに違いない。

ところが上皇は応永《おうえい》十七年（一四一〇）、突如として嵯峨を出て吉野に入った。そのため広橋兼宣《ひろはしかねのぶ》らが説得にあたり、上皇はようやく同二十三年帰還した。この事件については、上皇が経済的に困窮していたため、こうした事態を招いたともいわれたが、一方で南北朝合一の条件を義満が遵守しようとしなかったことへの不満が背景にあると指摘する説もある。あるいは上皇は南朝の再興を考えていたのかもしれないが、結局幕府の制止を受け入れて京都へと帰還してのち、再び小倉《おぐら》山で隠遁生活に復したのであった。後亀山天皇もやはり武断政治に大きく翻弄されていたということができよう。

上皇は応永三十一年（一四二四）四月に崩御し、嵯峨小倉陵《さがのおぐらのみささぎ》（京都市右京区嵯峨鳥居本小坂町）に葬られた。

北朝第一代　光厳《こうごん》天皇

一三一三～一三六四（在位一三三一～一三三三）

持明院《じみょういん》統（後深草《ごふかくさ》天皇の系統）の後伏見《ごふしみ》天皇の第一皇子。前左大臣西園寺公衡《きんひら》の娘、寧子《ねいし》（広義門院《こうぎもんいん》）を母として正和《しょうわ》二年（一三一三）に一条邸に生誕した。名を量仁《かずひと》という。後宮には、中宮懽子内親王、妃寿子内親王、典侍藤原秀子《しゅうし》らが入内した。皇子には藤原秀子を母とする興仁《おきひと》親王（のちの崇光《すこう》天皇）、弥仁《いやひと》親王（のちの後光厳《ごこうごん》天皇）、義仁《よしひと》親王らがあった。

早くに大覚寺統《だいかくじ》（亀山《かめやま》天皇の系統）の後醍醐《ごだいご》天皇の東宮には同じく大覚寺統の邦良《くによし》親王が立られていたが、嘉暦《かりやく》元年（一三二六）に邦良親王が薨去《こうきょ》したため、幕府の支持を得て量仁親王が立太子した。両統迭立《てつりつ》ということで、大覚寺統と持明院統とがほぼ十年間の在位をもって交互に即位するとの取り決めがあったが、後醍醐天皇はなかなか譲位の意向を示さなかった。

元弘《げんこう》元年（一三三一）に後醍醐天皇の討幕計画が発覚した折、天皇が逃れた笠置《かさぎ》山で関東方の武将らが天皇に対して三種の神器を渡すよう促した。これに対して、天皇はそもそも神器とは天皇が直々に皇太子に授けるものであるとして引き渡しを拒んだとされる。のちに天皇が入京した際、神器は持明院統の光厳に渡された。いずれにせよ、鎌倉幕府の推戴によって光厳天皇は即位し、後伏見上皇の院政が開始された。

後醍醐天皇は隠岐に流されたが、依然各地では討幕の兵を挙げる者が相次いだ。元弘三年には足利尊氏《たかうじ》らが六波羅《ろくはら》を襲撃し、六波羅探題《たんだい》にあった北条仲時《なかとき》らは後伏見、花園《はなぞの》両上皇とともに光厳天皇を擁して東国へと逃れようと図った。しかし、まもなく北条時益《ときます》が討ち死にし、仲時もほどなく討たれたため、上皇らともども天皇も近江で捕らえられ、ついに光厳天皇は伯耆《ほうき》にあった後醍醐天皇の詔《みことのり》により廃されることとなった。

とはいえ、建武《けんむ》新政は失敗に帰し、建武二年（一三三五）に足利尊氏は叛旗を翻した。尊氏は摂津打出《うちで》、豊島河原《てしまがわら》で楠木正成《まさしげ》、新田義貞《よしさだ》に敗れて京都攻略は成功しなかったが、いったん九州に逃れた尊氏は再び都をめざして攻め上り、正成、義貞らを兵庫湊川《みなとがわ》に破った。尊氏の奏請により光厳の弟、豊仁《ゆたひと》親王（光明《こうみょう》天皇）を皇位につけるとともに光厳上皇により院政が開始された。尊氏は「建武式目」を制定して室町幕府を開き、一方後醍醐天皇はまもなく吉野へと移ることになった。これにより、持明院統の光明天皇と大覚寺統の後醍醐天皇が並立することになり、時代は南北朝分立の時代へと突入した。

光厳上皇の院政は光明、崇光（光厳の皇子）両天皇の二代にわたって、およそ十五年間続いた。この間、観応《かんのう》の擾乱《じょうらん》に端的に示されたごとき足利氏の内紛が発生して、南朝方が優勢となった。後村上《ごむらかみ》天皇はこの機に乗じて北朝の崇光天皇を廃し、光厳、光明、崇光の三上皇を南朝へと移した。夢窓疎石《むそうそせき》に帰依した光厳上皇は晩年、禅僧として余生を送った。

上皇は貞治《じょうじ》三年（一三六四）七月に崩御し、山国陵《やまくにのみささぎ》（京都府京北町）に葬られた。

北朝第二代 光明《こうみょう》天皇

一三二一〜一三八〇（在位一三三六〜一三四八）

後伏見《ごふしみ》天皇の第二皇子。母は西園寺公衡《きんひら》の娘、藤原寧子《ねいし》（広義門院《こうぎもんいん》）。名を豊仁《ゆたひと》という。

元亨《げんこう》元年（一三二一）に生誕し、翌年、親王宣下を受けた。

建武《けんむ》三年（一三三六）、足利尊氏《たかうじ》が楠木正成《まさしげ》らを破って入京すると、後醍醐《ごだいご》天皇は延暦寺に退いた。これを機に尊氏は光厳《こうごん》上皇に弟の豊仁親王の即位を奏請した。こうして光明天皇の即位が実現し、実際の政務は光厳上皇の院政に委ねられた。そののち、後醍醐天皇がいったん都に戻ったため、天皇は後醍醐に太上天皇の称号を賦与するとともに、後醍醐の皇子、成良《なりよし》親王を立太子させた。

だが、後醍醐天皇はまもなく都を後にし、吉野に向かったため、朝廷は事実上分裂し、南北朝時代が到来した。持明院《じみょういん》統（後深草《ごふかくさ》天皇の系統）、大覚寺《だいかくじ》統（亀山《かめやま》天皇の系統）の迭立《てつりつ》は破られ、およそ半世紀にわたり北朝と南朝に天皇が並立し、別々の年号が立てられることになる。

光明天皇はそこで皇太子成良親王を廃し、暦応《れきおう》元年（一三三八）兄である光厳上皇の皇子、益仁《ますひと》（のち興仁《おきひと》と改める）親王の立太子を断行した。そして貞和《じょうわ》四年（一三四八）に譲位し、自らは上皇となった。正平《しょうへい》六年（一三五一）に足利尊氏父子が南朝に降伏すると、北朝は廃された。

光明上皇はこれにより、翌七年に光厳、崇光《すこう》両上皇ともども、南朝によって河内東条へと移され、さらに吉野へと幽閉されることになった。その後仏道修行に励んだ上皇は康暦《こうりゃく》二年

（一三八〇）六月崩御して、大光明寺陵《だいこうみようじのみささぎ》（京都市伏見区桃山町泰長老）に葬られた。

北朝第三代　崇光《すこう》天皇　一三三四～一三九八（在位一三四八～一三五一）

光厳《こうごん》天皇の第一皇子として建武《けんむ》元年（一三三四）に生誕した。母は三条公秀《きんひで》の娘、典侍藤原秀子《しゅうし》（陽禄門院《ようろくもんいん》）。諱《いみな》を当初益仁《ますひと》といい、のち興仁《おきひと》と名乗った。暦応《りやくおう》元年（一三三八）に光明《こうみよう》天皇の東宮となり、貞和《じようわ》四年（一三四八）、十五歳で即位した。光厳上皇の意向により、その養父であった花園《はなぞの》上皇の皇子、直仁《なおひと》親王が立太子した。

崇光天皇の治世中で特筆すべきは、室町幕府の内紛から発展し、観応《かんのう》元年（一三五〇）から文和《ぶんな》元年（一三五二）にかけて勃発した観応の擾乱《じようらん》であろう。幕府は成立期より足利尊氏《たかうじ》、直義《ただよし》兄弟の間でかなり明瞭な権限配分を行っていたが、幕府の支配権の拡大がこうした分担を破綻させ、執事の高師直《こうのもろなお》の介入もあって対立の芽が吹いた。師直は尊氏の政治的権威を楯に直義を牽制したため、対立は助長され関東の大豪族武士団を中心とする直義派と畿内の中小新興武士団を中心とする尊氏派との対立の構図がしだいに出来上がっていった。

貞和四年、双方は南朝の攻略で対照的な結果を招いた。前年、直義派が敗れ去ったのに対し、翌年師直らは吉野に攻め込んで後村上《ごむらかみ》天皇を追放したため、両者の軍事力の格差は歴然となった。直義は師直の罷免を要求したが、反対に優勢を誇る師直の軍に囲まれ直義は罷免、尊氏の子、義詮《よしあきら》が代わって擁立された。

こののち、火種となったのは尊氏の子でありながら直義の養子となった直冬《ただふゆ》であった。直冬は中国探題にあって尊氏と対立的関係に立ち、観応元年尊氏、師直の追討を受けた。そこへいったん出家したはずの直義が介入し、軍事衝突は大規模化した。そののち、直義派は諸勢力を吸収して優位に立ち、京都の義詮を追放して南朝に和議を申し入れ、綸旨《りんじ》の獲得に成功した。一方、尊氏は摂津打出浜の戦いに敗れ、師直は殺され、事態は義詮を直義派が後見する体制へと移行した。しかし、直義派もほどなく衰退して関東へと下向し、尊氏は南朝と和議を成立せしめてのち、直義軍を破って鎌倉を占領した。

こうした大規模な戦乱、南北朝の和議を契機に北朝の崇光天皇と東宮の直仁親王は廃位へと追いやられ、このとき天皇には太上天皇の尊号が贈与された。しかし、事態は急変して南朝方が京都から退いたため、崇光上皇は光厳、光明両上皇ともども南朝方にともなわれて河内東条を経て大和の賀名生《あのう》に拉致された。

上皇が幽閉されている間に、幕府は上皇の弟にあたる後光厳《ごこうごん》天皇を擁立したため、持明院《じみょういん》統（後深草《ごふかくさ》天皇の系統）を引き継ぐ上皇は憤激して、帰京とともに皇子である栄仁《よしひと》親王（伏見宮）の皇位継承を幕府に強く働きかけたが不首尾に終わった。
京都に戻ってのち出家した上皇は応永《おうえい》五年（一三九八）一月崩御し、大光明寺陵《だいこうみょうじのみささぎ》（京都市伏見区桃山町泰長老）に葬られた。

北朝第四代　後《ご》光厳《こうごん》天皇　一三三八〜一三七四（在位一三五二〜一三七一）

光厳《こうごん》天皇の第二皇子として暦応《りゃくおう》元年（一三三八）に生誕した。母は三条公秀《きんひで》の娘、藤原秀子《しゅうし》（陽禄門院《ようろくもんいん》）。諱《いみな》は弥仁《いやひと》。当初は皇位につくことなど考えられず、仏の道を歩むことが想定されていた。

南朝降伏により足利尊氏《たかうじ》、義詮《よしあきら》らが打ち立てた政治体制は正平《しょうへい》七年（一三五二）には早くも揺らぎ、後村上《ごむらかみ》天皇は光厳、光明《こうみょう》、崇光《すこう》の三上皇と直仁《なおひと》廃太子ともども吉野へ還幸したため、京都は天皇が在位しない事態が現出した。

京都の秩序を回復することに成功した義詮らは、後伏見《ごふしみ》院妃である広義門院《こうぎもんいん》の命を受け、光厳上皇の皇子である弥仁親王を擁立して北朝を再興することになった。皇子はこの年八月に持明院殿より内裏に入り、親王宣下もないまま即位に及んだ。ここに十五歳の後光厳天皇の即位が実現した。

しかし、京都の情勢はそののちも不安定さを免れなかった。幕府内部で依然内紛がくすぶりつづけ、南朝方の京都攻略などもあって、文和《ぶんな》年間から康安年間にかけて(一三五二〜一三六二)は幾度も天皇が難を逃れて美濃や近江《おうみ》に逃れざるをえなかった。『太平記』などによると、この頃多くの寺社が焼失し、朝廷の威光にも翳《かげ》りがみられるようになった。都の治安は一段と悪化して、盗賊らが街を徘徊するようになった。政治が安定化するのは義詮が亡くなり、義満《よしみつ》が将軍となってからである。応安《おうあん》四年(一三七一)に天皇は皇子、緒仁《おひと》親王へ譲位し、院政を開始したが、まもなく病いを得て同七年一月崩御し、深草北陵《ふかくさのきたのみささぎ》(京都市伏見区深草坊町)に葬られた。

北朝第五代 後円融《ごえんゆう》天皇 一三五八〜一三九三(在位一三七一〜一三八二)

後光厳《ごこうごん》天皇の第二皇子として延文《えんぶん》三年(一三五八)に生誕した。母は広橋兼綱《かねつな》の娘、藤原仲子《ちゅうし》(崇賢門院《すうけんもんいん》)。名を緒仁《おひと》という。応安《おうあん》四年(一三七一)に親王宣下を受け、ただちに父天皇の譲位を受けて十四歳で即位した。

そののち、北朝では延文二年に帰還していた崇光《すこう》上皇と後光厳上皇が不仲となり、朝廷内にも派閥が形成されて皇位継承をめぐる紛争が続いた。崇光上皇は持明院統《じみょういんとう》（後深草《ごふかくさ》天皇の系統）の嫡流である皇子、栄仁《よしひと》親王を後光厳天皇の後継者として擁立するよう幕府に働きかけていた。しかしながら、戦乱の中にあって運命を共にした後光厳天皇への配慮から、幕府はその意向を迎え、緒仁親王の即位が実現された。

後円融天皇の在位中には足利義満《よしみつ》が頭角をあらわし、参議、権大納言を経てまもなく左大臣へと昇格した。そして南北朝時代も終焉へと向かってゆく。もはや皇統としての対立ではなくなり、京都の幕府と南朝との対立としての様相を呈していった。幕府がしだいに基盤を強化する中で、明徳《めいとく》三年（一三九二）両朝の合一が実現する。この間に天皇は在位十一年にして永徳《えいとく》二年（一三八二）皇子の幹仁《もとひと》親王に譲位し、形ばかりの院政を開始した。そして上皇は明徳四年四月崩御して、深草北陵《ふかくさのきたのみささぎ》（京都市伏見区深草坊町）に葬られた。

第百代　後小松《ごこまつ》天皇　一三七七〜一四三三（在位一三八二〜一四一二）

後円融《ごえんゆう》天皇の第一皇子として永和《えいわ》三年（一三七七）に生誕した。母は内大臣を務めた三条公忠《きんただ》の娘、厳子《げんし》（通陽門院《つうようもんいん》）。名を幹仁《もとひと》という。日野資教《すけのり》邸で養育され、親王宣下を受けることなく永徳《えいとく》二年（一三八二）、足利義満《よしみつ》の室町殿へと移り、まもなく後円融天皇から譲位され、即位した。

時の最高実力者、左大臣義満の補佐を受けつつ即位の儀礼がとり行われた。天皇は未だ六歳の幼少であったため、父の後円融上皇が院政を敷いた。もっとも上皇はまもなく崩御した。即位後十年にして南北朝の合一が成り、明徳《めいとく》三年（一三九二）、南朝の後亀山《ごかめやま》天皇から三種の神器を受け取った。すでに足利義満の権力は確立していたため、義満による半ば専制的な政治が進められた。義満は征夷大将軍から、左大臣を経て太政大臣へと順調に昇進した。武家として太政大臣となるのは平清盛《きよもり》以来のことである。義満は天皇を立てたのはそもそも自分であるとの意識が強く、朝廷も義満のなすがままであった。

応永《おうえい》九年（一四〇二）には明《みん》の使いが来日したが、「日本国王」とされたのは義満であった。この頃になると、朝廷に対する幕府の優位は歴然としていた。

応永十九年、天皇は位を皇子の実仁《みひと》親王（称光《しょうこう》天皇）に譲り、東洞院殿において院政を開始した。神器が南朝から返還されたときの約では、後亀山天皇の皇子が次に立てられることになっていたが、義満の意向により後小松天皇の皇子、実仁親王が擁立されたのである。

いずれにせよ、後小松天皇の親政、院政の時代においては義満に権力が集中し、幕府側が完全に主導権を掌握した。

こののち正長《しょうちょう》元年（一四二八）称光天皇が崩じると、上皇は貞成《さだふさ》親王（後崇光院《ごすこう》）の皇子、彦仁《ひこひと》王を猶子《ゆうし》として即位を図り、後花園《ごはなぞの》天皇を誕生させた。こうして院政を継続した上皇は永享《えいきょう》五年（一四三三）十月崩じ、深草北陵《ふかくさのきたのみささぎ》（京都市伏見区深草坊町）に葬られた。

第百一代　称光《しょうこう》天皇

一四〇一～一四二八（在位一四一二～一四二八）

後小松《ごこまつ》天皇の第一皇子として応永《おうえい》八年（一四〇一）に生誕した。母は日野資国《すけくに》の娘、資子《しし》（光範門院《こうはんもんいん》）。諱《いみな》は実仁《みひと》。応永十八年に親王宣下を受け、翌十九年に後小松天皇の譲位を受けて践祚し、同二十一年に十二歳で即位した。これとともに後小松上皇の院政が開始された。

日野氏を挟んで足利氏と天皇家は密接な関係をもった。天皇の外祖父である日野資国の妹、業子《なりこ》は足利義満《よしみつ》の正室となり、同じく資国の姪にあたる康子《やすこ》は義満の側室となっていた。また康子の妹、栄子《えいし》は足利義持《よしもち》の正室となった。康子は後小松天皇の准母であり、栄子は称光天皇の准母であった。

天皇は生来病弱であったこともあり、後小松上皇の院政の陰に隠れて治世中目立った事績はない。晩年はとりわけ弟の死去や父との反目によって精神の安定を著しく欠き、二人の内親王をもうけたともいわれるが、地味で薄幸な生涯を終えた。

皇子に恵まれなかったことから、貞成《さだふさ》親王（後崇光院《ごすこう》）の皇子、彦仁《ひこひと》王を後小松上皇が猶子《ゆうし》に迎えて、のちに後花園《ごはなぞの》天皇として即位させた。

天皇の在位年数は十六年で、正長元年（一四二八）七月、二十八歳の若さで崩御し、深草北陵《ふかくさのきたのみささぎ》（京都市伏見区深草坊町）に葬られた。

第百二代　後花園《ごはなぞの》天皇

一四一九〜一四七〇（在位一四二八〜一四六四）

伏見《ふしみ》宮第三代貞成《さだふさ》親王（後崇光院《ごすこう》）の第一王子として応永《おうえい》二十六年（一四一九）に生誕した。母は庭田《にわた》経有《つねあり》の娘、幸子《こうし》（敷政門院《しきせいもんいん》）。名を彦仁《ひこひと》という。伏見宮の初代、栄仁《よしひと》親王は北朝の崇光《すこう》天皇の皇子で、経有の妹、資子の所生である。つまり伏見宮は持明院《じみょういん》統（後深草《ごふかくさ》天皇の系統）の嫡流ということになろう。

応永十九年、持明院統の後小松《ごこまつ》天皇がその皇子、称光《しょうこう》天皇に譲位したため、南北朝合一の約である両統迭立《てつりつ》を破るものとして大覚寺《だいかくじ》統（亀山《かめやま》天皇の系統）の貴族らが各地で蜂起した。

乱はほどなく鎮圧されたが、皇子のない称光天皇の後継者問題が依然残されていた。この機を狙って大覚寺統が再び蜂起すると、後小松上皇はすばやく伏見宮の彦仁を御所に迎えて猶《ゆう》子《し》としたうえ、称光天皇の崩御とともに親王宣下もないまま、正長《しょうちょう》元年（一四二八）践祚、翌永享《えいきょう》元年（一四三九）即位させた。

天皇の治世中には度重なる土一揆や嘉吉《かきつ》の乱（一四四一）など大きな騒乱や政変が相次いだ。依然南朝の残党が暗躍して各地で蜂起し、宮中に侵入するなど不安定な政情が続いた。一方、将軍足利義政《よしまさ》は遊興にふけり奢侈《しゃし》に流れたため、天皇から諫言《かんげん》を加えられるありさまであった。天皇は後小松上皇が亡くなると三十年以上の長きにわたって親政を続け、寛正《かんしょう》五年（一四六四）、皇子の成仁《ふさひと》親王（後土御門《ごつちみかど》天皇）に譲位し、東洞院において院政を開始した。

上皇は応仁《おうにん》の乱の中に出家し、文明《ぶんめい》二年（一四七〇）十二月崩御、後山国陵《のちのやまくにのみささぎ》（京都府京北町）に葬られた。

第百三代　後土御門《ごつちみかど》天皇

一四四二～一五〇〇（在位一四六四～一五〇〇）

後花園《ごはなぞの》天皇の第一皇子として嘉吉《かきつ》二年（一四四二）に生誕した。母は藤原孝長《たかなが》の娘、信子《しんし》

(嘉楽門院《からくもんいん》)。諱《いみな》は成仁《ふさひと》。長禄《ちょうろく》元年(一四五七)に親王宣下を受け、寛正《かんしょう》五年(一四六四)に父、後花園天皇の譲位を受けて、翌六年に即位した。

天皇在位中の最大の出来事は応仁《おうにん》の乱(一四六七〜一四七七)である。この大乱は室町幕府の末期、京都を中心に前後十一年にわたって繰り広げられた。そもそも幕府は守護大名に対して十分な統制力をもっていなかったため、同時代半ば以降守護大名らの反乱に苦しめられた。さらに幕府の失政、政治腐敗が進行し、土一揆や徳政一揆が続発するようになると、いよいよ幕府の政治的基盤は揺らいでいった。

またこの頃、将軍家をはじめとして、管領《かんれい》の畠山《はたけやま》、斯波《しば》両家の跡継ぎ問題が深刻化し、これに細川《ほそかわ》、山名《やまな》の両有力守護大名らの勢力争いが加わって、ついに応仁元年(一四六七)、事態は大規模な戦闘に発展した。戦いはしだいに中央から地方へと拡散していった。

文明九年(一四七七)、京都周辺の争乱は収まりをみせたが、戦闘が激烈をきわめ、また長期化したことによって京都は大きく荒廃した。京都の市街地はその多くが戦火を被って焦土と化した。皇室や公家らの所領は掠奪され、朝廷財政は著しく逼迫《ひっぱく》した。一方、幕府の権威は失墜し、将軍足利義政《よしまさ》は政治をまったく顧みず、財政の破綻をよそに東山山荘の建造に着手したり遊興にふけったりという目に余る所業であった。そこへ夫人の日野富子《とみこ》も米相場や高利貸しに手を染めるといったありさまで、まさに幕府に対する批判は頂点に達しようとしていた。

朝廷でも、皇室財源が枯渇し、戦火によって社寺や公家らの邸宅も多く被災し、廷臣の大半が地方へと難を逃れた。こうした事態にあっては、朝廷の諸行事の多くは中止を余儀なくされた。節会《せちえ》や旧来の朝儀も次々と廃止されることになった。

戦乱の中、天皇は義政の室町第に難を逃れるなど、行幸を繰り返し、結局室町第の仮宮で十年近い歳月を過ごさざるをえなかった。天皇はそののち、小川第や北小路第などを転々とし、文明十一年ようやく修繕の完了した土御門内裏への還幸を果たした。

朝廷の有職故実《ゆうそくこじつ》に詳しい関白の一条兼良《かねら》らの協力を得て、天皇はなんとか朝廷の儀式の再興をめざした。朝臣に元日節会の実施を促したり、古来の儀礼について調査を命じるなどさまざまな手を尽くしたが、結局天皇の願いはかなわなかった。

在位期間は三十六年と長期に及んだが、治世はことごとく応仁の乱によって翻弄され、失意のうちに明応《めいおう》九年（一五〇〇）九月崩御したが、葬儀も満足に行われることがなかった。時代はしだいに戦国の世へと進んでゆくが、天皇の生涯はこうした戦乱の渦中にあったのである。天皇の亡骸《なきがら》は深草北陵《ふかくさのきたのみささぎ》（京都市伏見区深草坊町）に葬られた。

第百四代　後柏原天皇《ごかしわばら》　一四六四～一五二六（在位一五〇〇～一五二六）

後土御門《ごつちみかど》天皇の第一皇子として寛正《かんしょう》五年（一四六四）に生誕した。母は贈内大臣庭田長賢の娘、源朝子《ちょうし》。諱《いみな》は勝仁《かつひと》。文明《ぶんめい》十二年（一四八〇）に親王宣下を受け、明応《めいおう》九年（一五〇〇）の後土御門天皇崩御を受けて践祚した。

しかし、応仁《おうにん》の乱（一四六七～一四七七）の後遺症ははなはだしく、朝廷の経済は逼迫《ひっぱく》して即位の礼をとり行う費用をなかなか捻出することができなかった。なにせ先帝、後土御門天皇の葬儀が崩御後四十三日も挙行できないありさまであったから、即位礼どころではなかったともいえる。

元日節会《せちえ》やその他の朝廷の儀式も中止され、即位礼はその議があっても費用調達に長い年月を要した。諸国に段銭を課すなどの方策が講じられたが、効果のほどははかばかしくなかった。幕府などによる献金も行われたが、とうてい費用を賄うほどの額に達せず、なんと即位礼は践祚後二十二年目にしてようやく行われた。

本願寺の実如《じつにょ》や幕府の献金をもとに、ようやく大永《だいえい》元年（一五二一）に即位礼は挙行された。もちろんこれだけの歳月を要したのは、公家らの地方離散も大きく影響していた。公卿らの邸も多くは戦火を被り、公卿らは諸国に逃れて大名らの庇護下にあった。

天皇は伊勢神宮に平安を祈り、疱瘡の流行時には般若心経を諸寺に納めた。仏教の信仰厚く書道にもすぐれた天皇は大永六年四月に崩御し、深草北陵《ふかくさのきたのみささぎ》（京都市伏見区深草坊町）に葬られた。

第百五代　後奈良《ごなら》天皇

一四九六〜一五五七（在位一五二六〜一五五七）

後柏原《ごかしわばら》天皇の第二皇子として明応《めいおう》五年（一四九六）に生誕した。母は贈左大臣勧修寺《かじゅうじ》教秀《のりひで》の娘、藤原藤子《とうし》（豊楽門院《ぶらくもんいん》）。諱《いみな》は知仁《ともひと》。永正《えいしょう》九年（一五一二）に親王宣下を受け、大永《だいえい》六年（一五二六）、後柏原天皇の崩御にともなって践祚し、天文《てんぶん》五年（一五三六）に即位礼を挙行した。

即位礼を挙げるまでにやはり十年の歳月を要した。もちろん皇室財政の逼迫《ひっぱく》が原因である。そこで朝廷は全国に勅使を派遣して上納金の調達に躍起となった。北条、大内、今川などの地方豪族から資金が集まったおかげで、ようやく即位礼がとり行われた。

皇室がいかに窮していたかは、天皇の直筆がたやすく売り買いされていたことからも察せられる。御所の簾《すだれ》に紙を結び、銅銭などを添えて天皇の直筆を手を入れていたとはまさに皇室の財政的衰退がいかばかりであったかが容易に推測されるであろう。

こうした荒廃した時代にあっても、天皇は自己の役割を十分に踏まえて、疫病流行の際には般若心経を諸国の寺社に納めるなど、民衆の平安をつねに祈願した。治世中には度重なる洪水や飢饉が民の生活を圧迫したため、天皇は伊勢神宮に宣命《せんみよう》を奉《たてまつ》り、聖徳の興隆と民生の安寧を祈願した。天皇はこのように慈悲深く、また学問にも熱心で古典に親しんだと伝えられている。

天皇は弘治《こうじ》三年（一五五七）九月に崩じ、深草 北 陵《ふかくさのきたのみささぎ》（京都市伏見区深草坊町）に葬られた。

第百六代　正親町《おおぎまち》天皇　一五一六〜一五九三（在位一五五七〜一五八六）

後奈良《ごなら》天皇の第二皇子として永正《えいしよう》十三年（一五一六）に生誕した。母は参議万里小路《までのこうじ》賢房《かたふさ》の娘、藤原栄子《えいし》（吉徳門院《きちとくもんいん》）。諱《いみな》は方仁《みちひと》。天文《てんぶん》二年（一五三三）に親王宣下を受け、弘治《こうじ》三年（一五五七）に後奈良天皇崩御にともなって践祚し、永禄《えいろく》三年（一五六〇）に即位礼を挙げた。

治世が開始された頃は依然戦国時代であり、皇室財政の窮乏も深刻であった。毛利《もうり》元就《もとなり》らの献金によってかろうじて即位礼をとり行うことができた。状況が大きく変化するのは織田信長《のぶなが》の登場によってであり、信長は覇権を確立してのちも室町幕府に対抗する必要性から天皇の権威を尊重した。信長の入京に際して、天皇は武力による都の混乱を懸念して綸旨《りんじ》を出したが、信長の兵は統率が行き届き、天皇の心配は杞憂に終わった。

信長、そして豊臣秀吉《ひでよし》は天下人となってのちも統治に天皇の権威を利用する方針をとったため、天皇の権威は高まり、皇居の修理や朝廷儀式の復活が鋭意進められた。信長、秀吉と天皇との相互依存関係が成立したとみることができよう。

天皇の人柄についてはたいへん慈悲深かったことが伝えられており、厄年には直筆で般若心経を書写し、寺に納めて万民の安寧を祈願した。信長はとりわけ天皇との関係維持に腐心して、さまざまな催しを通じて天皇に崇拝の念を示した。

織豊政権との協力により朝廷の威信回復に成功した天皇は、天正《てんしょう》十四年（一五八六）周仁《かたひと》親王に譲位し、文禄《ぶんろく》二年（一五九三）一月崩御して深草北陵《ふかくさのきたのみささぎ》（京都市伏見区深草坊町）に葬られた。

第百七代　後陽成《ごようぜい》天皇　一五七一〜一六一七（在位一五八六〜一六一一）

正親町《おおぎまち》天皇の皇子、誠仁《さねひと》親王の第一王子として元亀《げんき》二年（一五七一）に生誕した。母は勧修寺晴右《かじゅうじはれみぎ》の娘、晴子《はるこ》（新上東門院《しんじょうとうもんいん》）。名を和仁《かずひと》、のち周仁《かたひと》という。誠仁親王は未だ世の中が平静となっていなかったこともあり、親王宣下を受けることなく、まもなく発病して天正《てんしょう》十四年（一五八六）には他界した。そこでその皇子、すなわち正親町天皇の孫にあたる周仁親王の擁立が模索されて、この年後陽成天皇の即位が実現した。

天皇の治世はちょうど豊臣秀吉《ひでよし》の天下統一から徳川家康《いえやす》による江戸幕府開闢《かいびゃく》の時期にあたっている。秀吉と家康では天皇に対する対応が大きく異なった。秀吉が天皇を尊重して礼を尽くしたのに対し、家康は自己主張して天皇の意向に必ずしも従わなかった。

秀吉は朝廷の回復に力を注ぎ、聚楽第《じゅらくだい》行幸を実現した。秀吉は朝廷の古例を詳細に調べて行幸を華やかに盛り上げた。千人を上回る行列を組み、家康、前田利家《としいえ》らとともに聚楽第の主である秀吉自身も列に連なった。そして天皇の還幸時には黄金百両をはじめ金銀財宝を惜しげもなく捧げた。

一方、家康は関ヶ原の戦いを慰労する綸旨《りんじ》を賦与され、征夷大将軍にも任じられたが、し

(107)後陽成天皇

だいに朝廷への干渉を強め、高圧的な態度に終始した。

天皇は在位二十六年にして慶長《けいちょう》十六年（一六一一）、第三皇子である政仁《ことひと》親王（後水尾《ごみずのお》天皇）に譲位してのち、元和《げんな》三年（一六一七）八月に崩じて深草北陵《ふかくさのきたのみささぎ》（京都市伏見区深草坊町）に葬られた。

近世の天皇

（上）**後水尾天皇**　画像，泉涌寺所蔵
（下）**孝明天皇**　画像，泉涌寺所蔵

第百八代　後《ご》水尾《みずのお》天皇

一五九六〜一六八〇（在位一六一一〜一六二九）

後陽成《ごようぜい》天皇の第三皇子として慶長《けいちょう》元年（一五九六）に生誕した。母は関白近衛前久《さきひさ》の娘、前子《さきこ》（中和門院《ちゅうかもんいん》）。諱《いみな》は政仁《ことひと》。慶長五年に親王宣下を受け、同十六年に父、後陽成天皇の譲位にともなって即位した。

後宮には、中宮和子《かずこ》（東福門院《とうふくもんいん》）、藤原光子《こうし》、藤原隆子《りゅうし》、藤原国子《くにこ》らが入内した。和子との間には興子《おきこ》内親王（のちの明正《めいしょう》天皇）、光子との間には紹仁《つぐひと》親王（のちの後光明《ごこうみょう》天皇）、隆子との間には良仁《ながひと》親王（のちの後西《ごさい》天皇）、国子との間には識仁《さとひと》親王（のちの霊元《れいげん》天皇）がそれぞれもうけられた。

このうち和子は将軍徳川秀忠《ひでただ》の娘で、元和《げんな》六年（一六二〇）に女御として入内し、そして寛永《かんえい》元年（一六二四）には立后の儀礼がとり行われた。立后の儀は久方ぶりで、しばらく絶えて行われることがなかった。すべて幕府の権力のなせる業である。

そもそも政仁親王の即位は家康《いえやす》の意向を汲んで後陽成天皇が行った妥協の産物である。そのため当面、後水尾天皇と江戸幕府の関係は良好に推移することが予想された。幕府も政権安定のため朝廷の権威を欲し、即位の翌年、ただちに和子の輿入れを決めたわけである。こきわめて強かった。天皇が十七歳であったのに対し、和子は未だ六歳であり、政略結婚としての色彩がきわめて強かった。天皇にはすでに皇子女もあったため和子の入内には消極的で、退位の意向をすら幕府に伝えていたとされる。

天皇が幕府の強引とも思える縁談に不快感を抱いていたであろうことは想像にかたくないが、幕府はなんとか天皇を説得して和子輿入れを強要した。しかも幕府は和子の支度金として莫大な費用を拠出したため、朝廷側もやむなく家康の意向を入れるに至った。幕府側は開《かい》闢《びゃく》まもない時期とあって、朝幕関係に神経を使ったが、それは概して朝廷に対し優位に立つことに力点が置かれた。元和元年の「禁中 并《ならびに》 公家諸法度」はそれを如実に表していた。

こうするなかで寛永四年、紫衣《しえ》事件が発生した。この年七月、幕府は元和元年以降、紫衣勅許を受けた禅僧に対して、その取り消しを含め五箇条の禁制を出した。すでに幕府は慶長十八年、大徳寺以下に対し法度を出して統制を強化していたが、寛永四年の大徳寺正隠宗知への紫衣勅許を機に幕府は朝廷による寺院統制に歯止めをかけるべく、かかる禁制を出したのであった。

この事件によって朝廷の面目はつぶれ、激怒した後水尾天皇は譲位の意向を固め、にわかに興子内親王を立て明正《めいしょう》天皇の即位が実現した。幕府は急報に接して天皇説得に努めたが、そのかいなくついにこの決定は翻されることがなかった。譲位後、天皇はひたすら仏道修行に励み、延宝《えんぽう》八年（一六八〇）八月崩御して月輪《つきのわの》陵《みささぎ》（京都市東山区今熊野《いまぐまの》泉山《せんざん》町）に葬られた。

第百九代　明正《めいしょう》天皇

一六二三～一六九六（在位一六二九～一六四三）

後水尾《ごみずのお》天皇の第二皇女として元和《げんな》九年（一六二三）に生誕した。母は将軍徳川秀忠《ひでただ》の娘で皇后の和子《かずこ》（東福門院《とうふくもんいん》）。幼名を女一宮《おんないちのみや》、諱《いみな》を興子《おきこ》という。寛永《かんえい》六年（一六二九）、内親王宣下を受け、ついで父、後水尾天皇の突然の譲位により、翌七年に即位した。

紫衣《しえ》事件や春日局《かすがのつぼね》の参内に業を煮やした後水尾天皇が幕府に何の相談もなく突如退位したため、やむなく即位するに至った。幕府側は皇統を継ぐ皇子がいないにしても先例を破って強引に皇位を継承したことに当惑と不快感を表した。後水尾天皇の幕府に対する報復的対応であったとみることができる。

女帝の誕生は奈良時代の称徳《しょうとく》天皇以来のことであり、都が京都に遷ってからは初めての出来事である。古代には六人八代の女帝が在位したが、江戸時代にも二人の女帝（明正天皇と後桜町《ごさくらまち》天皇）が誕生した。明治時代以降は皇室典範の制定によって内親王の即位は認められなくなったため、わが国の歴史上には八人十代の女帝が在位したことになる。

天皇の在位期間は約十五年に及んだが、その間、父上皇の院政が敷かれた。寛永二十年、弟の紹仁《つぐひと》親王（後光明《ごこうみょう》天皇）に譲位した。元禄《げんろく》九年（一六九六）十一月に崩御して、月輪陵《つきのわのみささぎ》（京都市東山区今熊野泉山町《いまぐまのせんざん》）に葬られた。古代の元明《げんめい》、元正《げんしょう》両天皇の一字ずつをとって明正院と号した。

第百十代　後光明天皇《ごこうみょう》　一六三三～一六五四（在位一六四三～一六五四）

後水尾《ごみずのお》天皇の第四皇子として寛永《かんえい》十年（一六三三）に生誕した。母は園基任《そのもとと》の娘、光子《こうし》（壬生院《みぶいん》）。諱《いみな》は紹仁《つぐひと》。寛永十九年に親王宣下を受け、翌二十年に姉、明正《めいしょう》天皇の譲位にともなって即位した。

天皇の人柄については、『承応遺事《じょうおういじ》』や『鳩巣小説《きゅうそうしょうせつ》』などをみるかぎり、英邁で闊達な側面を持ち合わせていたことが想像される。どちらかといえば性格は激しく、幕府の役人にも強く抵抗した逸話が伝えられている。しかし、一方で根っからの学問好きで知られ、儒学に傾倒して一心不乱に学問に打ち込んだ。とりわけ儒者藤原惺窩《せいか》の強い影響を受け、一方、民間の朱子学をも積極的に取り入れた。

江戸幕府側は徳川家光《いえみつ》の時代であり、慶安御触書《けいあんおふれがき》や慶安検地条令が出された頃である。天皇の治世晩年には家綱《いえつな》が第四代将軍職についた。

天皇の治世中には、神宮例幣の儀を再興する動きがみられたほか、大学寮の復興が企図された。

天皇は在位十二年にして承応三年（一六五四）九月、痘瘡のため二十二歳の若さで崩じ、月輪陵《つきのわのみささぎ》（京都市東山区今熊野《いまぐまの》泉山《せんざん》町）に葬られた。

第百十一代　後西《ごさい》天皇

一六三七〜一六八五（在位一六五四〜一六六三）

後水尾《ごみずのお》天皇の第八皇子として寛永《かんえい》十四年（一六三七）に生誕した。母は櫛笥《くしげ》隆致《たかむね》の娘、隆《りゅう》子《し》（逢春門院《ほうしゅんもんいん》）。幼名を秀宮、諱《いみな》を良仁《ながひと》という。慶安《けいあん》元年（一六四八）に親王宣下を受けてのち、式部卿の職を務めた。

先帝、後光明《ごこうみょう》天皇には皇子が授からなかったため、天皇が崩御すると、跡継ぎをめぐって朝廷では議論が絶えなかった。そこで、後光明天皇の養子となっていた識仁《さとひと》親王が成長するまでの間、いわば中継ぎ的に皇位を継承するという含みで、明暦《めいれき》二年（一六五六）に良仁親王が即位した。

天皇は寛文《かんぶん》三年（一六六三）、識仁親王に譲位するまで、およそ十年にわたり皇位にあったが、もっぱら学問に力を注ぎ、『水日集《すいじつしゅう》』などのすぐれた著作を次々と著した。父の影響もあって和歌の才に恵まれ、古典への造詣も深かった。

だが、治世中には明暦の大火をはじめ、伊勢神宮、大坂城の炎上、さらに諸国の洪水と地震といった忌まわしい出来事が続発し、人々は口々に天皇の不徳を責めた。かかる天皇への不信感は新内裏の完成までに譲位を決行しようとする企図にも鮮明にみてとれるが、一方、天皇は朝廷の諸記録の複製を進めて火災に備えるなど隠れた功績も認められる。

天皇は貞享《じょうきょう》二年（一六八五）二月に崩御し、月輪陵《つきのわのみささぎ》（京都市東山区今熊野《いまぐまの》泉山《せんざん》町）に葬られた。

第百十二代　霊元《れいげん》天皇
一六五四〜一七三二（在位一六六三〜一六八七）

後水尾《ごみずのお》天皇の第十九皇子として承応《じょうおう》三年（一六五四）に生誕した。母は園基音《もとおと》の娘、国子《くにこ》。幼名を高貴宮《あてのみや》、諱《いみな》を識仁《さとひと》という。生後まもなく後光明《ごこうみょう》天皇の養子となり、事実上の皇位継承者とみなされることになった。

寛文《かんぶん》三年（一六六三）に後西《ごさい》天皇の譲位にともない、即位した。英邁かつ意志の強い性格で知られ、対幕府の交渉においても、明確に自己主張した。しばらく絶えて行われることのなかった大嘗祭《だいじょうさい》をはじめ各種の朝廷儀礼の復旧に意を用い、朝廷の面目を一新した功績は大きい。

貞享《じょうきょう》元年（一六八四）、天皇は在位が二十二年にも及んだことを理由に譲位の意向を表明したが、五代将軍徳川綱吉《つなよし》により慰留された。この願いは天皇の強い意志により三年後に実現し、天皇は皇太子、朝仁《あさひと》親王（東山《ひがしやま》天皇）に譲位し、上皇の御所である仙洞に入って院政を敷いた。しかし、こうした天皇の独断は、幕府の意を体して朝廷を事実上動かす関白近衛基熙《もとひろ》との軋轢《あつれき》を生み、幕府は天皇を牽制すべく朝廷への干渉を深めた。そこで、上皇は院政を停止して、政務を東山天皇に委ねた。

天皇はこのように対外交渉の面で強硬な措置に出たが、一方で有職故実《ゆうそくこじつ》に明るく、歌道にもすぐれた才能を発揮した。朝廷の儀式を整備するうえで必要な諸記録類の整理にも力を注ぎ、『法皇八十御賀記』を撰するなど熱心な取り組みをみせた。

天皇は享保《きょうほう》十七年（一七三二）八月に崩御して、月輪陵《つきのわのみささぎ》（京都市東山区今熊野《いまぐまの》泉山《せんざん》町）に葬られた。

第百十三代　東山《ひがしやま》天皇　一六七五〜一七〇九（在位一六八七〜一七〇九）

霊元《れいげん》天皇の第四皇子として延宝《えんぽう》三年（一六七五）に生誕した。母は内大臣松木宗条《むねえだ》の娘、宗子《むねこ》（敬法門院《けいほうもんいん》）。幼名を五宮、諱《いみな》を朝仁《あさひと》という。天和《てんな》二年（一六八二）に儲君治定《ちょくんじじょう》、親王宣下を受け、翌三年に立太子した。貞享《じょうきょう》四年（一六八七）、霊元天皇の譲位にともなって即位した。

注目すべきは、立太子の儀をはじめ大嘗祭《だいじょうさい》など旧来の朝廷儀礼が復活したことである。儲君治定は立太子以前に皇嗣の身分を定める制で、同天皇をもってその初めとする。剛直な性格の父天皇が関白や幕府に対して絶えず軋轢《あつれき》を生じたこともあり、同天皇はその間にあってずいぶんと悩まされたようである。しかし、忍耐強く温厚な性格であったため、種々の関係は円滑に推移した。この天皇の治世下には朝幕関係も好転し、幕府により御料の増加、山陵の修復などが行われた。宝永《ほうえい》六年（一七〇九）、慶仁《やすひと》親王への譲位が実現した。

時代は泰平な元禄《げんろく》の時代であり、五代将軍徳川綱吉《つなよし》による生類憐《しょうるいあわれ》みの令の発布や赤穂浪士の討ち入り事件などが世情をにぎわしていた。したがって天皇の存在感は希薄で、その業績

について も特筆すべきものはない。譲位まもなく疱瘡のため同年十二月崩じて月輪陵《つきのわのみささぎ》（京都市東山区今熊野《いまくまの》泉山《せんざん》町）に葬られた。

第百十四代 中御門《なかみかど》天皇

一七〇一～一七三七（在位一七〇九～一七三五）

東山《ひがしやま》天皇の第五皇子として元禄《げんろく》十四年（一七〇一）に生誕した。母は内大臣櫛笥《くしげ》隆賀《たかよし》の娘、賀子《よしこ》（新崇賢門院《しんすうけんもんいん》）。幼名を長宮《ますのみや》、諱《いみな》を慶仁《やすひと》という。宝永《ほうえい》四年（一七〇七）に儲君治定《ちょくんじじょう》、親王宣下を受け、同五年に立太子した。さらに翌六年、父東山天皇の譲位を受けて践祚、翌七年即位した。

先帝以来、朝廷の儀式がしだいに復興しつつあったが、同天皇については、正徳《しょうとく》元年（一七一一）、元服の儀が正式に挙行された。

わずか九歳で即位した天皇は、享保《きょうほう》二十年（一七三五）、皇太子昭仁《てるひと》親王（桜町《さくらまち》天皇）に譲位した。天皇の治世は、江戸幕府にあっては六代将軍徳川家宣《いえのぶ》から八代将軍吉宗《よしむね》の時代にあたっており、朝幕関係はきわめて良好であり、閑院宮《かんいんのみや》の創設などはその反映といえる。

こうした穏やかな朝幕関係を受けて、正徳五年には霊元《れいげん》上皇の姫宮（八十宮《やそのみや》内親王）が将軍家継《いえつぐ》のもとに降嫁することが企図され、入念な議論と準備とが水面下で段階的に進められていた。しかし、肝心の家継が翌年急逝したために、この計画は脆《もろ》くも崩れ去った。

伝統を重んじ、朝廷のさまざまな儀式の復旧に関心をもって『公事部類《くじぶるい》』などを著した天皇は、元文《げんぶん》二年（一七三七）四月崩御して月輪陵《つきのわのみささぎ》（京都市東山区今熊野《いまくまの》泉山《せんざん》町）に葬られた。

第百十五代　桜町《さくらまち》天皇

一七二〇〜一七五〇（在位一七三五〜一七四七）

中御門《なかみかど》天皇の第一皇子。母は近衛家熙《いえひろ》の娘、女御藤原尚子《ひさこ》（新中和門院《しんちゅうかもんいん》）。幼名を若宮、諱《いみな》を昭仁《てるひと》という。享保《きょうほう》五年（一七二〇）に生誕し、同年、儲君治定《ちょくんじじょう》、親王宣下を受けた。その後、十三年に立太子、二十年に父、中御門天皇の譲位により即位した。

延享《えんきょう》四年（一七四七）に皇太子遐仁《とおひと》親王に譲位したが、寛延《かんえん》三年（一七五〇）四月に三十一歳の若さで崩御した。『翁草《おきなぐさ》』によれば、天皇は聖徳太子との共通点が多く、太子の再来ではないかと当時噂された。それだけに早世に対しては多く周囲の同情が集まったとされる。

天皇はおよそ十三年間の在位中、ときの将軍徳川吉宗《よしむね》の協力も得つつ朝廷の儀式を復興することに心血を注ぎ、一度再興されてまもなく中断された大嘗祭《だいじょうさい》を再び復活させるなど朝廷の威信回復に腐心した。もちろん新嘗祭その他の儀礼についても復興の意向を示し、朝廷内部では高い評価を得るに至った。

歴代の天皇と同様に、歌道にも力を入れ、すぐれた御製《ぎょせい》を後世に残している。崩御後は、仙洞御所の宮名である桜町殿にちなみ桜町院と追号された。その亡骸《なきがら》は京都市東山区今熊野《いまぐまの》泉山《せんざん》町の月輪 陵《つきのわのみささぎ》に葬られた。

第百十六代 桃園《ももぞの》天皇

一七四一〜一七六二(在位一七四七〜一七六二)

桜町《さくらまち》天皇の第一皇子として寛保《かんぽう》元年(一七四一)に生誕した。母は権大納言姉小路実武《あねがこうじさねたけ》の娘である定子《さだこ》。幼名を八穂宮《やほのみや》、茶地宮《さちのみや》、諱《いみな》を遐仁《とおひと》という。桜町天皇の女御、青綺門院《せいきもんいん》の養子となってのち、儲君治定《ちょくんじじょう》、親王宣下を受け、延享《えんきょう》四年(一七四七)、立太子した。次いで父、桜町天皇の譲位にともなって即位した。

治世中の出来事としては宝暦《ほうれき》事件がある。江戸時代中期の尊王論弾圧事件で、神道家の竹内式部《たけのうちしきぶ》が朝廷の若い公卿らを感化したことから、天皇の近習らの間で軋轢《あつれき》を生じたもので、神道の影響は向学心旺盛な天皇にまで及んだ。式部に入門を希望する公卿が増加し、宮中でも側近らが桃園天皇に対し垂加流《すいか》による『日本書紀』の進講を行ったため、関白ら重臣は幕府への配慮もあってこれら公卿を大量に処分し、式部を京都所司代に告発した。

この結果、式部は重追放となり、青綺門院の名で天皇にも諫言《かんげん》がなされたが、天皇はこれに強く反発した。天皇も未だ十七歳とあって、こうした教えに感化されやすい年頃であったと考えられる。

天皇は在位十六年にして、二十二歳で宝暦十二年（一七六二）七月に崩御した。皇位は英仁《ひでひと》親王に継承されるとみられたが、未だ幼いことから姉の智子《としこ》内親王（後桜町《ごさくらまち》天皇）の即位となった。

天皇の亡骸《なきがら》は月輪陵《つきのわのみささぎ》（京都市東山区今熊野《いまぐまの》泉山《せんざん》町）に葬られた。

第百十七代　後桜町《ごさくらまち》天皇　一七四〇～一八一三（在位一七六二～一七七〇）

桜町《さくらまち》天皇の第二皇女として元文《げんぶん》五年（一七四〇）に生誕した。母は関白二条吉忠《よしただ》の娘、青綺門院《せいきもんいん》。幼名を以茶宮《いさのみや》、緋宮《あけのみや》、諱《いみな》を智子《としこ》という。寛延《かんえん》三年（一七五〇）、親王宣下を受け、宝暦《ほうれき》十二年（一七六二）に桃園《ももぞの》天皇の崩御にともなって即位した。儲君《ちょくん》の英仁《ひでひと》親王（のちの後桃園天皇）が幼いため、親王の成長を待つ中継ぎ的存在であった。

現在までのところ、日本史上には実在が確かな女帝が八人十代在位したことが知られている。推古《すいこ》天皇、皇極《こうぎょく》天皇（重祚《ちょうそ》して斉明《さいめい》天皇）、持統《じとう》天皇、元明《げんめい》天皇、元正《げんしょう》天皇、孝謙《こうけん》天皇（重祚して称徳《しょうとく》天皇）、明正《めいしょう》天皇と、そして後桜町天皇である。古代と近世に集中していることがわかる。多くの場合、皇位継承予定者が幼年のためただちに即位できないといった事情が存在し、いわば中継ぎ的な意味で女帝（中天皇《なかつすめらみこと》）が即位して時間を稼いでいる。明治以降は戦前の旧皇室典範と戦後の現皇室典範において、皇位継承資格者は男系の男子に限定されたことから、女帝が即位する可能性は失われており、後桜町天皇が今のところ最後の女帝ということになっている。

天皇は明和《めいわ》五年（一七六八）に英仁親王が立太子すると、ほどなく譲位した。そののち後《ご》桃園《ももぞの》、光格《こうかく》といった幼帝の即位を受けて、院にあってこれを支える役割を果たさざるをえなかった。

天皇は文化《ぶんか》十年（一八一三）閏《うるう》十一月に崩御して、月輪陵《つきのわのみささぎ》（京都市東山区今熊野《いまぐまの》泉山《せんざん》町）に葬られた。

第百十八代 後桃園《ごももぞの》天皇 一七五八〜一七七九（在位一七七〇〜一七七九）

桃園《ももぞの》天皇の第一皇子として宝暦《ほうれき》八年（一七五八）に生誕した。母は関白一条兼香《かねか》の娘、富子《とみこ》（恭礼門院《きょうらいもんいん》）。諱《いみな》は英仁《ひでひと》。降誕後まもなく儲君治定《ちょくんじじょう》、親王宣下を受けた。

宝暦十二年に父、桃園天皇が崩御したが、親王はまだあまりにも幼いとの理由から践祚を見送り、しばらくの間伯母にあたる智子《としこ》内親王（後桜町《ごさくらまち》天皇）が皇位につくことになった。そしてようやく明和《めいわ》五年（一七六八）に立太子したのちに譲りを受け（一七七〇）、二年後の同七年十一月に即位した。

先帝の時代にも、みの虫騒動、亀山騒動、新潟湊騒動など各地で騒擾《そうじょう》事件が相次いでいたが、同天皇の治世下にも、肥前唐津藩の農民や漁民の新税反対一揆である虹の松原一揆や飛騨幕府領の農民らが代官の石代定値段、新役賦課に抵抗して大原騒動を引き起こすなど、やはり各地で騒動が頻発した。また、幕府により朝廷官人らの汚職が摘発された。

天皇はそもそも病気がちであったが、安永《あんえい》八年（一七七九）十月、二十二歳にして崩御した。天皇にはこのとき欣子《よしこ》内親王（のちの光格《こうかく》天皇の皇后）しか子がなく、やむなく閑院宮《かんいんのみや》典仁《すけひと》親王の皇子、祐宮《さちのみや》（のちの光格天皇）を急遽、養子に迎えることによって綱渡り的な皇位継承を進めるよりほかはなかった。

天皇は月輪陵《つきのわのみささぎ》(京都市東山区今熊野《いまぐまの》泉山《せんざん》町)に葬られた。

第百十九代　光格《こうかく》天皇　一七七一〜一八四〇(在位一七七九〜一八一七)

閑院宮典仁《かんいんのみやすけひと》親王の第六王子として明和《めいわ》八年(一七七一)に生誕した。母は岩室磐代《いわむろいわしろ》。幼名を祐宮《さちのみや》、諱《いみな》を師仁《もろひと》、のち兼仁《ともひと》という。誕生後まもなく聖護院宮忠誉入道《しょうごいんのみやちゅうよにゅうどう》親王のもとに預けられ、ゆくゆくは聖護院門跡《もんぜき》を継ぐべく出家することが期待されていた。

ところが安永《あんえい》八年(一七七九)に後桃園《ごももぞの》天皇が崩御すると親王は天皇の養子とされ、まもなく践祚、即位することとなった。そして皇后には後桃園天皇の皇女、欣子《よしこ》内親王を迎えた。

天皇は性格温厚で周囲の信望も厚く、多く尊敬を集めたとされる。朝廷の儀式の復旧にも熱心に取り組んだほか、石清水《いわしみず》社や賀茂《かも》社の臨時祭の復活に努めた。学問にも熱心に臨み、多才で知られた。

治世中、注目すべき出来事に、いわゆる尊号事件がある。この事件は、天皇が実父である閑院宮典仁親王に太上天皇の尊号を贈ろうとしたところ、これに幕府が反対して一時朝幕関係が悪化したというものである。天皇の父、典仁親王は皇位につく機会に恵まれず、「禁中幷《ならびに》公家諸法度」により摂関、大臣以下の地位にとどめ置かれていた。そのため、天皇は孝行心から父親王に尊号を賦与したいと考え、幕府に意向を伝えたのであった。

当時、幕府は十一代将軍徳川家斉《いえなり》の時代で、幕閣の実権は老中首座松平定信《さだのぶ》が握っていた。定信は天皇の意向を聞いて、たとえ後《ご》高倉《たかくら》院や後崇光《ごすこう》院の先例があろうと、名分を乱すことは許されないとして強く反対し、幕閣の意見も朝廷の申し出を認めないことで一致した。

幕府は表向き朝廷の意向に異を唱えたが、水面下では定信が天皇の叔父にあたる関白鷹《たか》司輔平《つかさすけひら》に書簡を宛てて真意を伝えるなど、朝幕関係の悪化に歯止めをかけるべくさまざまな配慮を施していた。こうした根回しが功を奏したのか、寛政《かんせい》三年（一七九一）、朝廷はいったん尊号賦与を断念する姿勢をみせた。

ところが、まもなく関白に一条輝良《てるよし》が就任すると事態は一変し、再び朝廷は尊号賦与を主張しはじめたのである。翌四年、朝廷は幕府に再度の申し入れを行い、幕府が即答しないと再三にわたり回答を督促する行為に出た。そこで幕府はやむなく尊号賦与の延期を伝え、議奏、武家伝奏の江戸下向を命ずる厳しい態度に出た。議奏、武家伝奏らは結局、幕府の処断を受け、尊号賦与は阻止された。しかし、幕府は典仁親王に千石加増を認めることで朝廷への配慮をみせた。

天皇の意向は結局のところ日の目をみなかったが、この時代、尊王論がしだいに高まりをみせ、朝幕関係においても従来にない朝廷の強い姿勢がみられるようになった。

天皇は文化《ぶんか》十四年(一八一七)恵仁《あやひと》親王(仁孝天皇)に譲位してのち、天保《てんぽう》十一年(一八四〇)十一月に崩御して後月輪陵《のちのつきのわのみささぎ》(京都市東山区今熊野《いまぐまの》泉山《せんざん》町)に葬られた。

第百二十代 仁孝《にんこう》天皇

一八〇〇〜一八四六(在位一八一七〜一八四六)

光格《こうかく》天皇の第六皇子として寛政《かんせい》十二年(一八〇〇)に生誕した。母は勧修寺《かじゅうじ》経逸《つねとし》の娘、婧子《ただこ》。幼名を寛宮《ゆたのみや》、諱《いみな》を恵仁《あやひと》という。欣子《よしこ》内親王の実子となり、儲君治定《ちょくんじじょう》、親王宣下を受けてのち、文化《ぶんか》六年(一八〇九)に立太子した。同十四年に父、光格天皇の譲りを受けて即位した。在位期間は三十年に及び、弘化《こうか》三年(一八四六)一月に四十七歳で崩御した。

天皇は旧来の朝廷儀式の復活に力を注ぎ、しばらく中絶されていた諡号《しごう》を復興して、父天皇に光格天皇を追号した。

一方、天皇はことのほか学問に熱を入れ、臣下にも学問を奨励するとともに、公家らの師弟を教育するべく、かつての開明門院御殿に学習所の建設を進めた。これが学習院の前身であり、そこでは和漢の学問が講じられ、しだいに尊王論者を多く集めるようになり、のちに尊王攘夷運動の拠点と化してゆく。

天皇の治世中には、たびたび米価が高騰して、各地で打ちこわしが頻発した。幕府も米価高騰と米の買い占めへの対応に追われた。甲州天保一揆などにみられるように、幕領でも米の買い占めがさかんに行われ、これに対して豪農層らが中心となって激しい打ちこわしが繰り返された。大坂では天保《てんぽう》八年（一八三七）、有名な大塩平八郎《おおしおへいはちろう》の乱が起こっている。

また外国船の来航が頻繁となったが、幕府は依然鎖国の方針を変えず、異国船打払令や薪水給与令などを出して対応した。

学習所の竣成をみることなく崩じた天皇は、後月輪陵《のちのつきのわのみささぎ》（京都市東山区今熊野《いまくまの》泉山《せんざん》町）に葬られた。

第百二十一代　孝明《こうめい》天皇　一八三一〜一八六六（在位一八四六〜一八六六）

仁孝《にんこう》天皇の第四皇子として天保《てんぽう》二年（一八三一）に生誕した。母は正親町実光《おおぎまちさねみつ》の娘、雅子《なおこ》（新待賢門院《しんたいけんもんいん》）。幼名を煕宮《ひろのみや》、諱《いみな》を統仁《おさひと》という。同六年に儲君治定《ちょくんじじょう》、親王宣下を受け、同十一年に立太子した。弘化《こうか》三年（一八四六）父、仁孝天皇の崩御にともない、翌年に即位した。

天皇の治世はまさに幕末の動乱期にあたっていた。それまで政治の外にあった朝廷がにわかに政治の表舞台に登場することになったのである。幕藩体制の内部崩壊と外圧にともなう国難に直面して、江戸幕府は統治能力を著しく低下させ、その権威は大きく失墜していった。これと対照的に、国難に立ち向かうことを強く求められたのが孝明天皇にほかならない。即位後数年にして、外国船が来航し、強く開国を要求した。嘉永《かえい》六年（一八五三）、アメリカ東インド艦隊司令長官ペリーが軍艦四隻を率いて浦賀に来航、ついでロシア使節極東艦隊司令長官プチャーチンがやはり軍艦四隻を率い長崎に来航し、日本に開国を迫った。

これを契機に幕府は鎖国政策を放棄し、ついに安政《あんせい》四年（一八五七）末には日米修好通商条約締結の方針を固め、条約調印の勅許を奏請する事態となった。朝廷内では天皇が頑なまでに攘夷論を唱えたのに対し、内覧（太閤）鷹司政通《たかつかさまさみち》のような開国派もあって、幕府への対応をめぐって日々激論が交わされた。安政五年には外交交渉を幕府に委任する勅裁案をめぐって公卿らの間から強く異論が唱えられた。結局この年、朝廷は勅許奏請に参内した堀田《ほった》正睦《まさよし》に対し条約調印拒否の勅答を与えた。

天皇は開国が神州をけがすとの考えから勅許を認めず、調印の可否をめぐって諸大名の意見を集約するように命じたのである。だが、もはや幕府に調印を留保する猶予はなく、ついに幕府は天皇の意向を無視してアメリカ総領事ハリスとの条約調印に臨んだ。それればかりか、幕府はさらにオランダ、ロシア、イギリス、フランスとの条約にも調印したため、天皇はこれにひどく立腹し、朝廷の態度は極度に硬化した。天皇はただちに水戸藩や幕府に対して条約締結に反対する勅諚を下した。

幕府は天皇の逆鱗《げきりん》にふれ、苦しい弁明を繰り返しつつ弥縫《びほう》策を講じていたが、万延《まんえん》元年（一八六〇）、大老井伊直弼《いいなおすけ》が桜田門外の変に倒れたのを機に、急速に公武合体論へと傾斜していった。そこでにわかに持ち上がったのが天皇の異母妹和宮《かずのみや》の将軍徳川家茂《いえもち》への降嫁問題であった。天皇は政局への配慮と身内への思いの板挟みとなり、苦渋の選択を迫られた。

こののちも攘夷論を堅持する天皇は攘夷成功祈願の行幸を続け、しだいに攘夷派も勢いづいて過激化し、ついに長州藩による下関砲撃が行われた。そのため天皇が急遽、大和行幸を中止すると、事態は八月十八日の政変へと進展していった。天皇はなおも公武合体ならびに攘夷の方針を堅持したが、内外を取り巻く情勢は天皇の意向に反する方向へと進んでいった。鎖国から開国への流れは止まらず、また薩長両藩の盟約が成り第二次長州征伐が不首尾に終わると、討幕への動きはいよいよ加速化していった。

こうした激動する政局の中で、天皇は病いに倒れ、慶応《けいおう》二年（一八六六）末に崩御した。天皇の崩御をめぐっては、『孝明天皇紀』にも肝心の死因についての記載が欠け、後世、毒殺説をはじめ多くの疑問が呈されている。

天皇は崩御ののち、後月輪東山陵《のちのつきのわのひがしのみささぎ》（京都市東山区今熊野《いまぐまの》泉山《せんざん》町）に葬られた。

近現代の天皇

（上）**明治天皇**　御正服姿，内田九一撮影，1873年
（下）**昭和天皇**　榛名山にて，1981年，読売新聞社提供

第百二十二代　明治天皇《めいじ》

一八五二〜一九一二（在位一八六七〜一九一二）

孝明《こうめい》天皇の第二皇子として嘉永《かえい》五年（一八五二）に生誕した。母は権大納言中山忠能《ただやす》の娘、慶子《よしこ》。幼名は祐宮《さちのみや》。幼少時を祖父、忠能のもとで過ごしてのち、安政《あんせい》三年（一八五六）に内裏へと移った。万延《まんえん》元年（一八六〇）に儲君治定《ちょくんじじょう》、のちの英照《えいしょう》皇太后の実子とされ、親王宣下ののち、睦仁《むつひと》を名乗った。

親王は父、孝明天皇ともども多難な時代と遭遇し、政治の渦中に巻き込まれた。嘉永、安政年間（一八四八〜一八六〇）には黒船の来航をはじめとして欧米列強による開国要求が相次ぎ、こうした外圧を受けて国内政治も流動化した。幕府の権威が失墜し、朝廷が政治の中心に組み込まれると、天皇も国難に直面せざるをえなくなった。

朝廷でも一時尊王攘夷派が勢いをもったが、文久《ぶんきゅう》三年（一八六三）八月十八日の政変によって流れは大きく変化した。急進的攘夷論を掲げる長州藩は翌年、巻き返しをはかるべく上京して会津、薩摩両藩兵らと交戦し、禁門の変を引き起こした。このときの衝撃によって、睦仁親王は紫宸殿《ししんでん》で失神したとされる。

事態が薩長両藩による討幕運動へと発展するなか、孝明天皇はにわかに崩御して、慶応《けいおう》三年（一八六七）、睦仁親王が即位した。即位まもない天皇を激動する幕末の政局が待ち受けていた。薩長両藩に対して討幕の密勅が下され、一方、将軍徳川慶喜《よしのぶ》からは大政奉還の上表が提出された。これを受けて、この年十二月、天皇は親王以下百官を前に王政復古の大号令を渙発《かんぱつ》した。ここに新政府が樹立され、小御所《こごしょ》会議において慶喜の辞官、納地が決定された。

翌慶応四年に入ると、旧幕府を推す佐幕派と新政府との間で鳥羽・伏見の戦いを皮切りに戊辰《ぼしん》戦争が開始された。その間、天皇は五箇条の御誓文《ごせいもん》を宣布し、天皇親政と同時に公議政治を新政府の柱に据えた。元号は明治と改元され、一世一元制が確立された。また女御、一条美子《はるこ》が入内して皇后となった。

明治二年（一八六九）、天皇は二度目の東幸に臨み、政府は東京に移転した。同年の版籍奉還、四年の廃藩置県を経てしだいに天皇を中心とする中央集権国家が樹立されていった。天皇親政を実質化するため、御座所が設けられ、大久保利通《としみち》は吉井友実《よしいともざね》らの助力を得て宮中改革に着手し、女官の総免職を断行した。天皇を取り巻く公家らの因習を排して、新たな天皇の政治空間を生み出すためである。西郷隆盛《たかもり》らの尽力により、天皇の側近には高島鞆之助《とものすけ》、村田新八《しんぱち》、島義勇《よしたけ》らが配され、しだいに質実剛健の気風がみなぎっていった。天皇の日課に武術や乗馬の稽古が織り込まれ、生来病弱であった天皇の身体はすこぶる壮健さを増していった。

君徳培養に意が用いられ、加藤弘之《ひろゆき》（洋学）、福羽美静《ふくばびせい》（国学）、元田永孚《もとだながざね》（漢学）らが侍講として宮中入りした。玉松操《たままつみさお》らの影響もあって、天皇は「諸事神武創業の古《いにしえ》に基づき」との思想を抱懐していった。

こうして天皇親政の体制は徐々に整えられてゆき、一方、公議政治も明治八年の漸次立憲政体樹立の詔《みことのり》や明治十四年の国会開設の勅諭により着実な進展をみせた。さらに明治十五年には「朕《ちん》は汝等軍人の大元帥なるぞ」とした軍人勅諭が発布され、軍隊を精神的な側面から統率する試みが進められた。

元田、佐々木高行《たかゆき》ら侍補《じほ》を中心に薩長藩閥政府による寡頭政治を批判し天皇親裁体制の樹立をめざす天皇親政運動によって天皇の政治的覚醒が促され、欧州の立憲君主制を念頭に置いた伊藤博文《ひろぶみ》らの尽力により天皇は大きく政治的成長を遂げた。明治二十一年以降、大日本帝国憲法（明治憲法）草案の審議過程において天皇はほとんど休まず枢密院の会議に出席し、熱心に討議に加わった。

明治憲法において、天皇は統治権の総攬者《そうらんしゃ》とされ、きわめて広範な天皇大権を有したが、実際の天皇権力はけっして広大なものではなく、憲法や法律の制約を受けた。そもそも明治憲法体制は元老や枢密院の存在に端的にみられるように多元的構造をもち、天皇が独断的に意思決定を行うことはありえず、絶えず議会の協賛や国務大臣の輔弼《ほひつ》を受けて政治に臨んだのである。

明治政府は教育勅語などを通じて徹底した臣民教育を施し、天皇の神格化を進め、天皇をして明治国家の精神的支柱とした。その天皇も日露戦争（一九〇四～一九〇五）後は持病の糖尿病を悪化させ、ついに明治四十五年七月、六十一歳で崩御し伏見桃山陵《ふしみのももやまのみささぎ》（京都市伏見区桃山町）に葬られた。

第百二十三代　大正天皇《たいしょう》　一八七九～一九二六（在位一九一二～一九二六）

明治《めいじ》天皇の第三皇子として明治十二年（一八七九）に生誕した。母は権典侍柳原愛子《やなぎはらなるこ》。名を嘉仁《よしひと》、のちに明宮《はるのみや》と称した。降誕後七歳になるまで中山忠能《ただやす》邸で育ち、その間、正親町実《おおぎまちさね》徳《あつ》が御養育御用掛を務めた。明治二十年、九歳で儲君治定《ちょくんじじょう》を受け、皇后の実子とされた。

親王は生後まもなく大病を患い、そののちも成長の過程において百日咳や腸チフスなどにかかったことから、心身の発達は思うにまかせなかった。それでも当初は佐々木高行《たかゆき》らが教育を担当し、その後学習院に入学。学習院が被災してのちは赤坂離宮に学問所を設けて三島毅《つよし》や川田剛《ごう》らが教育にあたった。

明治二十二年に立太子してのち、陸軍少尉となり、同三十年には貴族院に議席をもった。三十三年には九条道孝《みちたか》の娘、節子《さだこ》（のちの貞明《ていめい》皇后）を妃とした。そして翌年、のちに昭和《しょうわ》天皇となる裕仁《ひろひと》親王が生誕している。

陸軍ではそののち、大本営付の大佐、少将となり、四十年には伊藤博文統監の要請を受けて訪韓し、韓国併合への地ならし役を務めた。しかし、生来多病で身体不自由であったことから、明治四十五年崩御した明治天皇の跡を継いで皇位についたのちも、十分にその任を果たすに至らなかった。歩行に障害があって議会の開院式に出席できず、言語障害のために勅語を朗読することが困難であったとも伝えられている。しかし、大正天皇の代より女官制が改められ一夫一婦制となったことや、天皇自身きわめて家庭的で健全な側面をもちあわせていたことが近年指摘されている（原武史氏など）。確かに帝国議会の開院式で天皇が詔書を巻いて議員席を見下ろしたという、いわゆる「遠眼鏡事件」は大正天皇像を特色づけるエピソードであるが、天皇の信任厚い原敬《たかし》が日記に記したように、天皇の病状は決して軽いものではなく、宮中と府中（政府）の双方を大いに悩ませずにはおかなかった。

大正九年（一九二〇）に宮内省は天皇の病状が重いことを発表し、翌年皇室会議において摂政の設置を決定、ただちに皇太子裕仁親王をその任にあてた。天皇はこれにより事実上の療養生活に入り、大正十五年十二月に崩御し多摩陵《たまのみささぎ》（東京都八王子市長房町）に葬られた。

第百二十四代　昭和天皇《しょうわ》　一九〇一〜一九八九（在位一九二六〜一九八九）

明宮嘉仁親王《はるのみやよしひと》（のちの大正天皇《たいしょう》）の第一皇子として明治《めいじ》三十四年（一九〇一）に生誕した。母は皇太子妃節子《さだこ》（貞明皇后《ていめい》）。名を裕仁《ひろひと》（幼称、迪宮《みちのみや》）という。皇太子が生来病弱とあって皇位継承をめぐって宮中に暗雲が立ち込めていただけに、健康な皇子の誕生は明治天皇をはじめ周囲を歓喜させた。

この皇子の成長にもっとも関心を寄せたのは明治天皇であった。生後まもなく、宮中の慣例に従い、親王は海軍中将、伯爵川村純義《すみよし》のもとに里子に出された。川村家で親王は順調な成長ぶりをみせ、生来の純真で素直な性格を表していった。

長じて学習院に進むに際し、ここでも明治天皇は皇孫の成長に心を砕き、院長に陸軍大将乃木希典《のぎまれすけ》をあてた。厳しい自己規律を求める学習院の教育方針は親王の人格形成に少なからぬ影響を及ぼした。親王は初等科を終えると、東宮御学問所に入り、さらに帝王学を学ぶことになった。歴史教育などさまざまな教科を修めたが、裕仁親王はなかでも生物学への強い関心を示し、海産動物学の研究に専念するようになった。

明治天皇の崩御にともない、大正元年（一九一二）に立太子すると、まもなくお妃候補の選定が始められた。そして、波多野敬直《はたのよしなお》宮内大臣から久邇宮邦彦《くにのみやくによし》王へ打診がなされ、その娘、良子《ながこ》が妃に内定した。こうして慶事への準備が進められたが、父天皇の体調は思わしくなく、やがて帝国議会開院式や種々の儀礼などへの出席も困難となり、裕仁親王による代行も試みられ、政府はしだいに摂政の設置を真剣に検討せざるをえない状況となった。皇太子が摂政となったのは大正十年のことである。

これに先立ち、政府内部では一つ厄介な問題が持ち上がっていた。いわゆる宮中某重大事件がそれである。大正九年、学習院で生徒の身体検査が行われた際、お妃候補とされていた久邇宮良子の兄、朝融《あさあきら》王の色弱が判明したのである。この件はただちに医師を通じて元老山県有朋《やまがたありとも》に伝えられ、山県が過剰反応を示した結果、時の首相原敬《たかし》らが十分な医学的判断を待たずに事態を一大事件に拡大させた。当時大審院長であった平沼騏一郎《きいちろう》（のち首相）の関係文書から、医学界をも含め混乱が各方面にわたったことが知られる（スタンフォード大学フーバー研究所所蔵『平沼文書』）。一時は首相や元老らが婚約解消に奔走するなど混乱をきたし、さらに薩長閥の対立にまで発展しかねない様相であったが、どうにか宮内大臣が東宮妃内定を再確認することで事態はようやく沈静化した。そして大正十一年六月、御結婚の勅許が下りた。

裕仁親王は早期の即位が予想されたため、その準備の一環として欧州歴訪の旅に出かけることになった。とりわけ英国では盛んな歓迎を受け、伝統ある日本の皇室に対して敬意が払われた。皇太子はこの外遊で、英国王ジョージ五世から立憲君主のあり方を学んだことをのちに感慨深く回想している。

そして大正十五年十二月、療養中の大正天皇が葉山御用邸において崩御した。葉山御用邸には皇族方のほか、元老西園寺公望《きんもち》、若槻礼次郎《わかつきれいじろう》首相をはじめ政府首脳が急遽詰めかけて、ただちに裕仁親王の即位に向けて準備が進められ、元号は昭和と改められた。そして諒闇《りょうあん》の明けるのを待って、昭和三年（一九二八）秋、即位礼と大嘗祭《だいじょうさい》がとり行われた。

天皇は即位に際し、民心の融和を説き、国運を隆盛に導くためにも、世界平和と人類の福祉を掲げ親善外交の推進を表明した。しかし、事態は天皇の希望とは裏腹に五・一五事件（一九三二）や二・二六事件（一九三六）に象徴されるがごときテロとクーデターの時代へと進んでいった。なかでも張作霖《ちょうさくりん》爆殺事件（一九二八）は天皇に大きな衝撃を与えた。

田中義一《ぎいち》内閣は張作霖を親日的と認め、満州の秩序維持に活用する方針であったが、張作霖軍の動向は巧妙で、これがいたく関東軍を刺激した。昭和三年六月、張作霖の乗った奉天行きの列車が爆破され、張作霖が暗殺される事件が勃発した。当初、列車の爆破は蔣介石《しょうかいせき》軍の仕業とされたが、実際には関東軍の河本大作《こうもとだいさく》大佐らの策謀であった。事件の真相はしばらくして調査、報告され、関係者の処分が行われたが、天皇は田中首相の曖昧な対応にひどく立腹したとされる。『昭和天皇独白録』には、天皇が田中首相に「それでは前と話が違うではないか、辞表を出してはどうかと強い語気で云った」と記されている。

昭和十年のいわゆる天皇機関説事件についても天皇は深い学識をもって冷静に受け止めており、議会における美濃部《みのべ》学説の糾弾に対してはむしろ苦々しく見守っていたことが容易に想像される。天皇のこの問題に対する見解は本庄繁《ほんじょうしげる》侍従武官長の日記などからうかがい知れるが、一口にいえば天皇は機関説を容認していたと考えられる。おそらく天皇は、事件そのものが国家主義者の言いがかり以上のものでないことを知悉《ちしつ》していたに違いない。

二・二六事件についても、陸軍上層部が青年将校らを支持していたのに対して、天皇は「すみやかに暴徒を鎮圧せよ」「朕《ちん》がもっとも信頼せる股肱《ここう》の老臣をことごとく殺戮《さつりく》するは、真綿にて朕が首を絞むるに等しい」と明確に言い放っている。『独白録』にみえるように、天皇は田中首相の辞職以来臣下の奏請に忠実であろうと努めてきたが、この事件は例外であったと回顧している。

事態は天皇の期待を大きく裏切り、太平洋戦争への道のりを進んでいった。その間、天皇は日米交渉の行方を憂慮するとともに、松岡洋右《ようすけ》の行動を実に批判的にみつめていた。しかしハル・ノートが示され、開戦不可避の情勢になるや、天皇はもはや時代の流れに抗することができなかった。

そして天皇が再び自己の強い意志に従って発言したのはポツダム宣言の受諾のときであった。広島、長崎に原爆が投下されても、政府はなかなか方針の決定にこぎつけることができず、鈴木貫太郎《かんたろう》首相は天皇の「聖断」を仰いだ。天皇は「このままでは日本民族は亡びて終《しま》う、私は赤子《せきし》を保護する事が出来ない」として、ついに玉音放送に臨んだのである。天皇は基本的には平和主義者であったと考えられるが、「開戦拒否の聖断」を下しえなかったばかりか戦時に臨み戦争指導に関与した責任は免れず、終戦の「聖断」を美化すべきではない。

終戦後、もっとも注目されるのは天皇と連合国軍最高司令官マッカーサーとの会見である。その内容は口外しないという両者の約束によって戦後長らくベールに包まれてきたが、『マッカーサー回想記』が公刊されたことで広く世に知られるようになった。それによると、天皇は戦争の全責任は自分にあるとして、マッカーサーをいたく感激させたとされている。

戦後、昭和天皇の戦争責任を問う議論が繰り返されてきた。『独白録』についても、これを天皇の免責を導く東京裁判対策の一環とする見解が表明されている。明らかに明治憲法上、天皇は「大元帥」であり、陸海軍の作戦および指揮命令に関する「統帥事項」については、実際に作戦に関与していた事実からみて「立憲君主」とみなすことはできない（吉田裕『昭和天皇の終戦史』、山田朗『昭和天皇の戦争指導』）。もちろん民主主義を尊重し軍国主義を否定することは重要であるが、戦争における天皇の役割を過大評価し、すべてを天皇の戦争責任問題に帰着すべきではなかろう。むしろ重要なのは、明治憲法体制の多元性と日本政治の未熟さが無責任体系と呼ばれる政治システムの変革を妨げた点であろう。

終戦後、最初に天皇が着手したのは全国の被災地を見舞う巡幸の旅であった。それは占領軍の予想に反して大きな成果を上げ、国民と天皇の双方が勇気づけられる結果となった。新憲法で象徴天皇制が採用されてのちも、天皇が絶えず望んだのは戦後復興と国民生活の着実な向上であった。しかし、天皇が近衛文麿《ふみまろ》らの意向を無視し、自ら進んで退位の道を選ばなかったことは、後世に禍根を残すことになった。

内閣の助言に従いつつ、淡々と国事行為を果たした天皇は、昭和六十二年（一九八七）頃よりにわかに病いを発し、ついに昭和六十四年一月に崩御し、武蔵野陵《むさしののみささぎ》（東京都八王子市長房町）に葬られた。

第百二十五代　平成《へいせい》の天皇

一九三三〜（在位一九八九〜二〇一九）

昭和《しょうわ》天皇の第一皇子として昭和八年（一九三三）に生誕した。母は皇后良子《ながこ》（香淳《こうじゅん》皇后）

で、生まれながらの皇太子であった。名を明仁《あきひと》（幼名、継宮《つぐのみや》）という。明治憲法は皇位継承資格を「皇男子孫」と定めていたため、皇女が四人続くと昭和天皇も焦燥感にかられた。天皇は内大臣牧野伸顕《のぶあき》を通じて元老西園寺公望《きんもち》に養子がとれないか内々に打診したとされるが、まもなく待望の親王が誕生し天皇を安堵させた。

明仁親王は現行皇室典範にもとづき昭和二十七年（一九五二）に立太子し、昭和三十四年に正田美智子《しょうだみちこ》と結婚した。明治以降では皇族でも華族でもない民間出身の皇太子妃の誕生は国民から熱烈な歓迎を受けた。結婚の翌年、昭和三十五年に第一皇子徳仁《なるひと》親王（浩宮《ひろのみや》、今上天皇）が生誕した。次いで昭和四十年に第二皇子文仁《ふみひと》親王（礼宮《あやのみや》、平成二年〔一九九〇〕結婚を機に秋篠宮《あきしののみや》家創設、現皇嗣《こうし》）、昭和四十四年に第一皇女清子《さやこ》内親王（紀宮《のりのみや》、黒田清子）が誕生した。戦後、側室制度が公式に廃止されたが、順調な二人の親王の誕生で、当面、皇位継承の不安定性が顕在化することはなかった。

昭和四十六年（一九七一）に昭和天皇の欧州・米国歴訪にともない、皇太子として天皇の国事行為の臨時代行を務めた。また沖縄返還の三年後、昭和五十年には夫妻で沖縄を訪問した。このとき、ひめゆりの塔に献花しようとして過激派により火炎瓶を投げつけられる事件が起きた。しかし皇太子の沖縄に寄せる心は変わることなく琉歌《りゅうか》の研究を進めた。昭和六十二年にも病気療養中の天皇の名代として再び訪沖し、おことばを代読した。

昭和六十三年（一九八八）九月に昭和天皇が病床に臥《ふ》せったため、以後国事行為の臨時代行を務めた。翌六十四年一月七日、昭和天皇が崩御すると、ただちに即位した。翌八日、平成に改元された。即位後朝見の儀では「国民とともに日本国憲法を守り」とするおことばを読み上げた。翌平成二年（一九九〇）十一月には、東京の地で即位の礼と大嘗祭《だいじょうさい》が執り行われた。天皇は即位が五十五歳と比較的遅かったこともあり、皇太子時代にしっかりと帝王学を習得していた。そのため平和憲法を順守し、国民に寄り添う姿勢を早くから明確に打ち出したといえよう。皇太子の教育に熱心であった昭和天皇の考えも大きく影響していた。

新憲法の規定する象徴天皇のあり方を意識してか、昭和天皇はマッカーサーの軍事秘書であったボナ・フェラーズらの助言を得て、皇太子の英語の家庭教師としてクエーカー教徒のバイニング夫人を迎えた。同夫人は英語教育を通じて皇太子の心の窓を開き、また米国の価値観を通じて多感な青年皇太子の豊かな感受性を育み、国民の視線をしっかり受け止め相互の絆を強めるよう指導した（瀬畑源「明仁天皇論」、吉田裕ほか『平成の天皇制とは何か』所収）。

さらに直接皇太子に象徴天皇論を説いたのは、昭和二十四年（一九四九）に東宮御教育常時参与に就任した小泉信三《しんぞう》である。小泉は慶應義塾大学で自由主義的立場からリカード経済学を講じ、慶應義塾長も務めた。小泉は皇太子とともに、福澤諭吉《ゆきち》の『帝室論』やハロルド・ニコルソンの『ジョオジ五世伝』を読んだ。福澤は『帝室論』の中で「帝室は政治社外のものなり」とし、政治が帝室の尊厳や神聖さを侵すことに警鐘を鳴らした（小川原正道『小泉信三』）。そして福澤は皇室の存在意義は政治を超越した立場から社会秩序の安定に寄与することにあると論じた。小泉は内奏など政府の方針を視野に入れながらも、あくまで憲法の謳《うた》う国民統合を中心に据え、あまり体系性には固執せず、経験的に積み上げる柔軟な象徴天皇像を提示したといえよう。これがその後、明仁天皇の公的行為の拡大にも一定の影響を与えたとみられる。

即位後の海外訪問として特筆されるのは、平成四年（一九九二）の中国への外遊であろう。長きにわたる日中関係において、天皇が中国を訪問するのは史上初であった。もちろん憲法上の制約から、訪問の目的は日中間の友好親善であったが、先の大戦における不幸な戦禍に思いを致せば、きわめて重要な出来事であったといえる。また天皇は国外へも積極的に慰霊の旅に出かけたことも注目される。平成六年に米国のアーリントン墓地で戦没者の慰霊に臨んだのを皮切りに、同十七年にサイパン島へ、二十七年にはパラオを訪れ、熱心に慰霊の旅を重ね、敵味方関係なく戦争の深い傷を少しでも癒そうと遠方まで足を運んだ。このほかにも各国を訪問し、国際親善に尽くした。

一方、国内では即位後も折にふれて皇后ともども沖縄を訪れ、戦禍に倒れた同地の人々の御霊《みたま》を慰霊した。天皇の沖縄への思いには深いものがあり、皇太子時代の遭難をものともせず十一回もの訪沖を数えた。このほか天皇はやはり皇后とともに、各地で相次いだ災害の被災地を見舞った。平成三年（一九九一）、火砕流で被災した長崎の雲仙普賢岳《うんぜんふげんだけ》をはじめ、同五年には北海道南西沖地震、同七年の阪神・淡路大震災や十六年の新潟県中越地震、そして二十三年の東日本大震災など度重なる災害の被災地を慰問して回った。避難所などにおいて、天皇は跪《ひざまず》いて被災者に声をかけ励ました。

平成二十八年（二〇一六）七月、天皇が退位の意向を宮内庁関係者に伝えたことが報道された。同年八月八日、天皇はビデオメッセージを通じて国民に「お気持ち」を表明し、象徴としての務めについておことばを述べた。おことばを通じて、天皇は高齢のため全身全霊で務めを果たすことが難しくなったことを率直に国民に伝えた。天皇の気持ちは多くの国民の共感を呼び、これを受けて政府は翌二十九年六月、天皇の退位等に関する皇室典範特例法を公布した。同法にもとづき、平成三十一年四月三十日、天皇は退位した。江戸時代の光格《こうかく》天皇から仁孝《にんこう》天皇への譲位以来二百二年ぶりのことである。

翌五月一日、皇太子徳仁親王がただちに即位し、明仁天皇は上皇となった。これにともない、元号も平成から令和《れいわ》に改められた。上皇、上皇后はその後、吹上仙洞御所《ふきあげせんとうごしょ》から赤坂の東宮御所を仙洞御所とし、ここに住まうことになる。

補論　皇統の危機はどう回避されたか

皇統と皇位継承の意義

天皇は古来連綿と代を重ねて今日に至っている。上代の王朝交替を経て、古代の壬申《じんしん》の乱、中世以降の南北朝動乱など激動の歴史を乗り越え、歴代天皇の系譜は千年以上にわたり脈々と続いてきた。

ここに言う皇統とは、歴代の天皇らにより受け継がれてきた血統のことをさす。皇室はそうした天皇とその一定の範囲の親族である皇族から構成される。皇族には、世襲、すなわち血のつながりによって皇位継承を維持するために、時代により臣下、あるいは一般国民とは異なる社会的地位が付与されている。

皇位の継承には、父方から天皇の血を引く男系と、母方に天皇をもつ女系がある。いずれの場合にも、皇族女子の子孫は女系となる。天皇の子孫は、男系男子・男系女子・女系男子・女系女子に区別でき、このうち現行の皇室典範は男系男子にのみ皇位継承権を認めている。わが国の歴史上には、十代八人の女帝が在位し、男系女子の皇位継承権も認められていた。八人の女帝はいずれも寡婦か未婚の内親王で、在位中の結婚も出産もなかった。そのため、皇位継承権は女系に拡大しなかったと考えられる。

こうして今日まで受け継がれてきた皇統は、その長い歴史において幾度も危機にさらされてきた。ここでは皇位継承の危機として、血統断絶の危機と皇統の分裂について論じてみたい。

謎多き継体天皇

わが国の皇位継承史上において最初の皇統の危機と考えられるのは、武烈《ぶれつ》天皇（第二十五代）から継体《けいたい》天皇（第二十六代）への継承であろう。記紀によれば、男大迹尊《おおどのみこと》（継体）は「応《おう》神《じん》五世孫」であったとされるが、この「五世」は後世の律令にみえる皇親の観念による造作とみてよかろう。もちろんこうした見方は、いわゆる河内王朝の初代応神天皇を起点とする王朝交替説に立って、万世一系を否定する立場からの主張である。それでは、継体はどこから来たのであろうか。

記紀によれば、武烈には子が授からず後嗣がいなかったため、大和政権は大伴金村《かなむら》らの協議の末、越前国から男大迹尊を大和に迎え大王《おおきみ》に擁立しようとした。五世紀、大和朝廷は鉄資源を求めて朝鮮半島南端の任那《みまな》に進出したが、百済《くだら》や新羅《しらぎ》など朝鮮半島諸国が同様の目的から任那に南下したため、倭国の任那経営は行き詰まった。また、朝廷では皇位継承争いの激化にともなって、大和政権の求心力は著しく低下し、地方豪族の反乱が各地で頻発した。こうした政権の不安定化を背景に、畿外より継体の擁立が画策されたとみられる。

王は尾張国でおよそ二十年もの間足止めされた。大和の有力豪族らはこの血統の定かでない王に不審を抱き、大和入りに強く反対したとみられる。そこで王のもとへ先帝の妹である手白香《たしらか》皇女（仁賢《にんけん》天皇の皇女）を嫁がせ、皇后に立てて豪族らの不満を鎮めることにより、王はようやく大和入りを果たした。

継体は皇統の人でなかった可能性が高く、皇女（手白香）を嫁がせることで即位の正統性が承認されたと考えられる。継体と手白香の間に生まれたのが、のちの欽明《きんめい》天皇である。欽明は母の手白香を通じて天皇家の血を引き、これで再び血統がつながったとみなされたのであろう。

継体の時代には、筑紫国造《つくしのくにのみやつこ》磐井《いわい》の乱など地方豪族の反乱が頻発した。継体の出現は越前国の地方豪族が大和地方に侵攻し、結果として朝廷を滅ぼした一種の王朝征服とみなす考古学的見解も示されている。また、継体の父が「応神五世孫」との説もあり、記紀はともに応神から継体までの系譜を記していない。このように、継体の登場はやはり皇統の断絶、王朝の交替と捉えるべきではなかろうか。

崇峻暗殺と最初の女帝

六世紀も後半になると、中央集権化が進み、渡来人を傘下に置く蘇我氏が官僚組織をまとめ急速に朝廷内で実権を掌握した。勢いづく蘇我馬子《うまこ》に対し劣勢に立った物部守屋《もりや》は、用明《ようめい》天皇が亡くなると、穴穂部《あなほべ》皇子を押し立て狩猟を装って軍を動かそうと画策したが、馬子に計略を見抜かれ、穴穂部皇子ともども討たれた。

馬子は朝廷の覇権を握ると、自らの甥（姉または妹の子）である泊瀬部《はつせべ》皇子を即位させた（崇峻《すしゅん》天皇、第三十二代）。しかししだいに崇峻と馬子の間には軋轢《あつれき》が生まれ、両者の関係は抜き差しならない対立に発展した。天皇が身辺の警護を強化するや、馬子がこれを聞きつけ焦燥感にかられた。そこで馬子はにわかに一党を集めて天皇の暗殺を企てたとされる。馬子はついに「東漢直駒《やまとのあやのあたいこま》をして、天皇を弑《しい》せまつらしむ」に至った。

王権と時の最高権力者との間には、絶えず一定の潜在的緊張を孕《はら》んでいたとみられる。そもそも崇峻の評判は芳しくなく、大王の資質に欠けるきらいがあった。日頃から崇峻の不用意な言動が両者の距離を広げていたに違いない。この大王暗殺という衝撃的な事件を、朝廷一の実力者であった馬子の横暴さにのみ帰することは妥当ではなかろう。

同時代には兄弟間の継承が定着しており、敏達《びだつ》・用明・崇峻と欽明の皇子が相次ぎ即位した。欽明朝以来、稲目《いなめ》から馬子へと蘇我氏は天皇の外戚として朝廷の権力を掌握していった。崇峻の後も欽明の皇女である推古《すいこ》天皇（第三十三代）が即位した。天皇の暗殺という前代未聞の事態をなんとか乗り切るため、史上初の女帝が誕生したのである。

推古は額田部《ぬかたべ》を所有して経済力に恵まれ、シャーマンとしての神聖さも備えていた。そして用明の皇子、厩戸《うまやと》皇子（聖徳太子）を摂政とし、古来のヒコヒメ制（二王制）により崇峻暗殺による王権の危機は辛くも回避されたのである。前例のない女帝の即位であったが、当時定着していた世代内継承や適齢であったことも手伝い、朝廷内の支持を得ることができた。

孝謙・称徳女帝の専横

一方で女帝が自ら皇位継承を危うくし、王権の危機を招いたこともあった。奈良時代の後半に登場した孝謙《こうけん》天皇（第四十六代）がそれである。八世紀前半に強力な政権を構築し、七世紀までの世代内継承を直系継承へと転換するうえで大きな役割を果たしたのは藤原不比等《ふひと》であった。利害の一致した不比等と持統《じとう》天皇（天智天皇の皇女で、天武天皇の皇后）は相互に提携することで、わが子草壁《くさかべ》皇子の直系による皇位継承を成就させた。不比等とその息子ら藤原四卿の尽力で聖武《しょうむ》天皇が即位し光明《こうみょう》皇后が立后して目的が達せられると、藤原仲麻呂《なかまろ》政権の発足とともに、草壁直系の政治的意義は急速に失われていった。

天平勝宝《てんぴょうしょうほう》元年（七四九）七月、聖武天皇は藤原氏の血を引く光明皇后との間に生まれた阿倍《あべ》内親王に譲位した。すでに立太子していた史上初の女性皇太子に対する聖武の譲位詔には、皇位継承に関する法ともいわれる、不改常典《ふかいのじょうてん》が記されていた。しかし即位した孝謙天皇はその趣旨を事実上無効化し、独自の路線を突き進んだ。

聖武は独身の孝謙の行く末を案じ、道祖王《ふなど》の立太子を遺詔として残した。孝謙はそれに従って道祖王を立太子させたが、王は素行が悪く天皇の逆鱗《げきりん》にふれ、ほどなく廃太子となった。大納言の仲麻呂は天皇に舎人《とねり》親王の皇子、大炊王《おおい》（のちの淳仁《じゅんにん》天皇）を皇太子とするよう進言した。仲麻呂は王とはたいへん親密で、亡き息子の未亡人を王に娶《めと》らせ、私宅に住まわせたほどである。光明皇太后の後押しを受け、仲麻呂は政治的台頭を果たした。

孝謙から譲位がなされ、淳仁天皇（第四十七代）が即位した。これにともない、仲麻呂は一段と権勢をふるうようになった。仲麻呂はしだいに天皇を傀儡《かいらい》化したが、後ろ楯である光明皇太后が薨去《こうきょ》すると、風向きは変わりはじめた。孝謙太上天皇が看護禅師の道鏡と密着するようになり、天皇がこれを見咎めると、上皇は憤然として平城京へ戻って出家し、天下の大事は自らが掌握する旨を命じた。こうした上皇の動きに対抗するべく仲麻呂は天武の孫、塩焼王《しおやき》の擁立を画策したが、逆に追討を受けて殺害された。

淳仁も共謀のかどで捕らえられ、淡路へと流された（淡路廃帝）。その後は再び孝謙上皇が実権を握り、重祚《ちょうそ》して称徳《しょうとく》天皇（第四十八代）となった。そもそも仲麻呂が淳仁に目をつけ引き立てたのは、父の舎人親王が天武の皇子で、その母の新田部《にいたべ》皇女が天智の皇女であったためともいわれる。せっかく奈良時代に入って維持されてきた天智・天武両系統の微妙なバランスはここに崩れ、皇統の大きな混乱を招くことになった。

宮中殺人事件と傍系継承

平安朝に入り藤原氏の実権が確立すると、直系継承の結果として幼沖《ようちゅう》の天子の誕生とともに、藤原氏による皇位継承への恣意的な干渉が表面化した。藤原良房《よしふさ》は幼い清和《せいわ》天皇の摂政となるに及んで、しだいに朝政を壟断《ろうだん》するようになった。貞観《じょうがん》十八年（八七六）、清和天皇は皇子の陽成《ようぜい》天皇（第五十七代）に譲位した。陽成は九歳と幼かったため、藤原基経《もとつね》が摂政に就任した。当初は父清和と摂政基経が共同で政務にあたったが、元慶《がんぎょう》四年（八八〇）に清和上皇が世を去ると、陽成と基経の関係はしだいに悪化していったとされる。

元慶七年（八八三）八月頃より基経は出仕しなくなった。しかし陽成は幼帝であったから、基経との関係が悪化したというのはいささか不自然であり、実のところ陽成の母、高子《こうし》との確執が原因であったとみられる。高子は基経の妹だが、兄妹の関係はけっして良好とは言い難かった。

そもそも基経には気難しい一面があり、清和上皇が基経を太政大臣、摂政に任命しようとしたときも、基経は自宅に引きこもって政務を執ろうとしなかった。高子や陽成に対しても外戚関係が破綻しかねない危険な言動に終始したといわれる。

一方、未だ若い陽成の乱行ぶりにも目に余るものがあった。そうした朝廷で元慶七年（八八三）十一月、陽成に近侍していた乳兄弟の源益《まさる》が宮中で何者かに殺害されるという事件が発生した。日頃の天皇の乱暴な所業との関連が強く疑われた。宮中での殺人という前代未聞の事態に、基経はまもなく陽成に退位を迫った。果たして翌年二月、天皇は位を退いた。陽成自ら病気のため譲位の意向を示したともいわれるが、実際には基経が退位を強要したとみられる。

その後継ぎとしては、同母弟の貞保《さだやす》親王や異母弟の貞辰《さだとき》親王が候補に挙がったが、幼帝が続いて不祥事も発生したため、成年皇族への継承が模索された。仁明《にんみょう》天皇の皇子で五十五歳の時康《ときやす》親王が即位し、光孝《こうこう》天皇（第五十八代）となった。

その後も陽成は皇統に執着したが、光孝も自己の系統での継承に懸命であり、皇子の源定《さだ》省《み》を皇籍復帰させ宇多《うだ》天皇（第五十九代）の即位が実現した。次いで醍醐《だいご》天皇（宇多の皇子）が継承し、清和・陽成の系統を抑えて自らの系統維持に執念を燃やし、嫡流からの皇統奪取に成功した。臣籍降下した皇族の復帰は史上宇多天皇の一例のみである。臣籍にあった期間が三年と短いものの、君臣の別を乱すことから、絶えて行われなかったとみられる。

忌避された後鳥羽の系統

文治《ぶんじ》元年（一一八五）に鎌倉幕府が成立したが、武家政権は依然として東国支配に甘んじており、朝廷との対立が表面化することはなかった。こうした公武関係にひびを入れたのは京方であった。承久《じようきゆう》三年（一二二一）、後鳥羽《ごとば》上皇が鎌倉幕府に討伐の兵を挙げると、それはほどなく承久の乱に発展した。朝幕間の武力衝突はこれが史上初であった。上皇は古代以来の朝廷権力の復権を策し、幕府の執権、北条義時《よしとき》に対して無謀な戦いを挑んだのである。

後鳥羽上皇も最初から幕府を敵視していたわけではなく、鎌倉殿も京都守護の人事などで朝廷に一定の配慮を示していた。しかし上皇がしだいに幕府に理不尽な要求を突きつけてくると、業を煮やした幕府はこれを拒絶し、将軍継嗣問題をめぐっても両者は対立した。

承久元年七月、内裏守護の源頼茂《よりもち》が西面《さいめん》の武士によって攻め殺されたのを機に、朝幕関係は急速に悪化し、上皇は義時討伐の意向を固めていった。土御門《つちみかど》上皇（後鳥羽の皇子）がこれに反対の姿勢を示したのに対し、順徳《じゅんとく》天皇（土御門の弟）は討幕に至極前向きであった。順徳は皇子の仲恭《ちゅうきょう》天皇（第八十五代）に譲位すると、身軽な立場から後鳥羽に同調する姿勢をより鮮明にした。巷間討幕の噂がさかんに流れ、朝幕間の緊張はいよいよ高まり、両者の衝突は不可避となっていった。

後鳥羽上皇は諸国から兵を徴発するとともに、北面《ほくめん》・西面の武士らを糾合し有力な御家人の動員にも余念がなかった。ついに上皇が義時追討の院宣《いんぜん》を発すると、朝廷も同様の官宣旨《かんせんじ》を諸国の守護、地頭、御家人らに出した。上皇らはこれにより義時が朝敵となったことから、幕府に対し優勢に立ったと錯覚した。鎌倉方も当初上皇挙兵の報にうろたえたが、北条政子《まさこ》が頼朝の恩顧や実朝遺業の継承を訴え、動揺を鎮静化させた。これ以降、幕府は破竹の勢いで進軍し、瞬く間に京方を屈服させたのである。

かくして後鳥羽上皇は隠岐島《おきのしま》、順徳上皇も佐渡島《さどがしま》へと配流となった。討幕に反対した土御門上皇は自ら望んで土佐国へと配流された。仲恭天皇は廃され（九条廃帝）、後堀河《ごほりかわ》天皇（第八十六代）が即位した。幕府は京都守護に代わって六波羅探題《ろくはらたんだい》を設置して朝廷への監視を強化した。これにより、皇位継承を含め朝廷に対する幕府の統制は一段と強化され、皇位の継承を幕府の了解なしに朝廷の一存で決定することは難しくなったのである。

後醍醐の登場と南北朝分裂

時代は下り鎌倉時代末を迎えると、反幕的で強烈な個性を有する後醍醐《ごだいご》天皇（第九十六代）が登場した。天皇は同じ亀山《かめやま》天皇の系統である大覚寺《だいかくじ》統の邦良《くによし》親王を東宮としたが、親王が薨去したことから、鎌倉幕府の支持を得て量仁《かずひと》親王を立太子させた。大覚寺統と後深草《ごふかくさ》天皇の系統である持明院《じみょういん》統の間には、およそ十年で交互に天皇を即位させるという両統迭立《てつりつ》の取り決めがあった。にもかかわらず、後醍醐はなかなか譲位しなかった。

元弘《げんこう》元年（一三三一）に後醍醐の討幕計画が発覚し、天皇の側近、吉田定房《さだふさ》がこれを六波羅探題に密告したため、幕府は追捕使《ついぶし》を派遣し関係先を探索させた。天皇は京都を出て笠置《かさぎ》山で戦いに臨んだが、幕府方に敗れ捕縛された。幕府は後醍醐を廃位とし、持明院統の皇太子量仁親王を即位させた。光厳《こうごん》天皇（北朝第一代）の即位にともない後醍醐は隠岐島へと流されたが、楠木正成《くすのきまさしげ》らが各地で討幕の兵を挙げると、後醍醐は隠岐島を出て伯耆《ほうき》で挙兵した。

元弘三年（一三三三）、足利尊氏《たかうじ》が兵を挙げ後醍醐方に加勢して六波羅を襲撃した。一方東国でも新田義貞《にったよしさだ》が挙兵し、鎌倉に攻め入って北条氏を滅ぼした。帰京した後醍醐はただちに建武《けんむ》新政に着手した。天皇は光厳朝を否定し、朝政を無効化した。両統迭立は廃され、皇統は大覚寺統に統一されることになった。しかし新政は長くは続かず、尊氏が反旗を翻した。天皇方と尊氏方の戦いは尊氏が勝利し、持明院統の光明《こうみょう》天皇（北朝第二代）が即位し室町幕府が開かれることになる。

一方後醍醐は幽閉を脱して吉野に入り、南朝を立てた。南北朝時代の始まりである。光明、崇光《すこう》（北朝第三代）の二代の天皇を擁した北朝は、観応《かんのう》の擾乱《じょうらん》など足利氏の内紛により混乱し、南朝が優勢に立った。南朝の後村上《ごむらかみ》天皇（第九十七代）は北朝の崇光を廃立し、光厳、光明、崇光の三上皇は南朝方に拉致された。これにより、北朝は天皇不在となった。

後亀山《ごかめやま》天皇は足利義満《よしみつ》の南北朝合一の提案をのみ、上皇となって隠遁せざるをえなかった。皇統は後小松《ごこまつ》天皇に一元化され、南朝は終焉を迎えた。このように、皇統の分裂は武家政治による朝廷の混乱、衰退と不即不離の関係にあった。

新設された世襲親王家

皇統の危機を招く大きな要因の一つに若年の天子の夭折が挙げられよう。江戸時代も終盤を迎えると、しだいに尊王論が唱えられるようになった。延享《えんきょう》四年（一七四七）、父、桜町《さくらまち》天皇から譲位された桃園《ももぞの》天皇（第百十六代）はわずか七歳で即位した。しかも天皇は在位十六年にして二十二歳の若さで崩御した。のちの後桃園《ごももぞの》天皇となる儲君《ちょくん》の英仁《ひでひと》親王が幼いことから、伯母の智子《としこ》内親王が中天皇《なかつすめらみこと》として宝暦《ほうれき》十二年（一七六二）に即位し後桜町《ごさくらまち》天皇（第百十七代）となった。

明和《めいわ》五年（一七六八）、十一歳となった英仁親王は立太子してのち、伯母の後桜町天皇より譲りを受け、同七年に即位した。若い後桃園天皇（第百十八代）は病気がちで、安永《あんえい》八年（一七七九）に二十二歳の若さで崩じた。しかし天皇にはこのとき欣子《よしこ》内親王しか子がなく、およそ七十年前に新たに創設された閑院宮《かんいんのみや》家から典仁《すけひと》親王の子、祐宮《さちのみや》を急遽、養子に迎え、光格《こうかく》天皇（第百十九代）が誕生した。まさに綱渡りの皇位継承であったといえよう。

閑院宮は四世襲親王家の一つとして、宝永《ほうえい》七年（一七一〇）に東山《ひがしやま》天皇の第六皇子である直仁《なおひと》親王により創設された。同時代の朝廷にあっては、将来皇位の継承が予定される親王を除いて、その他の親王は世襲親王家を継ぐ場合を除いて、出家するのが慣例であった。江戸時代の天皇家は財政的に窮乏しており、男子が誕生したからといって宮家《みやけ》を新設できる状態にはなかった。

皇統の断絶を危惧した新井白石《はくせき》は、伏見《ふしみ》宮、桂《かつら》宮、有栖《ありす》川《がわ》宮の三つの世襲親王家だけでは心許ないとして、新たな宮家の創設を時の将軍、徳川家宣《いえのぶ》に要望した。幸い幕府は白石の献策を受け入れ、閑院宮の創設が決定した。

閑院宮家の血統は現皇室にまでつながり、皇統の存続に大きく貢献した。元来宮家は皇位継承予定者を確保する重要な役割を果たしてきており、それは今も何ら変わりがない。皇族の増加は財政負担の増大をもたらすのに対し、皇族の減少は皇統断絶の危機を招くことが指摘できよう。

＊

今日再び皇族の減少により、皇位継承の危機が浮上している。皇位継承の歴史に学べば、側室の子がその後即位した非嫡出子による継承は、全体のおよそ半数を占めている。にもかかわらず、戦後になって公式に側室を置かなくなった。皇位継承資格は嫡出に限られ、皇位継承資格は男系の男子に限定された。その結果、皇位継承は不安定化の一途をたどっている。

皇位継承問題は近年、皇族男子の減少や皇族女子の婚姻にともなう皇籍離脱によりますます深刻化している。こうした皇統断絶の危機をいかに回避するかは、主権者たる日本国民に課せられた大きな課題といわねばならない。

あとがき

天皇とは実に摩訶不思議な存在である。戦後、新憲法により象徴天皇制が採用されてのちも、その社会的存在感はけっして薄れることがない。天皇や皇室に対して多くの国民が支持を寄せ、敬慕の念を抱いていることは疑いないが、他方昭和《しょうわ》天皇の戦争責任を追及し天皇制の弊害を指摘する声が大きいことも事実である。

しかし、こうした天皇をめぐって、改めて「なぜ天皇制は古代以来今日まで連綿と続いてきたのか」、あるいは「歴史的にみて、天皇は親政を行ったのか不執政であったのか」と問われると、これに明確な答えを与えることはけっして容易ではない。もちろん、すでに述べたように、後者の設問に対する答えとして天皇不執政論を掲げ、前者の問いに答えようとする論法もあろう。

筆者は日本政治史を専攻しているためもあって、これまでに上記のような質問を受けることが少なからずあったが、歴史的事実にもとづきながらこれに明快な回答を与えることは至難の業といっていい。教壇で学生たちから、留学先では外国人研究者などから同様の質問を幾度となく浴びせられてきた。とりわけ前回留学した折には、期せずして昭和から平成への改元の時期を米国で迎えたこともあって、日本の天皇に対する関心はひじょうな高まりをみせていた。連日、日本の新聞各紙は昭和天皇の容態を詳報し、国民の間からは退位を求める声も挙がっていたが、現行の皇室典範が今上天皇への譲位を許さなかった。

　こうした経験を踏まえて歴史を振り返ると、天皇史上にはさまざまな出来事があったが、なかでも譲位の慣行の創出は看過しがたい重要性をもっていると考えられる。わが国における譲位は七世紀中葉の皇極《こうぎょく》天皇から孝徳《こうとく》天皇への譲位をもって嚆矢《こうし》とする。それは、かの有名な大化改新の幕開けとなった乙巳《いっし》の変にともなって断行された。皇極天皇は当初、中大兄《なかのおおえ》皇子への譲位を考えていたようだが、腹心中臣鎌足《かまたり》の助言により皇子が辞退したことから軽《かる》皇子の即位が実現する。近年は、政変の目的そのものが譲位の慣行を開くことにあったとする見解が示されている。確かに、推古《すいこ》天皇の場合などを考慮すると、譲位には明らかに現実的必要性が認められる。女帝の即位は本来、中天皇《なかつすめらみこと》と呼ばれることからも明らかなように、本命の男子皇族が成長するまでの時間稼ぎといった中継ぎ的意味合いが大きい。しかし、古来からの慣行に従って天皇が終身制であると、推古のように女帝が長命であった場合、その間に目ぼしい皇位継承者が次々と他界してしまうといった事態が生ずる。そこで譲位の慣行が持ち出されるに至ったに違いない。しかし、これによって皇位継承に政治的配慮が加えられるようになり、また持統《じとう》天皇に始まる太上《だいじょう》天皇（上皇）が生まれることになった。そして平安時代には天皇の権力を凌駕する上皇が誕生し、院政という政治形態が登場する。院政の長期化は天皇権力の著しい形骸化を招いた。

こうした歴史的経験の積み重ねの上に、明治の皇室典範は制定された。皇統は男系の男子によってのみ継承されることになり、再び大化以前の慣行である終身制が復活し、しかも法定されることになった。こうした皇位継承をめぐる原則は戦後にも引き継がれ、現行の皇室典範の中にも生きている。その結果、病床に臥せった昭和天皇は連日病状の重さが新聞紙上に伝えられながら、ついに退位を許されなかった。また新憲法の精神と時代の空気を反映して女帝の即位をめぐる議論もかまびすしい。

昨年、米国ではハーバート・ビックス氏の『ヒロヒトと近代日本の形成』（邦訳『昭和天皇』）がピュリッツァー賞を受賞して話題になり、日本でも原武史氏の『大正天皇』がベストセラーになるなど、天皇をめぐる議論が活発化の様相を呈している。ビックス氏の著書は豊富な史料を駆使した力作であるがいささか新鮮さに欠け、原氏の著書は斬新ではあるが厳密な史料批判に欠ける憾みがある。しかし、ともに新たな天皇をめぐる歴史像の形成に寄与していることは間違いなく、今後さらに天皇論の発展的展開が期待される。

いずれにせよ、天皇を知ることは日本の歴史を知ることであり、同時に日本の文化を考えることにつながることは間違いない。期せずして私はこの原稿をいま、留学先の米国スタンフォード大学において書き上げようとしている。偶然にも再び時代の変わり目を米国で迎えることになった。執筆を始めたのは二十世紀であったが、脱稿したのはもはや二十一世紀となってからのことである。

本書を執筆するにあたって、多くの先行研究を参照させていただいたが、新書という性格上、詳細な注記は避けた。切にご寛恕を乞うしだいである。執筆、校正の作業は蔵書の豊富なスタンフォード大学フーバー研究所の東アジア図書館に多くを負っている。かかる機会を与えてくださった同大学歴史学部のピーター・ドウス教授、ならびに同大学東アジア研究所の申曉紅博士、そして益子恵美子、小竹直美の両氏をはじめ同大学図書館関係者に対し心より御礼を申し上げたい。

私はいま、健全で自由な学風の中で学べる幸せをしみじみと感じている。それはひとえに、ゼミの恩師である堀江湛先生（慶應義塾大学名誉教授、日本政治学会理事長）のおかげである。人間的にも、学問的にも、未熟な筆者に真の学者たる心構えを教えてくださったのは、慶應義塾大学の利光三津夫名誉教授と寺崎修教授である。両博士が築き上げられた同大学法学部の正統な実証史学の伝統を次世代へと誤りなく継承してゆくべく、さらに日々研鑽を重ねてゆく所存である。

また、執筆に際して中公新書編集部の並木光晴氏のお力添えをいただいた。ご尽力に対し深甚なる感謝の意を表したいと思う。

最後に私事ながら、本年九月に他界した父、省吾に本書を捧げ、擱筆としたい。

平成十三年九月十二日

笠原英彦

増補版あとがき

天皇はまさに時代とともに生きてきた。戦後、日本国憲法の下で天皇は国民とともに歩みはじめ、象徴天皇制は今日、確実に定着したといってよかろう。昭和から平成へ、平成から令和へと時代が移り変わるにつれ、天皇や皇室に対する国民の支持はよりいっそう高まり、敬慕の念も深まってきた。先の大戦への深い反省と国民に寄り添う姿勢が、世代を超えて両者の心の絆を強めてきたことは間違いない。

早いもので、本書の初版が刊行されてから二十年の歳月が流れた。この間、天皇と国民を取り巻く環境にも変化の兆しがみえはじめた。景気の低迷が長期化し、格差の広がりも顕著になる一方、IT（情報技術）の普及などによりわれわれの社会生活は大きく変貌を遂げてきた。平成には、東日本大震災など災害が相次ぎ、昨今はコロナ禍による失業者の増加、景気後退により再び社会を大きな不安や閉塞感が覆っている。上皇上皇后両陛下や天皇皇后両陛下の被災地へのお見舞いは関係者に心のやすらぎを与え、大きな励ましとなったに違いない。

この二十年の間には、皇室にも大きな変化があった。二〇〇一年十二月には、当時皇太子妃であった両陛下に待望の敬宮愛子《としのみやあいこ》内親王殿下が誕生した。本書の初版が店頭に並んだ数日後の出来事であったこともあり、そのときの街の祝賀ムードを印象深く記憶する。気の早いマスメディアは、女性天皇待望論をさかんに報じるようになった。皇室には秋篠宮《あきしののみや》殿下誕生以来およそ四十年間、男子の誕生がなかったこともあって、この議論はその後、皇位継承問題へと発展していった。

二〇〇四年末、ときの小泉純一郎内閣がこれを取り上げ、有識者会議を開催して皇位継承資格を女性・女系まで拡大する報告書をまとめた。しかし、二〇〇六年九月に秋篠宮家に悠《ひさ》仁《ひと》親王殿下が誕生し、第一次安倍晋三内閣が同問題を棚上げしたことから、議論は先送りされた。二〇一一年末に、野田佳彦内閣が皇族の減少に対応すべく女性宮家の創設などに関する論点整理を行ったが、その後大きな前進はない。

一方、上皇陛下が在位中の二〇一六年七月、突然「生前退位」のご意向を周囲に示されていることが明らかになった。同年八月八日に、陛下はビデオメッセージにより加齢にともなう退位のお考えをにじませるお気持ちを表明された。以前より陛下はご高齢であるにもかかわらず、がんや心臓病の手術を受けられ、お身体に重い負担がのしかかっていることが気遣われていた。ご自身のことは後回しにされてもまず国民のことを第一にお考えになる陛下は、宮内庁による公務等の負担軽減についての度重なる進言もお聞き入れにならなかったと関係者は口にする。

かくして謹厳実直な陛下は、強い使命感から多忙なご公務を精一杯果たされてきた。陛下はとりわけ戦没者の慰霊にお心を砕かれ、沖縄や広島、長崎など国内にとどまらず、先の大戦で激戦地となったサイパンやパラオなど遠く海外にも足を運ばれ、ご負担の大きい慰霊の旅を続けてこられた。もちろんそれは多くの国民も十分に承知しており、陛下のお言葉を深い感慨をもって受け止めたであろうことは想像に難くない。その証拠に、「平成の玉音放送」とも呼ばれるこのビデオメッセージが流されると、報道は一挙に過熱し、国民のエモーショナルな反応が表面化した。

元宮内庁参与など関係者によれば、数年前より陛下は参与会議などで周囲に譲位への思いを伝えられ、自ら譲位に関する関係資料を調べ熟考に熟考を重ねられていたという。振り返れば、すでに二〇一五年末のお誕生日に向けた記者会見において、陛下はご自身の加齢について率直にふれられ、象徴天皇にふさわしい務めを果たせる者が天皇の位にあるべきとのお考えを示唆されていた。

皇室典範の第四条は「天皇が崩じたときは、皇嗣《こうし》が、直ちに即位する」とし、皇位の継承は天皇が崩御した場合のみと定めている。そこには退位に関する規定はない。現行の皇室典範は戦前の明治皇室典範を踏襲し、天皇の終身在位制を規定している。明治皇室典範の制定過程においても、井上毅《こわし》と柳原前光《やなぎわらさきみつ》が古来の慣例である譲位の法定を主張したが、高輪会議において大元帥でもある天皇の政治利用を避けるべきとする伊藤博文《ひろぶみ》の反対により退けられた。現行皇室典範制定の際も当時、退位の問題は昭和天皇の戦争責任と密接に関係していたため、GHQ（連合国軍最高司令官総司令部）との折衝や帝国議会の審議での紛糾の末、ようやく終身在位制が規定された。国会審議における宮内庁次長や内閣法制局長官の答弁にも明らかなように、政府は戦後一貫して退位を認めてこなかった。

陛下のお気持ち表明を受け、ご高齢の陛下のご負担を取り除きたいという多くの国民世論を尊重し、同時に象徴や権威の二元化による天皇の統合力の低下を回避するべく専門家や有識者の議論が進められた。その結果、今上天皇一代限りの特例法が選ばれ、二〇一七年に国会で皇室典範特例法が成立した。衆参両院議長の斡旋による与野党間での議論の結果、同法の付帯決議には女性宮家の創設など皇位継承問題の速やかな解決が盛り込まれた。

筆者はすでに初版あとがきにおいて、譲位の問題を取り上げた。それはちょうど最初に米国へ留学していた頃、病床に臥せった昭和天皇が連日病状の重さが新聞紙上で報じられながら、ついに退位を許されなかったことを想起したからにほかならない。そのため、二〇一九年のお代替わりはことのほか感慨深かった。しかも筆者は、一六年秋に首相官邸で開かれた有識者会議の専門家ヒアリングで退位に反対したためなおさらであった。研究者としての見解と一国民としての気持ちが相反する心境は複雑で、自責の念にもかられた。実際に、反対意見を述べたことに対する風圧もあった。

悪しき政治的配慮が加えられたり、恣意的退位の余地が生まれるほか、歴史上には上皇による院政の事例も枚挙にいとまがない。象徴天皇制下にあっても政治利用や二重権威の可能性を完全には否定できない。現在の上皇陛下と今上陛下の間にそんな危険性はないといった反論もあろうが、ことは制度の問題である。病床の天皇と摂政の間にも二重権威が生じるとの有識者の指摘もあったが、摂政と上皇とを同列には語れまい。

残念ながら、退位特例法の付帯決議に記された皇位継承問題をめぐる議論は遅々として進展していない。新たに加筆した補論でもふれたように、皇族の減少にともなう皇位継承の危機について真剣に議論し、解決に向けて方向性を見出すことは焦眉の急である。

最後にもう一点つけ加えられるべきは、象徴天皇制固有の皇統の危機であろう。これまで正面から議論されることなどなかったが、それは天皇や皇室に対する国民の支持の喪失である。従前の議論で顧みられることすらなかった論点であるが、インターネットなどICT（情報通信技術）の普及によりSNS上には若年層を中心とする新たな「世論」が形成されている。女性皇族の婚約者の金銭トラブルに関する話題などがそれである。確かに当初は些細なことのように思われたが、しだいに宮家自体に対する批判に発展し、いまや皇室に対する支持の喪失につながる兆しすらみえはじめた。こうした一抹の不安が筆者の杞憂にすぎないことを切に願いつつ、擱筆としたい。

令和二年十二月一日

笠原英彦

天皇系図

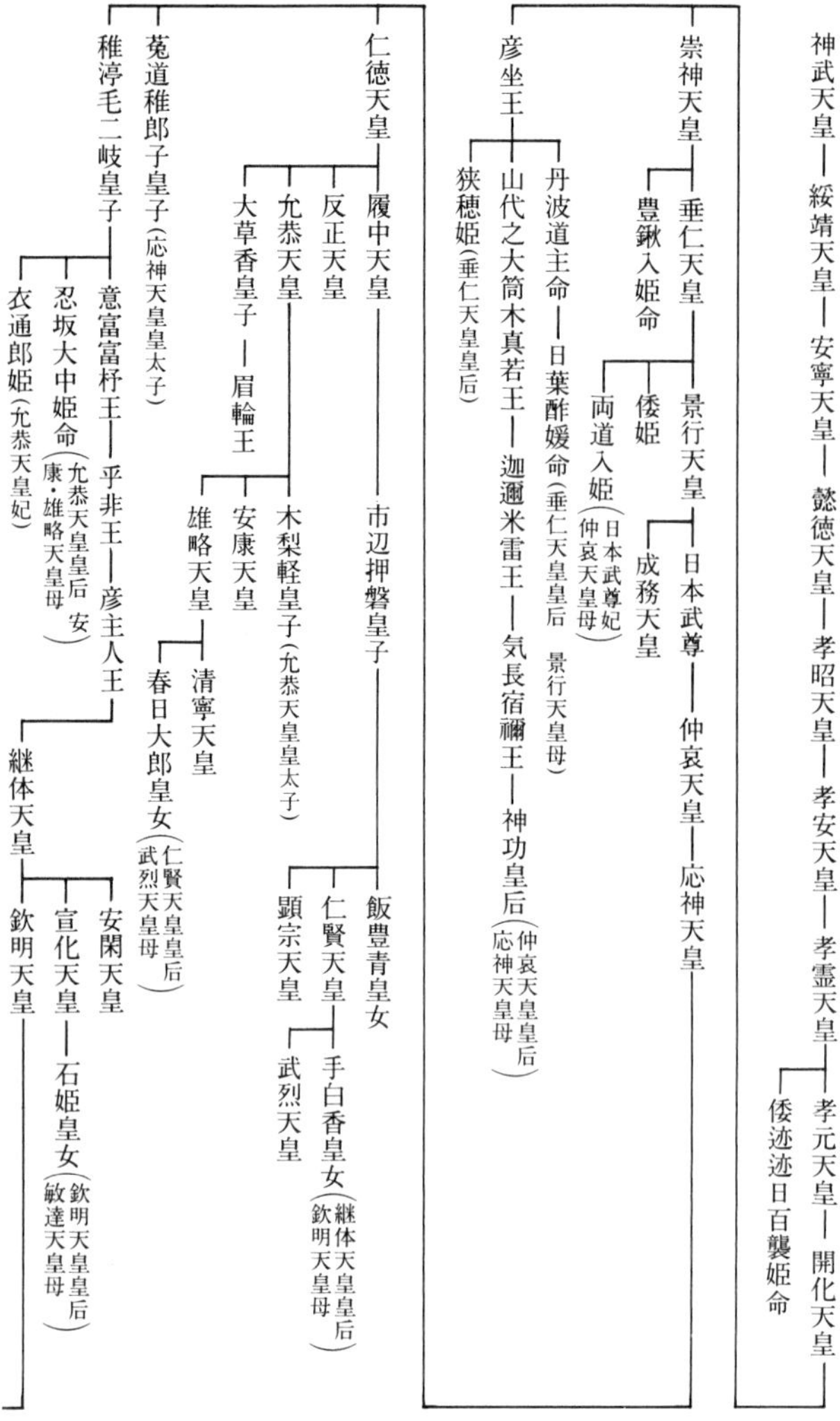

神武天皇
綏靖天皇
安寧天皇
懿徳天皇
孝昭天皇
孝安天皇
孝霊天皇
孝元天皇
開化天皇
倭迹迹日百襲姫命
崇神天皇
垂仁天皇
景行天皇
日本武尊
仲哀天皇
応神天皇
豊鍬入姫命
倭姫
両道入姫（日本武尊妃 仲哀天皇母）
成務天皇
彦坐王
丹波道主命
日葉酢媛命（垂仁天皇皇后 景行天皇母）
山代之大筒木真若王
迦邇米雷王
気長宿禰王
神功皇后（仲哀天皇皇后 応神天皇母）
狭穂姫（垂仁天皇皇后）
仁徳天皇
履中天皇
市辺押磐皇子
飯豊青皇女
仁賢天皇
手白香皇女（継体天皇皇后 欽明天皇母）
顕宗天皇
武烈天皇
反正天皇
允恭天皇
木梨軽皇子（允恭天皇皇太子）
安康天皇
雄略天皇
清寧天皇
春日大郎皇女（仁賢天皇皇后 武烈天皇母）
大草香皇子
眉輪王
菟道稚郎子皇子（応神天皇皇太子）
稚渟毛二岐皇子
意富富杼王
乎非王
彦主人王
継体天皇
安閑天皇
宣化天皇
石姫皇女（欽明天皇皇后 敏達天皇母）
欽明天皇
忍坂大中姫命（允恭天皇皇后 安康・雄略天皇母）
衣通郎姫（允恭天皇妃）

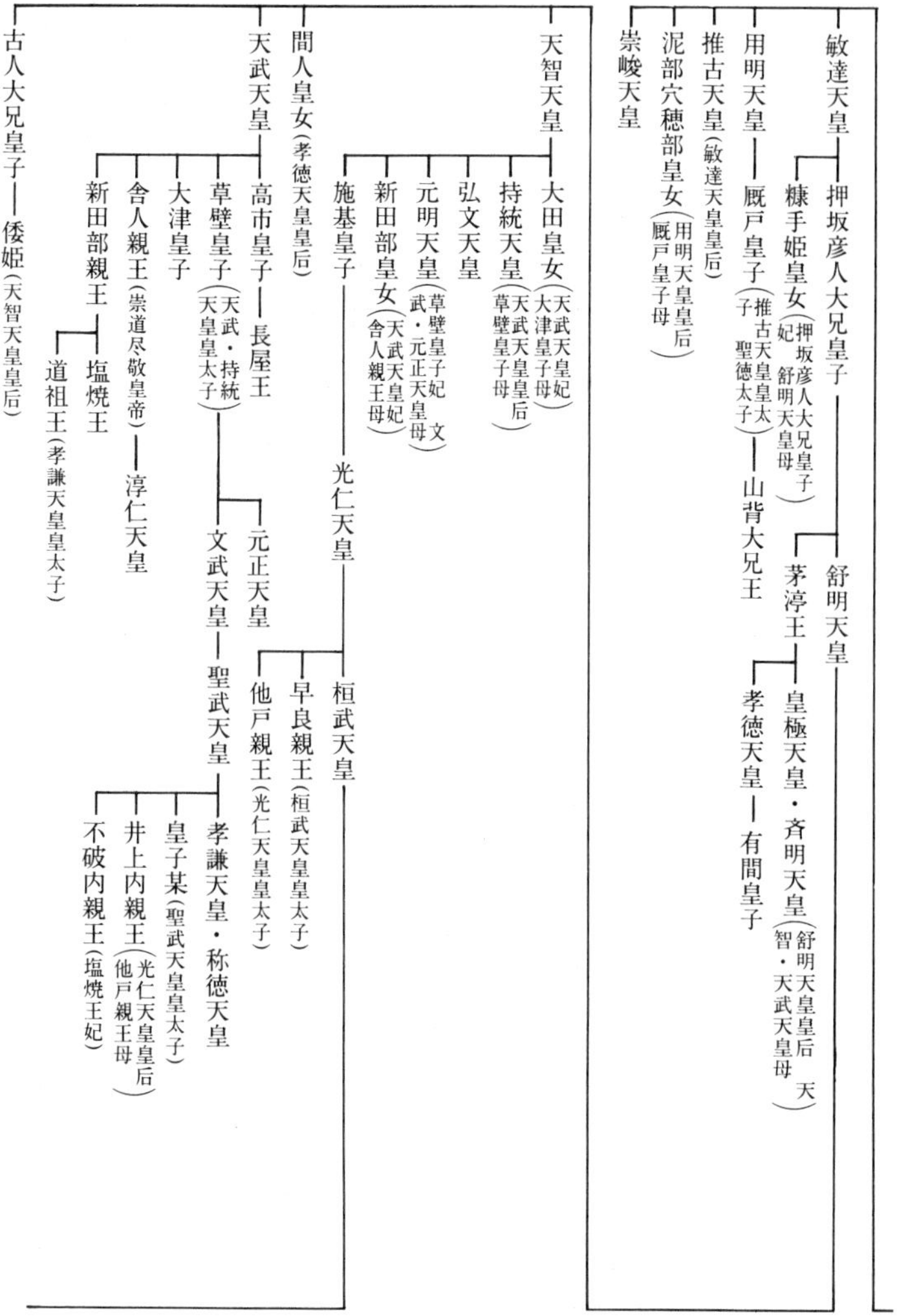
敏達天皇
押坂彦人大兄皇子
糠手姫皇女（押坂彦人大兄皇子妃 舒明天皇母）
舒明天皇
茅渟王
皇極天皇・斉明天皇（舒明天皇皇后 天智・天武天皇母）
孝徳天皇
有間皇子
用明天皇
厩戸皇子（推古天皇皇太子 聖徳太子）
山背大兄王
推古天皇（敏達天皇皇后）
泥部穴穂部皇女（用明天皇皇后 厩戸皇子母）
崇峻天皇
天智天皇
大田皇女（天武天皇妃 大津皇子母）
持統天皇（天武天皇皇后 草壁皇子母）
弘文天皇
元明天皇（草壁皇子妃 文武・元正天皇母）
新田部皇女（天武天皇妃 舎人親王母）
施基皇子
光仁天皇
桓武天皇
早良親王（桓武天皇皇太子）
他戸親王（光仁天皇皇太子）
間人皇女（孝徳天皇皇后）
天武天皇
高市皇子
長屋王
草壁皇子（天武・持統天皇皇太子）
元正天皇
文武天皇
聖武天皇
孝謙天皇・称徳天皇
皇子某（聖武天皇皇太子）
井上内親王（光仁天皇皇后 他戸親王母）
不破内親王（塩焼王妃）
大津皇子
舎人親王（崇道尽敬皇帝）
淳仁天皇
新田部親王
塩焼王
道祖王（孝謙天皇皇太子）
古人大兄皇子
倭姫（天智天皇皇后）

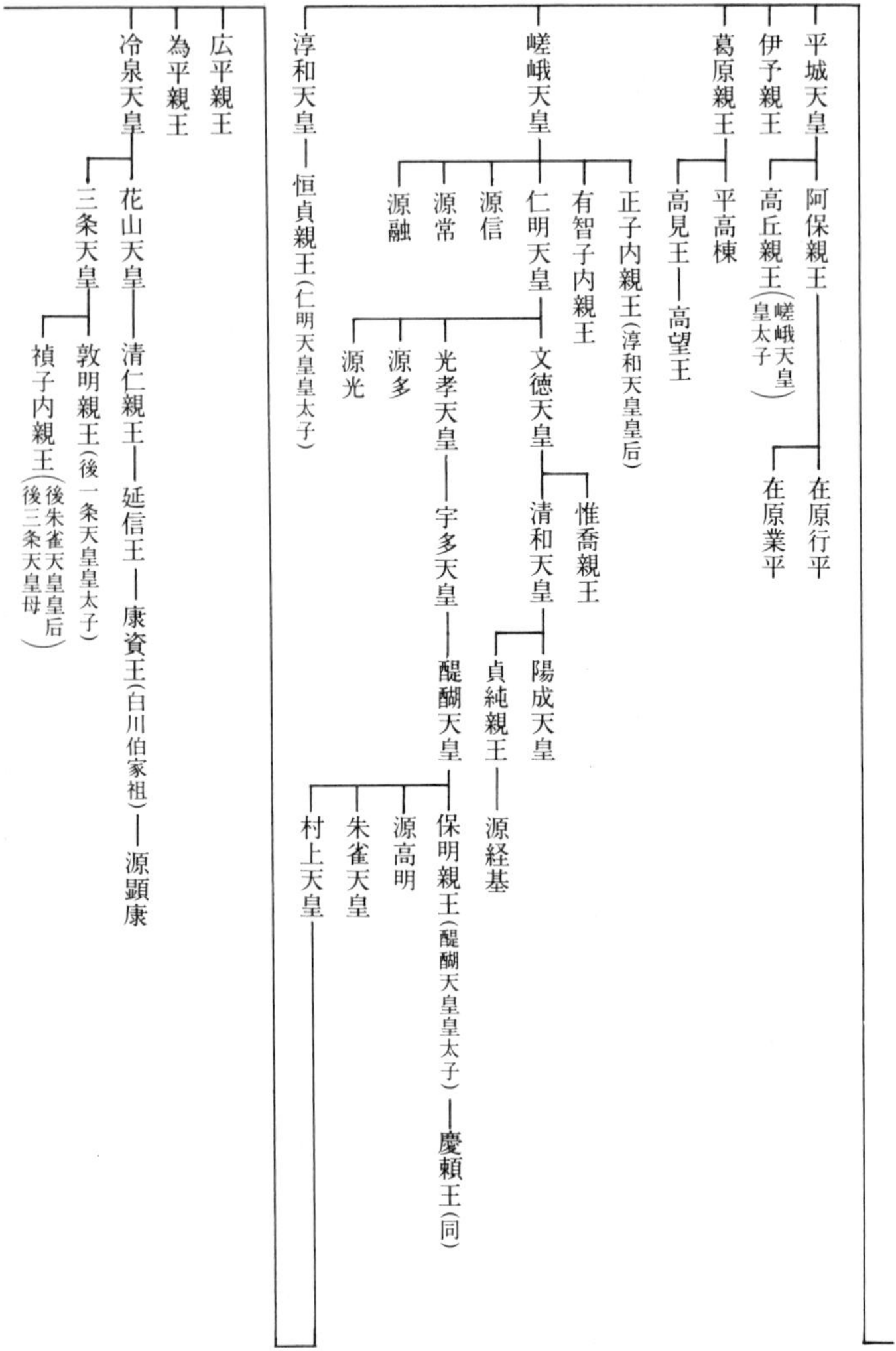
平城天皇
阿保親王
在原行平
在原業平
高丘親王(嵯峨天皇皇太子)
伊予親王
葛原親王
平高棟
高見王
高望王
嵯峨天皇
正子内親王(淳和天皇皇后)
有智子内親王
仁明天皇
文徳天皇
惟喬親王
清和天皇
陽成天皇
貞純親王
源経基
光孝天皇
宇多天皇
醍醐天皇
保明親王(醍醐天皇皇太子)
慶頼王(同)
源高明
朱雀天皇
村上天皇
源多
源光
源信
源常
源融
淳和天皇
恒貞親王(仁明天皇皇太子)
広平親王
為平親王
冷泉天皇
花山天皇
清仁親王
延信王
康資王(白川伯家祖)
源顕康
三条天皇
敦明親王(後一条天皇皇太子)
禎子内親王(後朱雀天皇皇后 後三条天皇母)

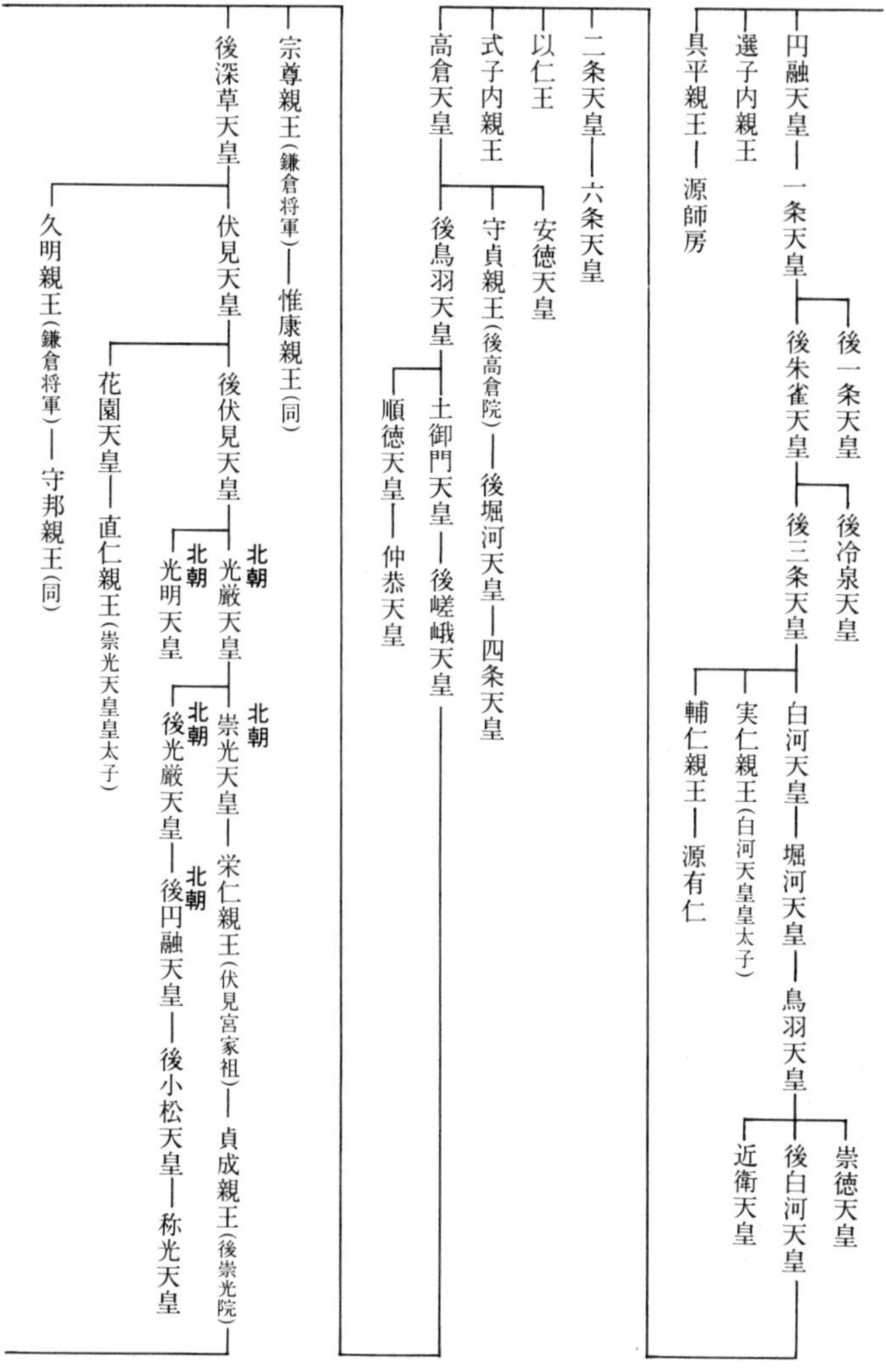

円融天皇
一条天皇
後一条天皇
後朱雀天皇
後冷泉天皇
後三条天皇
白河天皇
堀河天皇
鳥羽天皇
崇徳天皇
後白河天皇
近衛天皇
実仁親王（白河天皇皇太子）
輔仁親王
源有仁
選子内親王
具平親王
源師房
二条天皇
六条天皇
以仁王
式子内親王
高倉天皇
安徳天皇
守貞親王（後高倉院）
後堀河天皇
四条天皇
後鳥羽天皇
土御門天皇
後嵯峨天皇
順徳天皇
仲恭天皇
宗尊親王（鎌倉将軍）
惟康親王（同）
後深草天皇
伏見天皇
後伏見天皇
北朝
光厳天皇
北朝
崇光天皇
栄仁親王（伏見宮家祖）
貞成親王（後崇光院）
北朝
光明天皇
北朝
後光厳天皇
北朝
後円融天皇
後小松天皇
称光天皇
花園天皇
直仁親王（崇光天皇皇太子）
久明親王（鎌倉将軍）
守邦親王（同）

- 亀山天皇—後宇多天皇
  - 後二条天皇—邦良親王（後醍醐天皇皇太子）—康仁親王（光厳天皇皇太子）
  - 後醍醐天皇
    - 護良親王
    - 宗良親王
    - 恒良親王（後醍醐天皇皇太子）
    - 成良親王（光明天皇皇太子）
    - 懐良親王
    - 後村上天皇
      - 長慶天皇
      - 後亀山天皇
      - 泰成親王（後亀山天皇皇太子）

- 後花園天皇—後土御門天皇—後柏原天皇—後奈良天皇—正親町天皇—誠仁親王（陽光院）
  - 後陽成天皇
    - 後水尾天皇
      - 明正天皇
      - 後光明天皇
      - 後西天皇—幸仁親王（高松宮を継承 有栖川宮と改称）
      - 霊元天皇
        - 東山天皇
          - 中御門天皇—桜町天皇
            - 後桜町天皇
            - 桃園天皇—後桃園天皇
          - 直仁親王（閑院宮家祖）
        - 文仁親王（八条宮を継承 京極宮と改称）
    - 好仁親王（高松宮 有栖川宮家祖）
  - 智仁親王（八条宮 桂宮家祖）

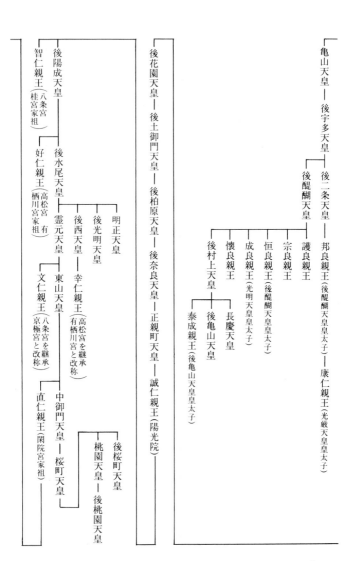

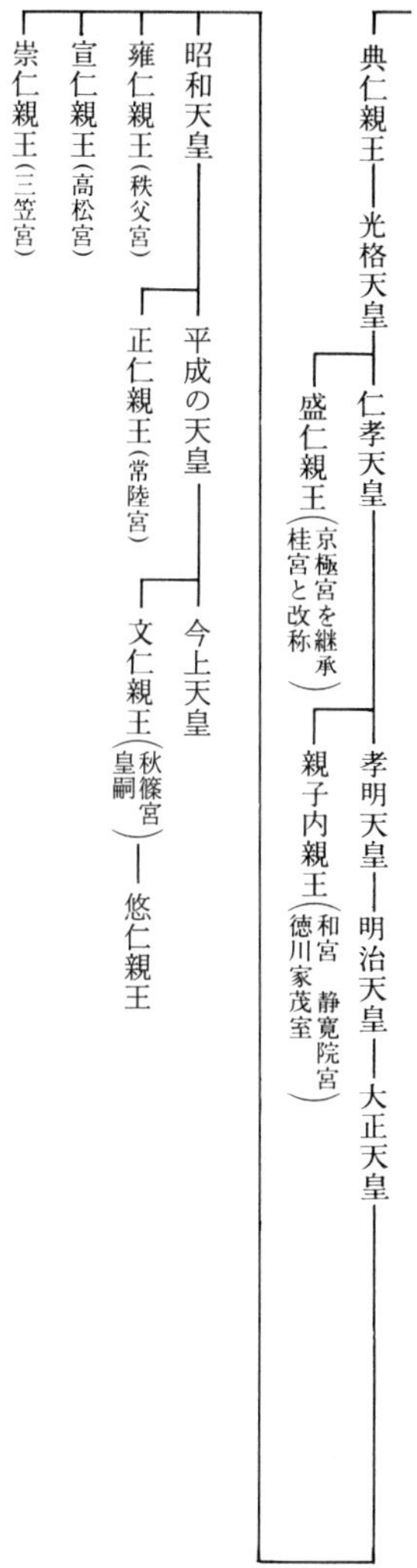

典仁親王
光格天皇
仁孝天皇
盛仁親王（京極宮を継承 桂宮と改称）
孝明天皇
親子内親王（和宮 静寛院宮 徳川家茂室）
明治天皇
大正天皇
昭和天皇
雍仁親王（秩父宮）
宣仁親王（高松宮）
崇仁親王（三笠宮）
平成の天皇
正仁親王（常陸宮）
今上天皇
文仁親王（秋篠宮 皇嗣）
悠仁親王

平成時代	2012	平成24	(平成の天皇)	野田/安倍	消費税増税法成立．衆議院選挙で自民党大勝
	2013	25	〃	〃	特定秘密保護法成立
	2015	27	〃	〃	安全保障関連法成立
	2019	31	〃	〃	天皇退位，上皇となる

昭和時代	1947	昭和22	昭　和	吉田/片山	二・一ゼネスト中止．日本国憲法施行
	1948	23	〃	芦田/吉田	極東国際軍事裁判判決．経済安定九原則
	1949	24	〃	〃	ドッジ・ライン．単一為替レート決定（1ドル＝360円）．下山・三鷹・松川事件．シャウプ税制勧告
	1950	25	〃	〃	レッドパージ
	1951	26	〃	〃	サンフランシスコ平和条約・日米安全保障条約調印
	1952	27	〃	〃	日米行政協定．平和条約発効．血のメーデー事件．破防法成立
	1955	30	〃	鳩　山	社会党統一．保守合同
	1956	31	〃	〃	日ソ共同宣言．国連加盟
	1960	35	〃	岸/池田	日米新安全保障条約調印．安保闘争激化
	1964	39	〃	〃/佐藤	OECD加盟
	1968	43	〃	〃	小笠原諸島返還実現．国民総生産(GNP)，資本主義国第2位
	1972	47	〃	〃/田中	沖縄返還実現．日中共同声明
	1973	48	〃	〃	円の変動為替相場制移行．石油危機
	1976	51	〃	三　木	ロッキード事件問題化
	1978	53	〃	福　田	日中平和友好条約調印
	1983	58	〃	中曽根	第2次臨時行政調査会答申
	1987	62	〃	〃/竹下	国鉄分割民営化（JR新会社）．全民労連（連合）発足
平成時代	1989	平成1	(平成の天皇)	〃/宇野	消費税実施．参議院選挙で与野党逆転
	1993	5	〃	宮沢/細川	自民党分裂．非自民連立内閣成立
	1994	6	〃	羽田/村山	社会・さきがけ・自民3党連立内閣
	1995	7	〃	〃	阪神・淡路大震災
	1996	8	〃	橋　本	小選挙区比例代表並立制の総選挙
	1999	11	〃	小　渕	新ガイドライン関連法成立
	2000-				
	2001	13	〃	森/小泉	中央省庁再編
	2002	14	〃	〃	日本・北朝鮮，初の首脳会談
	2005	17	〃	〃	郵政民営化法成立
	2007	19	〃	安倍/福田	参議院選挙で自民党大敗
	2009	21	〃	麻生/鳩山	衆議院選挙で民主党大勝
	2011	23	〃	菅/野田	東日本大震災

	1925	14大正	大　正	加藤(高)	日ソ基本条約．治安維持法．普通選挙法
昭和時代	1927	昭和2	昭　和	若槻/田中	金融恐慌．山東出兵（～28）
	1928	3	〃	〃	最初の普通選挙実施．張作霖爆殺事件．不戦条約調印
	1930	5	〃	浜　口	金輸出解禁．ロンドン条約調印．昭和恐慌
	1931	6	〃	〃/若槻/犬養	柳条湖事件（満州事変）．金輸出再禁止
	1932	7	〃	〃/斎藤	上海事変．血盟団事件．満州国建国宣言．五・一五事件
	1933	8	〃	〃	国際連盟脱退通告
	1935	10	〃	岡　田	天皇機関説事件．国体明徴声明
	1936	11	〃	〃/広田	ロンドン会議脱退．二・二六事件．日独防共協定．ワシントン・ロンドン条約失効
	1937	12	〃	林/近衛	盧溝橋事件（日中戦争の発端）．日独伊防共協定
	1938	13	〃	〃	近衛声明．国家総動員法．張鼓峰事件
	1939	14	〃	平沼/阿部	ノモンハン事件．日米通商航海条約廃棄通告
	1940	15	〃	米内/近衛	北部仏印進駐．日独伊三国同盟成立．大政翼賛会発足
	1941	16	〃	〃/東条	日ソ中立条約締結．南部仏印進駐．ハワイ真珠湾攻撃，太平洋戦争（～45）
	1942	17	〃	〃	翼賛選挙．ミッドウェー海戦
	1944	19	〃	〃/小磯	サイパン島陥落
	1945	20	〃	〃/鈴木	東京大空襲．米軍，沖縄本島占領．広島に原子爆弾．ソ連参戦．長崎に原子爆弾．ポツダム宣言受諾
				東久邇	降伏文書に調印．連合国軍の本土進駐
				幣　原	五大改革指令．財閥解体．農地改革指令．新選挙法（女性参政権）．労働組合法
	1946	21	〃	〃/吉田	天皇人間宣言．公職追放令．農地改革開始（1次・2次）．極東国際軍事裁判開始．日本国憲法公布

明治時代	1884	明治17	明治	総理	華族令制定．秩父事件．甲申事変
	1885	18	〃	伊藤	天津条約．大阪事件．内閣制度発足
	1887	20	〃	〃	大同団結運動．三大事件建白．保安条例
	1888	21	〃	黒田	市制・町村制公布．枢密院設置
	1889	22	〃	〃	大日本帝国憲法発布．大隈外相遭難
	1890	23	〃	山県	府県制・郡制公布．第1回帝国議会開会
	1891	24	〃	松方	大津事件
	1894	27	〃	伊藤	日英通商航海条約調印．日清戦争（〜95）
	1895	28	〃	〃	下関条約調印．三国干渉
	1897	30	〃	松方	金本位制の確立
	1899	32	〃	山県	改正条約実施（治外法権撤廃）．文官任用令改正
	1900-				
	1900	33	〃	〃/伊藤	治安警察法．北清事変．立憲政友会結成
	1902	35	〃	〃/桂	第1次日英同盟協約締結
	1904	37	〃	〃	日露戦争（〜05）．第1次日韓協約
	1905	38	〃	〃	第2次日英同盟協約．ポーツマス条約
	1906	39	〃	西園寺	南満州鉄道（満鉄）設立
	1907	40	〃	〃	ハーグ密使事件
	1909	42	〃	桂	伊藤博文暗殺される
	1910	43	〃	〃	大逆事件．韓国併合条約
	1911	44	〃	〃	日米新通商航海条約調印（関税自主権回復）．第3次日英同盟協約
大正時代	1912	大正1	大正	西園寺	友愛会創立
	1913	2	〃	桂	大正政変（第一次護憲運動）
	1914	3	〃	山本/大隈	シーメンス事件．第一次世界大戦に参戦
	1915	4	〃	〃	中国に二十一カ条の要求
	1917	6	〃	寺内	金輸出禁止．石井・ランシング協定
	1918	7	〃	〃/原	シベリア出兵．米騒動．原内閣成立
	1919	8	〃	〃	ヴェルサイユ条約調印
	1921	10	〃	〃/高橋	ワシントン会議
	1922	11	〃	〃/加藤（友）	九カ国条約・海軍軍縮条約調印
	1923	12	〃	山本	関東大震災．虎の門事件
	1924	13	〃	清浦/加藤（高）	第二次護憲運動

					失脚
江戸時代	1853	嘉永6	孝明	家慶	ペリー浦賀に，プチャーチン長崎に来航
	1854	安政1	〃	家定	日米和親条約．英・露（55蘭）とも和親条約
	1858	5	〃	家茂	日米（蘭露英仏）修好通商条約．安政の大獄（～59）
	1860	万延1	〃	〃	桜田門外の変
	1862	文久2	〃	〃	坂下門外の変．和宮降嫁．生麦事件
	1863	3	〃	〃	攘夷決行．薩英戦争．八月十八日の政変
	1864	元治1	〃	〃	禁門の変．第1次長州征討．四国艦隊下関砲撃
	1865	慶応1	〃	〃	第2次長州征討宣言．条約勅許
	1866	2	〃	〃	薩長連合．改税約書調印．長州再征中止
	1867	3	明治	慶喜	大政奉還．王政復古の大号令．小御所会議
明治時代	1868	明治1	〃		戊辰戦争．五箇条の御誓文．一世一元の制
	1869	2	〃		東京遷都．版籍奉還．箱館五稜郭の戦い
				太政大臣	
	1871	4	〃	三条	新貨条例．廃藩置県．日清修好条規
	1872	5	〃	〃	田畑永代売買の解禁
	1873	6	〃	〃	徴兵令．地租改正条例．征韓論敗れる
	1874	7	〃	〃	民撰議院設立建白．佐賀の乱．台湾出兵
	1875	8	〃	〃	元老院・大審院設置．漸次立憲政体樹立の詔．樺太・千島交換条約．江華島事件
	1876	9	〃	〃	日朝修好条規．廃刀令．秩禄処分．神風連・秋月・萩の乱．農民一揆頻発
	1877	10	〃	〃	西南戦争．立志社建白
	1878	11	〃	〃	三新法制定
	1880	13	〃	〃	国会期成同盟．集会条例
	1881	14	〃	三条	明治十四年の政変．国会開設の勅諭．自由党結成．松方財政開始
	1882	15	〃		改進党結成．壬午事変．福島事件

江戸時代	1651	慶安4	後光明	家　綱	由井正雪の乱
	1657	明暦3	後　西	〃	明暦の大火
	1673	延宝1	霊　元	〃	分地制限令
	1685	貞享2	〃	綱　吉	生類憐みの令（～1709）
	1700				
	1702	元禄15	東　山	〃	赤穂浪士大石良雄ら，吉良義央を討つ
	1709	宝永6	中御門	家　宣	新井白石の登用（正徳の治）
	1715	正徳5	〃	家　継	正徳新例の発布
	1716	享保1	〃	吉　宗	享保の改革（～45）
	1719	4	〃	〃	相対済し令
	1721	6	〃	〃	目安箱設置
	1722	7	〃	〃	上げ米の制．参勤交代を緩和
	1723	8	〃	〃	足高の制
	1732	17	〃	〃	享保の飢饉
	1742	寛保2	桜　町	〃	公事方御定書制定
	1758	宝暦8	桃　園	家　重	宝暦事件（竹内式部とらえられる）
	1767	明和4	後桜町	家　治	田沼意次，御用人となる（72老中に就任）．明和事件（山県大弐死刑，竹内式部流罪）
	1778	安永7	後桃園	〃	ロシア船，蝦夷地に来航
	1782	天明2	光　格	〃	天明の飢饉（～87），翌年浅間山の大噴火
	1787	7	〃	家　斉	松平定信，老中となる（寛政の改革～93）
	1789	寛政1	〃	〃	棄捐令（旗本・御家人の負債を免ずる）
	1790	2	〃	〃	人足寄場設置．寛政異学の禁
	1792	4	〃	〃	ラクスマン，根室に来航
	1800				
	1804	文化1	〃	〃	レザノフ，長崎に来航
	1808	5	〃	〃	間宮林蔵，樺太探査．フェートン号事件
	1825	文政8	仁　孝	〃	異国船打払令（無二念打払令）
	1833	天保4	〃	〃	天保の飢饉（～39）
	1837	8	〃	家　慶	大塩平八郎の乱．モリソン号事件
	1839	10	〃	〃	蛮社の獄
	1841	12	〃	〃	天保の改革（～43）．株仲間の解散令
	1842	13	〃	〃	薪水給与令
	1843	14	〃	〃	人返し令．上知令の失敗で水野忠邦

安土・桃山時代	1576	天正 4	正親町		信長，安土城完成
	1580	8	〃		信長，本願寺と和す．本願寺，石山を退去
	1582	10	〃		天目山の戦い（武田氏滅亡）．本能寺の変．山崎の戦い．太閤検地開始
	1583	11	〃		賤ヶ岳の戦い
	1584	12	〃		小牧・長久手の戦い．スペイン人平戸来航
	1585	13	〃		羽柴秀吉，四国平定．関白となる
	1586	14	後陽成		秀吉，太政大臣となり，豊臣の姓を賜わる
	1587	15	〃		秀吉，九州平定．バテレン追放令
	1588	16	〃		刀狩令．海賊禁止令
	1590	18	〃		秀吉，小田原を平定．徳川家康，関東に移封．奥州平定（全国の統一）
	1592	文禄 1	〃		文禄の役
	1596	慶長 1	〃		サン・フェリペ号事件
	1597	2	〃		慶長の役
	1598	3	〃		秀吉死去．朝鮮より撤兵
	1600-				
	1600	5	〃		蘭船リーフデ号漂着．関ヶ原の戦い
江戸時代	1603	8	〃	家　康	徳川家康，征夷大将軍となる
	1609	14	〃	秀　忠	島津氏，琉球出兵．オランダ，平戸に商館開設．己酉約条
	1613	18	後水尾	〃	伊達政宗，支倉常長を欧州に派遣（慶長遣欧使節）．キリスト教禁止を全国に布告
	1614	19	〃	〃	大坂冬の陣
	1615	元和 1	〃	〃	大坂夏の陣（豊臣氏滅亡）．一国一城令．武家諸法度・禁中并公家諸法度発布
	1616	2	〃	〃	欧州船の寄港地を平戸・長崎に制限
	1623	9	〃	家　光	イギリス，日本より撤退
	1627	寛永 4	〃	〃	紫衣事件（～29）
	1631	8	明　正	〃	奉書船の制開始
	1635	12	〃	〃	日本人の海外渡航・帰国禁止
	1637	14	〃	〃	島原の乱（～38）
	1641	18	〃	〃	平戸のオランダ商館を長崎出島に移す
	1643	20	後光明	〃	田畑永代売買の禁止

南北朝時代	1352	正平 7 文和 1	後村上 後光厳	尊　氏	半済令発布
	1371	建徳 2 応安 4	長　慶 後円融	義　満	九州探題今川了俊の赴任．九州制圧へ
	1391	元中 8 明徳 2	後亀山 後小松	〃	明徳の乱
	1392	明徳 3	後小松	〃	南北朝の合一
室町時代	1394	応永 1	〃	義　持	足利義満，太政大臣となる
	1399	6	〃	〃	応永の乱
	1400				
	1401	8	〃	〃	義満，第1回遣明船派遣
	1404	11	〃	〃	勘合貿易の開始
	1419	26	称　光	〃	応永の外寇
	1428	正長 1	後花園		正長の徳政一揆
	1432	永享 4	〃	義　教	足利義教，明に遣使，国交再開
	1438	10	〃	〃	永享の乱（鎌倉公方足利持氏を討つ）
	1441	嘉吉 1	〃	〃	嘉吉の乱（将軍義教，赤松満祐に殺される）．嘉吉の土一揆
	1467	応仁 1	後土御門	義　政	応仁の乱（～77）
	1485	文明17	〃	義　尚	山城の国一揆（～93）
	1488	長享 2	〃	〃	加賀の一向一揆，一国を支配（～1580）
戦国時代	1493	明応 2	〃	義　稙	北条早雲，伊豆の堀越公方を滅ぼす
	1500				
	1510	永正 7	後柏原	〃	三浦の乱（朝鮮在留日本人の反乱）
	1512	9	〃	〃	壬申約条（対馬の宗氏，朝鮮と貿易協定）
	1523	大永 3	〃	義　晴	寧波の乱（細川・大内両氏の争い）
	1543	天文12	後奈良	〃	ポルトガル人種子島に漂着，鉄砲を伝える
	1549	18	〃	義　輝	ザビエル，キリスト教を伝える
	1560	永禄 3	正親町	〃	桶狭間の戦い
	1561	4	〃	〃	川中島の戦い（1553～64）
	1565	8	〃	〃	将軍義輝，松永久秀らに殺される
	1568	11	〃	義　昭	織田信長，足利義昭を奉じて京都に入る
	1570	元亀 1	〃	〃	姉川の戦い．石山合戦（～80）
	1571	2	〃	〃	信長，比叡山を焼き討ち
	1573	天正 1	〃	〃	室町幕府の滅亡（信長，将軍義昭を追放）
	1575	3	〃		長篠の戦い

時代	年	年号	天皇	執権	事項
鎌倉時代	1200-			執権	
	1203	建仁3	土御門	時政	頼家，将軍を廃され，弟実朝，将軍となる
	1204	元久1	〃	〃	頼家，修禅寺で北条時政に殺される
	1213	建保1	順徳	義時	和田合戦．義時，侍所別当を兼ねる
	1219	承久1	〃	〃	将軍実朝，公暁に殺される（源氏将軍断絶）
	1221	3	仲恭	〃	承久の乱．三上皇配流．六波羅探題設置
	1223	貞応2	後堀河	〃	新補地頭の得分を定める（新補率法）
	1224	元仁1	〃	泰時	北条泰時，執権となる
	1226	嘉禄2	〃	〃	九条頼経，将軍となる（摂家将軍の初め）
	1232	貞永1	〃	〃	御成敗式目（貞永式目）制定
	1247	宝治1	後深草	時頼	宝治合戦（三浦泰村の乱）
	1252	建長4	〃	〃	宗尊親王，将軍となる（宮将軍の初め）
	1268	文永5	亀山	政村	モンゴルの使者，国書をもたらす
	1274	11	後宇多	時宗	文永の役
	1275	建治1	〃	〃	異国警固番役を定める
	1281	弘安4	〃	〃	弘安の役
	1285	8	〃	貞時	霜月騒動（安達泰盛一族滅ぶ）
	1297	永仁5	伏見	〃	永仁の徳政令を発布
	1300-				
	1317	文保1	花園	高時	文保の和談
	1321	元亨1	後醍醐	〃	院政を廃し，後醍醐天皇親政．記録所再興
	1324	正中1	〃	〃	正中の変
	1331	元弘1	〃	守時	元弘の変
	1332	2	〃	〃	後醍醐天皇，隠岐に配流．護良親王ら挙兵
	1333	3	〃	〃	鎌倉幕府滅亡．後醍醐天皇，京都に還幸
	1334	建武1	〃		建武新政
	1335	2	〃		中先代の乱．足利尊氏反す
	1336	延元1 建武3	後醍醐 光明		建武式目制定．後醍醐天皇，吉野に移る
				将軍	
	1338	延元3 暦応1	〃	尊氏	足利尊氏，征夷大将軍となる
	1350	正平5 観応1	後村上 崇光	〃	観応の擾乱（〜52）

平安時代	887	仁和3	光　孝		藤原基経，関白となる
	894	寛平6	宇　多		遣唐使派遣停止
	900-				
	901	延喜1	醍　醐		菅原道真を大宰権帥に左遷．延喜の治
	902	2	〃		延喜の荘園整理令
	914	14	〃		三善清行，意見封事十二箇条を進上
	935	承平5	朱　雀		承平・天慶の乱（～41）
	947	天暦1	村　上		天暦の治
	969	安和2	冷　泉		安和の変（源高明を左遷）
	988	永延2	一　条		尾張国の郡司・百姓ら，国司の非法を訴える
	1000-				
	1017	寛仁1	後一条		藤原道長，太政大臣に，頼通，摂政に就任
	1028	長元1	〃		平忠常の乱（～31）
	1045	寛徳2	後冷泉		寛徳の荘園整理令
	1051	永承6	〃		前九年の役（～62）
	1069	延久1	後三条		延久の荘園整理令．記録荘園券契所設置
	1083	永保3	白　河		後三年の役（～87）
	1086	応徳3	堀　河		白河上皇，院政の開始
	1100-				
	1156	保元1	後白河		保元の乱
	1159	平治1	二　条		平治の乱
	1167	仁安2	六　条		平清盛，太政大臣となる
	1177	治承1	高　倉		鹿ヶ谷の陰謀
	1179	3	〃		清盛，後白河法皇を幽閉
	1180	4	安　徳		源頼政・以仁王挙兵，敗死．福原京遷都．源頼朝・源義仲挙兵．頼朝，鎌倉に入り，侍所を設置
	1183	寿永2	〃		平氏の都落ち．頼朝の東国支配権確立
	1184	元暦1	〃		頼朝，公文所・問注所を設置
	1185	文治1	後鳥羽		平氏滅亡．頼朝，守護・地頭の任命権獲得
	1189	5	〃	**将　軍**	頼朝，藤原泰衡を討ち，奥州を平定
	1192	建久3	〃	頼　朝	頼朝，征夷大将軍となる
	1199	正治1	土御門	頼　家	頼朝死去．頼家，家督相続．合議制へ

(古墳時代)	630		舒明		第1回遣唐使大使，犬上御田鍬
	643		皇極		蘇我入鹿，山背大兄王を襲い自害させる
	645	大化1	孝徳		乙巳の変（入鹿暗殺される．蘇我本宗家滅亡）．難波宮に遷都
	646	2	〃		改新の詔宣布
	658		斉明		阿倍比羅夫，蝦夷を討つ
	663		〈天智〉		白村江の戦い
	667		〈〃〉		近江大津宮へ遷都
	670		天智		庚午年籍を作る
	672		弘文		壬申の乱．飛鳥浄御原宮へ遷都
	684		天武		八色の姓制定
	689		〈持統〉		飛鳥浄御原令施行
	694		持統		藤原京へ遷都
	700-				
	701	大宝1	文武		大宝律令制定（翌年施行）
	708	和銅1	元明		和同開珎鋳造
奈良時代	710	3	〃		平城京に遷都
	718	養老2	元正		藤原不比等ら，養老律令を撰定
	722	6	〃		百万町歩開墾計画
	723	7	〃		三世一身法施行
	724	神亀1	聖武		藤原宮子大夫人称号事件
	729	天平1	〃		長屋王の変．光明子立后
	740	12	〃		藤原広嗣の乱．恭仁京に遷都
	743	15	〃		墾田永年私財法．大仏造立の詔
	757	天平宝字1	孝謙		養老令を施行．橘奈良麻呂の変
	764	8	淳仁		恵美押勝（藤原仲麻呂）の乱
	765	天平神護1	称徳		道鏡，太政大臣禅師（翌年法王）となる
	770	宝亀1	光仁		道鏡を下野薬師寺別当に追放
	784	延暦3	桓武		長岡京に遷都
平安時代	794	13	〃		平安京に遷都
	800-				
	802	21	〃		坂上田村麻呂，胆沢城を築く
	810	弘仁1	嵯峨		藤原冬嗣・巨勢野足，蔵人頭となる．薬子の変
	842	承和9	仁明		承和の変（伴健岑・橘逸勢らを処罰）
	866	貞観8	清和		藤原良房，摂政となる（人臣摂政の初め）．応天門の変

年　表

時代	年　代	天　皇		事　項
	B.C.			前1世紀ころ，倭，小国に分立
	A.D.			
(小国分立)	57	(神		倭の奴国王，後漢に入貢．印綬を受ける
	100			
	107	話		倭の国王帥升ら，後漢に入貢．生口を献上
	147	時		倭国大乱
(邪馬台国)	200			
	239	代)		卑弥呼，魏に遣使，親魏倭王の称号を受ける
	266			倭の女王，晋に遣使
	300			
				大和政権，国土統一進む
	369			倭，朝鮮に出兵，半島南部を勢力下に置く
	391			倭軍，百済・新羅を破る
	400			
	421	(讃)		倭王讃，宋に遣使
	438	(珍)		倭王珍，宋に遣使
	443	(済)		倭王済，宋に遣使
	462	(興)		倭王興，宋に遣使
	478	(武)		倭王武，宋に遣使・上表
(古墳時代)	500			
	512	(継体)		大伴金村，仁那の4県を百済に割譲
	527	(〃)		筑紫国造磐井の乱
	562	(欽明)		新羅，任那を滅ぼす
	587	用　明		蘇我馬子，物部守屋を滅ぼす
	592	崇　峻		馬子，崇峻天皇を暗殺
	593	推　古		聖徳太子，摂政となる
	600			
	603	〃		冠位十二階制定
	604	〃		憲法十七条制定
	607	〃		遣隋使小野妹子を派遣
	608	〃		隋使裴世清来日．妹子，留学生と再度入隋

索　引

笠原英彦（かさはら・ひでひこ）

1956年（昭和31年），東京都に生まれる．
1980年，慶應義塾大学法学部政治学科卒業．1985年，同大学大学院法学研究科博士課程修了．法学博士．1988～89年，2000～01年，スタンフォード大学（米国）訪問研究員．現在，慶應義塾大学法学部教授．専攻，日本政治史，日本行政史．

著書『明治国家と官僚制』（芦書房）
『天皇親政』（中公新書）
『日本行政史序説』（芦書房）
『天皇と官僚』（PHP 新書）
『日本の医療行政』（慶應義塾大学出版会）
『女帝誕生』（新潮社）
『大久保利通』（吉川弘文館）
『明治天皇』（中公新書）
『象徴天皇制と皇位継承』（ちくま新書）
『明治留守政府』（慶應義塾大学出版会）
『新・皇室論』（芦書房）
『皇室がなくなる日』（新潮選書）
ほか

歴代天皇総覧《れきだいてんのうそうらん》
中公新書 *1617*

2001年11月25日初版
2019年 2 月25日30版
2021年 3 月25日増補版発行

著　者　笠 原 英 彦
発行者　松 田 陽 三

本文印刷　三晃印刷
カバー印刷　大熊整美堂
製　　本　小泉製本

発行所　中央公論新社
〒100-8152
東京都千代田区大手町 1-7-1
電話　販売 03-5299-1730
　　　編集 03-5299-1830
URL http://www.chuko.co.jp/

Published by CHUOKORON-SHINSHA, INC.
Printed in Japan　ISBN978-4-12-191617-4 C1221

中公新書刊行のことば

いまからちょうど五世紀まえ、グーテンベルクが近代印刷術を発明したとき、書物の大量生産は潜在的可能性を獲得し、いまからちょうど一世紀まえ、世界のおもな文明国で義務教育制度が採用されたとき、書物の大量需要の潜在性が形成された。この二つの潜在性がはげしく現実化したのが現代である。

いまや、書物によって視野を拡大し、変りゆく世界に豊かに対応しようとする強い要求を私たちは抑えることができない。この要求にこたえる義務を、今日の書物は背負っている。だが、その義務は、たんに専門的知識の通俗化をはかることによって果たされるものでもなく、通俗的好奇心にうったえて、いたずらに発行部数の巨人さを誇ることによって果たされるものでもない。現代を真摯に生きようとする読者に、真に知るに価いする知識だけを選びだして提供すること、これが中公新書の最大の目標である。

私たちは、知識として錯覚しているものによってしばしば動かされ、裏切られる。私たちは、作為によってあたえられた知識のうえに生きることがあまりに多く、ゆるぎない事実を通して思索することがあまりにすくない。中公新書が、その一貫した特色として自らに課すものは、この事実のみの持つ無条件の説得力を発揮させることである。現代にあらたな意味を投げかけるべく待機している過去の歴史的事実もまた、中公新書によって数多く発掘されるであろう。

中公新書は、現代を自らの眼で見つめようとする、逞しい知的な読者の活力となることを欲している。

一九六二年一一月

中公新書

日本史

d1

2189 歴史の愉しみ方　磯田道史
2455 日本史の内幕　磯田道史
2295 天災から日本史を読みなおす　磯田道史
2579 米の日本史　佐藤洋一郎
2389 通貨の日本史　高木久史
2321 道路の日本史　武部健一
2494 温泉の日本史　石川理夫
2299 日本史の森をゆく　東京大学史料編纂所編
2500 日本史の論点　中公新書編集部編
2302 日本人にとって聖なるものとは何か　上野誠
2619 もののけの日本史　小山聡子
1928 物語 京都の歴史　脇田修・脇田晴子
2345 京都の神社と祭り　本多健一
482 倭国　岡田英弘
147 騎馬民族国家（改版）　江上波夫

2164 魏志倭人伝の謎を解く　渡邉義浩
1085 古代朝鮮と倭族　鳥越憲三郎
2533 古代日中関係史　河上麻由子
2470 倭の五王　河内春人
2462 大嘗祭―天皇制と日本文化の源流　工藤隆
1878 古事記の起源　工藤隆
2095 『古事記』神話の謎を解く　西條勉
804 蝦夷《えみし》　高橋崇
1041 蝦夷《えみし》の末裔　高橋崇
1622 奥州藤原氏　高橋崇
1293 壬申の乱　遠山美都男
1568 天皇誕生　遠山美都男
2371 カラー版 古代飛鳥を歩く　千田稔
2168 飛鳥の木簡―古代史の新たな解明　市大樹
2353 蘇我氏―古代豪族の興亡　倉本一宏
2464 藤原氏―権力中枢の一族　倉本一宏
2362 六国史《りっこくし》―日本書紀に始まる古代の「正史」　遠藤慶太

1502 日本書紀の謎を解く　森博達
2563 持統天皇　瀧浪貞子
2457 光明皇后　瀧浪貞子
1967 正倉院　杉本一樹
2054 正倉院文書の世界　丸山裕美子
2452 斎宮―伊勢斎王たちの生きた古代史　榎村寛之
2441 大伴家持　藤井一二
2510 公卿《くぎょう》会議―論戦する宮廷貴族たち　美川圭
1867 院政　美川圭
2536 天皇の装束　近藤好和
2559 菅原道真　滝川幸司
2281 怨霊とは何か　山田雄司
2127 河内源氏　元木泰雄
2573 公家源氏―王権を支えた名族　倉本一宏
2636 古代日本の官僚　虎尾達哉
1617 歴代天皇総覧（増補版）　笠原英彦

中公新書

日本史